Le Prix
de la victoire

DU MÊME AUTEUR

Romans

Retour à Matterhorn, Calmann-Lévy, 2012 ; Le Livre de Poche, 2013
Faire bientôt éclater la terre, Calmann-Lévy, 2022 ; Le Livre de Poche, 2024

Essais

Partir à la guerre, Calmann-Lévy, 2013

Karl
Marlantes

Le Prix de la victoire

roman

Traduit de l'anglais (États-Unis)
par Suzy Borello

CALMANN LEVY

CALMANN LEVY
ÉDITEUR DEPUIS 1836

Titre original :
COLD VICTORY

Première publication : Atlantic Monthly Press,
une division de Grove Atlantic,
New York, NY, États-Unis, 2024

Couverture
Maquette : ‘Olo
Adaptation : Frédéric Tacer
Photographie : © Granger / Bridgeman Images – Droits réservés

ISBN 978-2-7021-9281-8

À tous ceux qui se battent pour conserver
un État de droit, particulièrement en Ukraine.

Chronologie historique

17 septembre 1809 : La Russie défait la Suède et prend le contrôle de la Finlande.

7 novembre 1917 : Révolution d'Octobre, la Russie devient l'Union des républiques socialistes soviétiques (Union soviétique).

6 décembre 1917 : La Finlande devient une démocratie et déclare son indépendance vis-à-vis de l'Union soviétique.

22 janvier 1918 : Début de la guerre civile finlandaise et défaite des communistes, dont beaucoup restent fidèles à l'Union soviétique.

1er septembre 1939 : L'Allemagne et l'Union soviétique s'allient pour envahir la Pologne ; début de la Seconde Guerre mondiale.

30 novembre 1939 : L'Union soviétique envahit la Finlande (« guerre d'Hiver »).

12 mars 1940 : Traité de Moscou. La Finlande est contrainte de céder neuf pour cent de ses terres à l'URSS. 422 000 Finlandais s'enfuient en Finlande démocratique.

22 juin 1941 : L'Allemagne envahit l'Union soviétique, mettant fin au pacte germano-soviétique.

22 juin 1941 : La Finlande s'associe à l'Allemagne et finit par reconquérir l'ensemble de ses territoires (« guerre de Continuation »).

7 décembre 1941 : Le Royaume-Uni, allié de l'Union soviétique, déclare la guerre à la Finlande.

11 décembre 1941 : Les États-Unis, alliés de l'Union soviétique, déclarent la guerre à l'Allemagne. Ils finiront par couper les liens avec la Finlande, mais ne lui déclareront jamais la guerre.

9 juin 1944 : L'Allemagne étant sur le point d'essuyer une défaite, l'Union soviétique lance une gigantesque attaque contre la Finlande, reprend les neuf pour cent de terres qui lui avaient été cédés, et deux pour cent de plus à la suite de violents combats. Épuisée, la Finlande demande la paix.

19 septembre 1944 : Armistice de Moscou. La Finlande est contrainte de se retourner contre l'Allemagne, de renoncer à onze pour cent de son territoire et à la plus grande de ses bases navales à l'ouest d'Helsinki, et de verser des réparations écrasantes.

8 décembre 1944 : Les États-Unis renouent des liens diplomatiques avec la Finlande.

10 décembre 1946 : Louise et Arnie arrivent en Finlande.

10 février 1947 : Le Traité de Paris met officiellement fin à la guerre de l'URSS et du Royaume-Uni contre la Finlande et cède définitivement à l'Union soviétique toutes les terres conquises pendant la guerre d'Hiver.

Première partie

Mardi 10 décembre 1946

Terminal du ferry, Turku, Finlande

Elle avait suivi Arnie depuis la lointaine Edmond, Oklahoma, et se tenait à présent debout sur le pont supérieur réservé aux passagers du ferry Stockholm-Turku. Le bateau se frayait un passage à travers la fine couche de glace de début décembre en laissant dans son sillage des éclats flottants qui reflétaient la pâle lueur du jour. Dans un ciel vide et lugubre, le sombre soleil n'était qu'un poing dressé juste au-dessus de l'horizon méridional.

Emmitouflée dans son manteau élégant mais inadapté, Louise regardait le littoral bas et enneigé passer lentement derrière elle d'un côté et de l'autre, les silhouettes des bâtiments XVIIIe et XIXe siècles de Turku se faisant plus distinctes. De temps en temps apparaissait une brèche là où un édifice rasé par les bombardements s'était dressé avant la guerre.

Arnie s'approcha d'elle par-derrière et la serra contre lui. Elle se blottit contre son torse, se protégeant du vent léger mais glacial. Il était en civil sous son lourd pardessus en laine de l'armée. Il lui embrassa les cheveux, elle se retourna pour le regarder. Dans les yeux d'Arnie brillait une excitation qu'il ne pouvait s'autoriser à afficher sur le reste de son visage.

— Est-ce un peu comme de rentrer à la maison ? lui demanda-t-elle.

— D'une certaine manière.

Quatre mots, une phrase d'une longueur habituelle pour Arnie.

Ils pénétrèrent dans l'eau libre du port, le brise-glace qui les avait précédés s'effaçant pour permettre au ferry de s'approcher lentement du terminal.

L'attente à la douane ne fut pas longue. La guerre était finie depuis peu, et les trajets entre la Finlande et la Suède venaient à peine de reprendre. Un douanier finlandais étudia leurs passeports et les documents diplomatiques d'Arnie. Il releva la tête.

— Vous n'êtes que ça ? demanda-t-il dans un anglais teinté d'accent.

— Rien que nous deux, lui répondit Arnie.

Louise eut un pincement au cœur. Plusieurs médecins militaires avaient beau lui avoir assuré qu'elle était en parfaite santé, à trente ans, elle avait déjà enduré deux fausses couches en cinq années de tentatives. Elle voulait des enfants à tout prix, et le temps passait. Leur famille ne se composait, comme l'avait dit Arnie, encore que de deux membres.

Ils sortaient de la gare lorsqu'ils virent s'approcher un jeune homme d'une vingtaine d'années. Tignasse blonde, souffle qui produisait un nuage blanc éclatant.

— Lieutenant-colonel Koski ? demanda-t-il en anglais.

Arnie hocha la tête et répondit « oui » en finnois.

— Pulkkinen, reprit l'homme en s'emparant de leurs deux valises.

Pulkkinen les guida en silence vers une berline Chevrolet Fleetmaster de 1942 couleur kaki aux plaques d'immatriculation diplomatiques. La portière côté conducteur portait encore l'étoile de l'armée américaine.

Louise s'approcha d'Arnie.

— Loquace, lui souffla-t-elle à l'oreille.

— Et toi qui trouvais papa taciturne…, lui renvoya-t-il dans un murmure.

Il passa le reste sous silence, cela la fit sourire. Tel père, tel fils.

Pulkkinen rangea les valises dans le coffre et ouvrit l'une des portières pour Louise. Celle-ci ne fut pas surprise de se retrouver à l'arrière : Arnie allait vouloir soutirer le plus d'informations possibles au chauffeur. Le cuir de la banquette était froid. Elle n'était pas pressée d'entamer les trois heures de route jusqu'à Helsinki.

En essuyant constamment la buée sur la vitre avec la manche de son manteau, elle regarda défiler le paysage morne de fermes entrecoupé d'étendues d'arbres saupoudrés de neige. Il n'était que trois heures de l'après-midi, et déjà le soleil se couchait.

Arnie parlait avec Pulkkinen dans son finnois courant. Elle le sentait excité par sa nouvelle affectation d'attaché militaire à la légation américaine d'Helsinki. Mais cette nouvelle vie n'était pas seulement celle d'Arnie, c'était aussi la sienne. Toutes les épouses savaient que les postes diplomatiques haut placés requéraient deux personnes… et dans leur cas, c'était leur première affectation. Pour Arnie, il s'agissait de recueillir des renseignements militaires. Pour elle, de procurer le lubrifiant social et les liens à même de faciliter le travail à son mari. Ce que sa mère appelait « les mondanités ». À peine quelques mois plus tôt, elle était une femme de militaire ordinaire. Serait-elle à la hauteur de cette nouvelle tâche ?

Elle était immensément fière d'Arnie. C'était un coup de maître d'avoir décroché une position de lieutenant-colonel. Mais elle craignait de le décevoir. Au briefing du département d'État, plusieurs épouses avaient fréquenté des universités de la côte Est comme Vassar et Sweet Briar. Louise n'avait été, elle, qu'à l'université de l'Oklahoma. Nombre d'entre elles s'étaient rendues en Europe avant la guerre ; elle ne s'était jamais aventurée à l'est du Mississippi. Elles venaient aux briefings habillées comme il fallait, sans avoir l'air d'y avoir mis beaucoup d'effort ni de réflexion ; de son côté, les pages de son exemplaire d'*Emily Post*[1] commençaient à se corner. Et puis, il y avait son travail à proprement parler, à savoir tenir essentiellement lieu d'antenne discrète pour toute information qu'Arnie pourrait trouver utile – ou souhaiterait communiquer – en relevant les légères modifications de ton ou de nuance dans la conversation et en cultivant les contacts profitables. Tout le problème était de savoir ce qui constituait une information utile. Les briefings du département d'État s'étaient longuement étendus sur le protocole : qui s'asseyait où aux réceptions, comment s'adresser à l'épouse d'un ambassadeur et à celle d'un diplomate de carrière, quand ne pas serrer la main, que porter et quand. Mais l'unique et bref exposé qui avait porté sur ce qui se passait réellement en Finlande, sur ce que voulaient les États-Unis – et sur ce que voulaient l'Union soviétique et la Finlande – s'était

1. Emily Post a écrit des ouvrages sur le savoir-vivre et l'étiquette entre les années 1900 et 1920. *(Toutes les notes sont de la traductrice.)*

avéré sommaire. Elle avait été déçue de constater que, sur ce point, les Affaires étrangères ne différaient guère de l'armée. On supposait que ces détails n'intéresseraient pas les épouses, et on les leur avait épargnés. Si elles tenaient absolument à savoir, leurs maris les mettraient au courant.

Il n'empêche : cette attitude des Affaires étrangères et de l'armée ne soulageait en rien la pression. Si cette mission se passait bien, Arnie serait promu colonel, ce qui lui ouvrirait la voie au poste de général. Dans le cas contraire... Elle se rappela l'épouse d'un autre attaché militaire qui, à moitié cuite lors d'un cocktail à Washington avant leur départ, lui avait prodigué des conseils « utiles ».

— Si tu te plantes, la carrière de ton mari est foutue.

Louise savait pertinemment que plus d'une carrière militaire prometteuse avait été abrégée par une épouse maladroite qui ne savait pas se comporter en société. Les Français, dont elle avait étudié la littérature à l'université, avaient un mot unique pour qualifier ce qu'elle espérait ne jamais devenir : *gauche*[1]. Mais ces mêmes Français passaient toute leur enfance à apprendre à être français. Elle ne savait qu'être polie en Oklahoma, et essayer d'apprendre le protocole diplomatique en deux ou trois semaines de conférences équivalait à tenter d'assimiler une langue étrangère sans pouvoir la pratiquer. Elle n'en aurait jamais un usage courant.

Pour l'heure, son angoisse latente de savoir si, oui ou non, elle était à la hauteur de cette tâche constituait

1. En français dans le texte. Les autres occurrences seront suivies d'un astérisque.

la toile de fond d'une inquiétude qui lui était tout à la fois liée et plus précise. Leurs effets personnels, qu'ils avaient expédiés plus d'un mois plus tôt, notamment ses vêtements, les attendraient-ils à Helsinki ? Sinon, il lui faudrait acheter plusieurs robes, et sur leurs propres deniers. Que penserait-on d'elle, et d'Arnie, si elle devait se rendre à une élégante réception de l'ambassade en y portant – elle baissa les yeux sur sa jupe en laine confortable – ça ? Y avait-il même des boutiques de robes à Helsinki ?

Ils franchirent un croisement dans le noir et Pulkkinen montra la route de droite.

— Porkkala.

Un seul mot. Aucune émotion.

— Porkkala ? répéta-t-elle.

Arnie se retourna vers elle.

— La base navale russe.

— Une base navale russe ici ? Nous ne sommes qu'à une trentaine de kilomètres d'Helsinki ! Personne ne nous en a jamais parlé dans nos briefings.

— Elle leur permet, avec une autre base en Estonie, de contrôler les approches maritimes de Leningrad, lui expliqua Arnie. Ça fait partie du marché.

Ce « marché » désignait l'armistice de Moscou qui, signé le 19 septembre 1944, avait mis fin au conflit entre la Finlande et l'Union soviétique. Cela avait été évoqué lors des briefings, mais Arnie avait dû lui en expliquer les conséquences plus en détail à bord du ferry. L'accord avait été très mauvais pour les Finlandais.

En novembre 1939, l'Union soviétique, alors alliée à l'Allemagne d'Hitler, avait envahi la Finlande. Les Finlandais s'étaient battus seuls et courageusement malgré tout ce qui jouait en leur défaveur dans ce qui devait devenir la guerre d'Hiver. Ils avaient infligé d'innombrables victimes au mastodonte soviétique, l'avaient stoppé net et s'étaient attiré les louanges de l'ensemble du monde libre. Mais cela n'était pas allé plus loin. Épuisés, désespérés et sans l'aide de l'Occident, ils avaient signé leur premier armistice avec l'Union soviétique au printemps 1940 et leur avaient cédé plus de dix pour cent de leurs terres.

De crainte que les Soviétiques n'en réclament plus, ils avaient encore demandé leur soutien à la Suède, qui était neutre, et aux Alliés occidentaux, pour consolider leurs défenses. Et une fois encore, ils n'en avaient obtenu aucune. C'est alors que l'Allemagne nazie avait envahi l'Union soviétique en juin 1941. Les Finlandais avaient uni leurs forces à celles de l'Allemagne pour reprendre les territoires qu'ils avaient perdus. Ils les avaient récupérés intégralement, mais avaient continué, d'aucuns auraient dit bêtement, d'aider leurs alliés allemands à assiéger Leningrad. Leningrad n'était pas tombée, et Staline ne l'avait jamais oublié.

En juin 1944, alors que les Allemands se repliaient vers Berlin pour affronter le débarquement allié en Normandie, Staline avait pris sa revanche.

Jouissant d'une supériorité écrasante en hommes et en équipements, ainsi que d'un énorme appui matériel de la part des États-Unis, l'Armée rouge avait repoussé les Finlandais jusqu'à Helsinki. Mais en septembre 1944, la campagne avait déjà coûté près d'un million de vies à l'Union soviétique. Pour chaque Finlandais ou Allemand mort, quatre Russes avaient péri. Staline avait alors estimé qu'il valait mieux que l'Union soviétique fasse la paix plutôt que de continuer à payer les lourdes conséquences qu'entraînait la conquête de la Finlande par la force. Épuisés et affamés, et la défaite étant assurée pour leurs alliés allemands, les Finlandais signèrent un second armistice terriblement punitif. Celui-ci leur coûta encore plus de terres que le précédent en 1940 et, en sus, toute la péninsule de Porkkala à l'ouest d'Helsinki, ainsi que sa grande base navale. Il leur imposa également des paiements de « réparation » écrasants, équivalant à soixante pour cent du PIB d'avant-guerre. Toutefois, malgré cet accord catastrophique, la Finlande resta indépendante grâce à sa résistance féroce, le seul pays d'Europe de l'Est qui n'avait pas succombé à l'Armée rouge. Du moins, pas encore.

Toujours résolu à mettre en place un gouvernement communiste qui soit bien disposé envers l'Union soviétique, Staline cherchait à œuvrer de l'intérieur. Son arme était le Parti communiste de Finlande, déclaré illégal jusqu'au traité de 1944 mais qui, avec le soutien des Soviétiques, détenait à présent environ un tiers des sièges au parlement. C'était le gant de velours de Staline, sa main de fer étant la menace d'invasion par son immense armée depuis le territoire perdu à l'est de la Finlande et par la 1re division d'infanterie navale du drapeau rouge de Mozyr basée sur la péninsule de Porkkala occupée par les Russes, à trente kilomètres à peine à l'ouest d'Helsinki.

Qu'une décision politique ou étrangère l'offense, Joseph Staline serait en mesure de trancher le fil qui retenait l'épée de guerre de Damoclès suspendue au-dessus de la tête de la Finlande. Alors qu'ils roulaient dans le crépuscule froid, Louise comprit qu'elle et Arnie se dirigeaient tout droit sous le fil de cette épée.

Ils atteignirent Helsinki aux alentours de dix-huit heures, bien après la tombée de la nuit. Un trop petit nombre de réverbères inadéquats, composés d'ampoules électriques solitaires, peinait à éclairer les rues presque désertes. Inconsciemment, Louise s'était attendue à ce que, comme en Amérique, la ville soit illuminée pour Noël, mais Helsinki dégageait une morne austérité.

Pulkkinen les aida à prendre une chambre dans un hôtel proche du bureau de la légation américaine. Louise soupçonna l'établissement d'avoir été construit au siècle dernier. Le petit hall d'entrée sentait le tapis vieux de plusieurs décennies.

Comme il n'y avait pas de groom, Pulkkinen aida Arnie à porter leurs valises jusque dans le hall.

— On lui donne un pourboire ? chuchota Louise, un peu décontenancée.

Arnie sourit.

— Je t'assure qu'il est bien payé. Bien mieux que la plupart.

Elle décocha un grand sourire à Pulkkinen en le gratifiant d'un *« Kiitos paljon ! »* – merci beaucoup, l'une des rares formules qu'elle connaissait en finnois.

Pulkkinen se contenta de la fixer. Et hocha légèrement la tête en reprenant ce que Louise n'aurait pu que décrire poliment comme un regard distant. Il dit alors, avec un accent anglais aristocratique :

— Ce fut un plaisir, madame Koski.

Louise jeta un coup d'œil à son mari, qui réprima un sourire. Arnie tendit la main à Pulkkinen, lui dit merci et d'autres mots encore.

— Quelle chance qu'il parle anglais ! dit-elle en regardant Pulkkinen regagner la voiture. Enfin, lorsqu'il parle… Tu crois qu'on pourra compter sur lui pour nous aider à nous installer ?

— On peut toujours demander. Il travaille pour Max Hamilton, le chargé d'affaires de la légation. (Il marqua une pause.) On le paie, mais on n'est peut-être pas les seuls. Attention à ce que tu peux lui dire.

— Oh, Arnie ! Je suis sûre qu'il est de notre côté. Il a l'air très sympathique.

— J'espère que tu as raison. Mais en 1918, les Finlandais se sont livrés à une guerre civile aussi sanglante que la nôtre. Les communistes ont beau avoir perdu, je dirais qu'au moins un tiers de ce pays veut encore qu'ils prennent le pouvoir. L'Union soviétique est là pour faire en sorte que ça arrive. Et nous, ma chère, sommes là pour faire en sorte que ça n'arrive pas.

Debout sur le trottoir froid à côté d'Arnie, le regard rivé sur la grosse Fleetmaster qui s'éloignait, Louise se sentit soudain seule et exposée aux regards. C'était la première fois depuis des années qu'elle ne jouissait pas de la sécurité de l'armée américaine. Elle se rapprocha d'Arnie.

— Tu ne crois pas qu'on arrive peut-être un peu tard pour ça ? lui demanda-t-elle doucement en levant les yeux vers lui. La Russie fait cinq fois la taille de la Finlande, et elle a une énorme armée à la frontière. En plus de quoi, j'apprends que les Russes ont aussi une base navale quasiment dans leur capitale. Et nous, qu'est-ce qu'on a pour combattre ça ?

Arnie garda le silence, avant de lancer très sérieusement :

— Une berline Chevy Fleetmaster de 1942. Ça compte beaucoup plus que tu le crois.

Quand elle se pencha sur le grand lit de leur chambre pour défaire sa valise, Louise toucha le mur avec les fesses. De l'autre côté du lit, l'unique fenêtre surplombait un radiateur à vapeur bruyant, le store en papier entièrement baissé donnant l'impression que la pièce était encore plus petite qu'en réalité. Elle résolut de quitter l'hôtel au plus vite mais, comme il n'y avait aucun employé de l'ambassade pour les aider à se trouver un logement, cette tâche lui incomberait exclusivement.

Il n'y avait d'ailleurs ni ambassade ni ambassadeur. Les Finlandais s'étant joints à l'Allemagne pour combattre l'Union soviétique, les États-Unis subissaient une grosse pression de la part de leurs alliés soviétiques pour déclarer la guerre à la Finlande à l'instar de la Grande-Bretagne. Ne voulant toutefois pas aller aussi loin, ces derniers s'étaient contentés de rompre toute relation diplomatique avec la Finlande le 30 juin 1944. De ce fait, tant que la paix entre l'Union soviétique, la Grande-Bretagne et la Finlande ne serait pas officielle et ratifiée par un traité signé, il serait impossible de renouer des relations diplomatiques. Les États-Unis ne pouvant ni envoyer d'ambassadeur ni installer d'ambassade, il fallait se contenter d'une légation au personnel restreint en attendant le jour où les relations diplomatiques seraient pleinement rétablies.

Mercredi 11 décembre 1946

Hôtel d'Helsinki

Le lendemain, Arnie effectua son programme quasi sacro-saint d'exercices du matin dans le sous-sol de l'hôtel, à savoir une succession acharnée de pompes et squats intenses, le tout jusqu'à l'épuisement. Après avoir pris un petit déjeuner tout simple servi par l'établissement dans une autre partie du sous-sol, Louise et lui se présentèrent dans le bureau de Max Hamilton, le chargé d'affaires américain, situé dans un hôtel particulier aménagé qui se dressait parmi de grands arbres à feuilles caduques désormais nus près d'un parc entrelacé de sentiers et traversé d'étroites routes pavées.

Hamilton semblait avoir la petite cinquantaine et Louise le trouva charmant, très « côte Est », bien éduqué, intelligent et probablement riche. Arnie lui avait dit, juste avant qu'ils n'entrent dans le bureau, que c'était une chance que la Finlande ne veuille pas d'ambassade : cela lui évitait d'avoir à rendre des comptes à un ignare politique parachuté à ce poste plutôt qu'à un diplomate de carrière chevronné comme Hamilton.

Louise, elle, n'en était pas si sûre : elle avait vite constaté que Max Hamilton présentait l'un des défauts typiques du diplomate de carrière. Chaque fois qu'elle lui posait une question de fond, il souriait et déviait aimablement du sujet pour lui sortir des banalités.

Elle lui avait demandé si les États-Unis proposeraient une aide financière ou des prêts à la Finlande, même si le pays avait combattu aux côtés des Allemands.

— Nous n'évoluons vraiment pas dans le secteur bancaire, lui avait-il répondu. Avez-vous besoin d'aide pour vous trouver une banque personnelle ici, à Helsinki ?

Elle avait fait une nouvelle tentative en lui demandant si le parti communiste de la Finlande était puissant, et dans quelle mesure il dépendait des Soviétiques.

— Il s'agit, bien sûr, d'un parti politique actif, lui avait-il répondu. Un parmi d'autres. Il est sûrement préférable de garder pour nous nos opinions sur la politique intérieure d'un pays d'accueil.

Elle n'aurait su dire si elle venait de se faire réprimander.

Elle dissimula sa frustration derrière ce qu'elle appelait son sourire de politesse, qui camouflait un bon vieil agacement de l'Oklahoma. Comment faire son travail, bon sang, si Hamilton refusait de répondre à ses questions et qu'aucun de ses beaux habits n'était arrivé ?

Elle écouta Hamilton et Arnie discuter de son poste en détail. La Finlande se trouvait directement sous la trajectoire probable des bombardiers B-29 américains susceptibles de quitter l'Angleterre et le Groenland pour bombarder la Russie en cas de guerre. Les bases aériennes et navales russes devaient être localisées, et leurs capacités déterminées. Des sites d'atterrissage d'urgence devaient être établis. Les voies d'invasion éventuelles ainsi que les routes, lignes de chemin de fer, ponts principaux et leur portance devaient être identifiés.

Les stratégies potentielles devaient être cernées. Toute menace pesant sur l'indépendance finlandaise qui ferait passer la Finlande dans le camp soviétique, qu'elle soit brandie par l'Armée rouge, les organismes de renseignement soviétiques ou le parti communiste finlandais prosoviétique, devait être décelée.

Une fois qu'elle eut senti qu'Arnie avait épuisé la totalité de ses questions détaillées, elle retroussa ses manches pour l'aider dans la partie de son travail qu'il maîtrisait le moins et n'aimait pas faire : gérer la hiérarchie. Elle se fit charmeuse. Si Hamilton tenait à n'échanger que des banalités avec elle, alors, nom d'un chien, elle le tournerait à son avantage. Aussi participa-t-elle à la partie qu'il menait, lui renvoyant avec aisance les balles de leur conversation qu'il était facile de renvoyer. Elle ne tarda pas à apprendre qu'Hamilton était un membre enthousiaste de la fraternité Phi Delta Theta du Washington and Jefferson College de Washington, en Pennsylvanie. Alors elle veilla à ce qu'il sache que, de son côté, elle était toujours une membre enthousiaste de la sororité Delta Gamma. Dix minutes plus tard, il racontait des anecdotes hilarantes sur le quartier de Foggy Bottom tel qu'il était à l'époque, et déboutonnait même sa veste de costume. Pour finir, il appela sa femme pour lui demander de retrouver Louise à la légation dans l'après-midi afin de boire un café et l'aider à prendre ses marques.

De retour dans la rue, Arnie lui dit :

— Merci. Tu sais que je déteste passer la brosse à reluire.

— De rien.

— Mais tu étais obligée de le faire tomber amoureux de toi ?

— Je voulais seulement qu'il me mange dans la main, mon chéri.

Elle passa le bras sous celui de son mari, et il l'attira contre lui ; elle fut pressée de regagner l'hôtel.

Mais dès leur arrivée, Arnie disparut pour remplir sa nouvelle mission, et elle se sentit un peu frustrée. Temporairement contrariée dans ce qu'elle considérait comme la plus importante de ses tâches, elle se pencha sur sa propre mission : trouver un appartement. Le premier ordre du jour sur ce front-là était sa rencontre imminente avec l'épouse d'Hamilton. Ce qui impliquait de repasser la robe qu'elle portait. Les deux autres qu'elle avait avec elle étaient une robe de cocktail classique et une robe d'intérieur, et ni l'une ni l'autre n'aurait convenu pour un café avec Mme Hamilton dans les bureaux de la légation.

Elle réfléchissait mieux en repassant, et sa liste de choses à faire était déjà longue. Arnie lui aussi aurait besoin de vêtements si leurs malles n'arrivaient toujours pas. Et il leur faudrait du papier à lettres pour rédiger des mots de remerciement. Une ligne téléphonique. Faire les courses. Il devait y avoir un marché aux poissons quelque part. Helsinki était un port, après tout. Y avait-il des grands magasins en Finlande ?

Les femmes de militaires avaient l'habitude de se débrouiller seules, surtout en période de guerre. Elles élevaient leurs enfants. Elles prenaient toutes les décisions difficiles – où aller à l'école, que faire quand le petit détestait sa prof, emmener les enfants à l'église, s'assurer qu'ils n'oubliaient pas leur père absent et savaient qui étaient leurs grands-parents paternels, toutes tâches qu'elle-même aurait aimé réaliser. La seule différence, ou à peu près, entre une femme de militaire et une mère célibataire veuve ou divorcée résidait dans le salaire régulier et dans l'espoir que cette solitude prendrait fin un jour sans avoir à descendre dans le bistrot du coin – ça, et devoir gérer leurs maris lorsqu'ils revenaient de la guerre changés à jamais.

Comme elle avait trouvé des logements en dehors de la base à plusieurs reprises pendant la guerre et, encore, en banlieue de Washington quand Arnie avait passé dix-sept semaines à l'École de renseignement stratégique, elle pensait que sa première fois en dehors des États-Unis ne constituerait qu'un défi mineur.

Par le passé, trouver un logement avait été facile en comparaison de ce qu'elle avait accompli dans son adolescence, lorsqu'elle travaillait à la scierie de son père. Au début du lycée, elle aidait déjà des entrepreneurs à effectuer leurs achats et gérait leurs réclamations, prêtait main-forte pour les comptes et les déclarations d'impôt et, à l'occasion, quand son père avait besoin de bras, allait même jusqu'à sortir du bois de qualité des palettes mixtes qui venaient d'arriver pour le vendre au prix fort. Cela impliquait de déplacer des centaines de morceaux de bois, et certains des plus gros faisaient cinq centimètres sur trente et pesaient près de vingt-sept kilos.

Elle sourit en se rappelant s'être vidé sur les mains un pot quasi entier de crème de beauté *Pond's* de sa mère et avoir dû rouler sur le flanc pour quitter son lit le matin pendant près d'une semaine tellement elle était courbaturée.

À la fac, elle avait été élue présidente de sa sororité. Gérer les repas, l'entretien de la maison commune, le recrutement, les soirées compliquées ainsi que les disputes, jalousies et émotions de quatre-vingt-sept filles, avant d'enchaîner sur six années et demie de vie militaire, essentiellement en temps de guerre, aurait dû la préparer à sa mission actuelle.

Ce n'était pas le cas. Aucune de ses expériences passées ne s'était déroulée dans un pays ébranlé par une guerre récente. Trouver à se loger aux États-Unis avait certes été difficile, mais il n'y avait pas eu des milliers de réfugiés sans abri qui affluaient en ville. En plus, cette langue lui était complètement étrangère. À l'université, elle s'était spécialisée en pédagogie, mais avait également étudié le français comme matière secondaire, langue qui lui était venue facilement. Pourtant, après avoir passé plusieurs mois à essayer d'apprendre un finnois même rudimentaire, elle se sentait fatiguée et incompétente. Certes, elle était capable de trouver les toilettes, de compter jusqu'à cent et d'acheter un ticket de bus, mais mener une conversation intelligente allait devoir attendre. Encore un élément à ajouter à sa liste, songea-t-elle : trouver un professeur de finnois. En plus de quoi, elle disposait de moins de six heures de jour, et d'un jour lugubre, au mieux.

Tous les jours, Arnie quittait leur hôtel tôt et rentrait tard, toujours dans le noir. Les Finlandais appelaient leur pays « Suomi », mot qu'Arnie lui avait expliqué dériver d'un terme issu d'une langue antérieure au finnois désignant un marécage – tout en précisant avec sa prudence habituelle qu'il ne s'agissait que d'une théorie parmi d'autres. Certains affirmaient que Suomi signifiait « pays des lacs » ou, simplement, « le pays ». Après avoir passé quelques jours à se traîner péniblement dans cette ville morne et déchirée par la guerre, elle songea avec mélancolie que la théorie du marécage était la plus probable.

Non pas qu'elle se fût attendue à trouver facilement à se loger ; partout en Europe, les habitations étaient rares à cause des bombardements. Helsinki, elle aussi, avait été attaquée, par les Russes – à l'aide de bombardiers américains. Une bonne partie de la ville avait évité de graves dégâts grâce à des Finlandais qui avaient attiré les bombardiers au loin en allumant des feux et en disposant des projecteurs sur les îles au large de la côte. Mais la véritable cause de cette pénurie de logements était les quatre cent mille Finlandais qui avaient préféré fuir leurs foyers dans l'est de la Finlande plutôt que de vivre sous domination soviétique, ainsi que les cent mille soldats rendus à la vie civile.

Et il y avait les orphelins, qui se comptaient par milliers.

Samedi 21 décembre 1946

Appartement de Kaarina Vanhatalo Varila

Le samedi avant Noël, le passé récent de la Finlande s'invita dans la vie personnelle de Louise. Arnie et elle avaient été invités chez Kaarina Varila. Aino, la tante d'Arnie, avait poussé ce dernier à localiser la fille de la cousine de sa propre mère, une Vanhatalo qui, selon elle, vivait encore à Helsinki. C'était cette cousine qui avait pris soin d'Aino lorsqu'elle était sortie d'une prison russe en 1905, juste avant d'émigrer en Amérique. Arnie avait raconté à Louise que tante Aino avait été arrêtée par la police secrète, qui la soupçonnait d'être une communiste liée à un organisme terroriste ayant tenté de poser une bombe dans une caserne militaire russe. Louise avait eu du mal à le croire : tante Aino faisait du pain et racontait des blagues truculentes. Son frère, Matti, le père d'Arnie, était membre de l'Astoria Golf & Country Club et un homme d'affaires aussi ardent républicain que le propre père de Louise.

Pour trouver cette cousine Vanhatalo, Arnie était allé voir la police finlandaise. Celle-ci, résolument anticommuniste et donc proaméricaine, avait été ravie de l'aider, malgré le positionnement à la fois prudent et précaire du gouvernement vis-à-vis des Soviétiques.

Elle n'avait pas tardé à établir que cette cousine d'Aino était morte pendant la guerre, mais avait localisé sa fille, Kaarina, sous son nom d'épouse, Varila. Arnie l'avait contactée et elle les avait invités à dîner.

Kaarina vivait avec son fils adulte, Pietari, qui leur ouvrit la porte lorsqu'ils y toquèrent. La petite vingtaine, il ressemblait à sa mère, qui se tenait debout derrière lui, vêtue d'une robe en laine dont le bleu foncé faisait ressortir l'azur de ses yeux. Elle portait des bas en coton à l'ancienne et des chaussures à lacets sur des talons de cinq centimètres. Bien charpentée, pas grosse du tout, elle avait un visage large, d'épais cheveux châtain clair et un teint que Louise trouva incroyablement beau et soyeux pour une femme sûrement âgée d'une cinquantaine d'années. Elle et Pietari leur serrèrent la main avec beaucoup de raideur avant de les faire entrer.

La maison était impeccable – et modeste. Louise commençait à s'habituer à ne pas voir de décorations lumineuses pour Noël, mais fut interloquée de constater l'absence de ce qu'elle considérait comme des biens domestiques essentiels. Debout dans le séjour, elle pouvait voir l'intérieur de la cuisine. Le sol était en bois, frotté si souvent qu'on aurait cru voir le pont d'un navire. L'évier ne comportait pas de robinet d'eau chaude. Une unique ampoule était suspendue au plafond. Dans le séjour, un lampadaire se dressait près d'un fauteuil rembourré, un livre ouvert reposant sur une petite table basse. La faible lumière atteignait à peine les murs de la pièce, donnant une impression d'après-midi nuageux.

Louise se fendit d'un sourire éclatant et fit une remarque sur les superbes tapis en lirette éparpillés sur le plancher du séjour, en essayant de ne rien laisser paraître face à la pauvreté apparente des lieux pour ne pas gêner Kaarina. Sans trop savoir pourquoi, elle s'était attendue à ce que cette maison ressemble à celle de ses beaux-parents et à celle de l'oncle et de la tante d'Arnie à Astoria, dans l'Oregon : remplie de canapés, inondée de lumière électrique – et chaleureuse.

Celle-là était chauffée par un unique poêle à bois en métal cylindrique installé dans un coin du séjour. Il ne devait pas faire plus de douze degrés dans la pièce, et elle devina que les chambres n'étaient pas chauffées du tout. Il y avait une cheminée, mais on n'y avait manifestement pas fait du feu depuis longtemps. Elle supposa que tout le bois passait dans le poêle, la chaleur étant trop précieuse pour la gaspiller en la laissant monter dans un conduit de cheminée. Sur le linteau se trouvaient deux photos de jeunes couples en tenue de mariage de la fin du XIXe. Il y en avait également une de Kaarina en jeune mariée vêtue d'une robe étroite qui lui descendait jusqu'aux chevilles, debout à côté d'un bel homme bien bâti dans un épais costume en laine, vraisemblablement son mari. Sur une quatrième photographie, trois garçons aux cheveux filasse souriaient.

Kaarina toucha l'une des vieilles photos de mariage.

— Mes parents, dit-elle. Ça fait vingt ans que père est mort. Ma mère, ajouta-t-elle avec une hésitation, est décédée en 1940. (Elle montra une autre photographie.) Moi et mon mari, Niko. (Elle marqua une pause, juste le temps de contenir sa tristesse.) Et là, c'est Pietari à six ans, avec ses frères, Oskar et Risto.

Louise devina ce qui allait suivre inévitablement : morts à la guerre.

Kaarina se retourna pour regarder Pietari qui discutait avec Arnie. C'était un jeune homme fin et robuste dont les cheveux n'étaient plus filasse, mais épais et blond caramel.

— Bon, tous ne sont pas morts, dit-elle en souriant. Pietari a combattu les Russes à dix-huit ans. Quand ils nous ont forcés à affronter les Allemands qui essayaient d'atteindre la Norvège, il a combattu les Allemands. (Elle s'interrompit.) Maintenant, il se bat contre lui-même. Et il déteste et les Russes et les Allemands. (Elle décocha un petit sourire à Louise.) Compliqué.

— Je sais que vous ne vouliez pas vous trouver dans le camp des Allemands, lui répondit Louise.

— Nous ne le voulions pas tous, lui répliqua Kaarina. Ça, ce n'est pas *si* compliqué. Les Russes ont exigé que nous renoncions à plusieurs de nos provinces orientales. Nous avons refusé. Ils nous ont envahis. Nous nous sommes battus de toutes nos forces, mais au bout du compte, ils étaient trop nombreux et ils nous ont pris notre terre.

Elle marqua une pause, puis reprit :

— Personne ne nous a aidés. Mais vous, aux Russes, vous avez envoyé des millions de dollars d'aide militaire.

Louise se demanda si elle lui reprochait personnellement la politique étrangère américaine.

— Quand l'Allemagne a attaqué l'Union soviétique, nous avons accepté l'aide allemande et nous avons repris notre terre. Et quand les Russes nous ont de nouveau envahis, nous avons signé un armistice pour qu'ils ne nous prennent pas le pays tout entier. Ils ont exigé que nous nous retournions contre nos alliés allemands, alors on l'a fait, et les Allemands sont partis. Du coup, Pietari a combattu à la fois les Russes et les Allemands.

La voix de Kaarina ne révélait aucune émotion, à tel point que Louise en vint à se demander quel était son bord politique. Elle aurait pu être proallemande, voire fasciste. Mais peut-être était-elle communiste, comme la tante d'Arnie. Elle n'osa pas lui poser la question. Elle avait déjà l'impression de marcher sur des œufs.

Ils dînèrent de pommes de terre, de chou, de panais et d'un poulet rôti qui faisait à peu près la moitié de la taille de ceux qu'ils avaient eu pour habitude de manger à Edmond. Le dessert se résuma à un riz au lait recouvert d'airelles rouges en conserve.

Le finnois de Louise n'était pas suffisant pour lui permettre de suivre la conversation, mais Kaarina ayant travaillé dans sa jeunesse chez Thomas Cook & Sons, son anglais était assez bon. Elle parla donc à Louise en anglais, pourtant la conversation traîna quand même, celui de Pietari n'étant que rudimentaire. Comme les échanges semblaient fuser quand Kaarina, Pietari et Arnie revenaient au finnois, Louise se sentit mise à l'écart.

Kaarina apporta du café à Arnie et Pietari, assis face à face dans des fauteuils près de l'âtre vide. De toute évidence, ils parlaient de la guerre ; Arnie, toujours professionnel, posait des questions à voix basse, et Pietari lui répondait doucement et succinctement.

— Venez vous asseoir dans la cuisine, dit Kaarina en tendant sa tasse à Louise. Il y fait plus chaud.

Kaarina la guida vers deux fauteuils à bascule tout simples posés à côté de la cuisinière. Les portes en fer indiquaient la présence d'un foyer métallique à l'intérieur des briques, qui étaient chaudes. Elles lui rappelèrent le commentaire d'Arnie avant qu'elle ne rencontre ses parents pour la première fois.

« Sois patiente. Les Finlandais ne sont pas froids, mais ils mettent du temps à se réchauffer. »

Louise se carra dans son siège ; pour la première fois de la soirée, elle avait espoir que Kaarina l'apprécie. Alors elle but une gorgée de café et faillit suffoquer. Elle dut se retenir de tout recracher dans sa tasse, mais parvint à avaler en tâchant de ne rien laisser paraître.

— Le café vous plaît ? lui demanda Kaarina, le visage de marbre.

Louise côtoyait la famille d'Arnie depuis assez longtemps pour savoir qu'humour finlandais et visage de marbre allaient souvent de pair. On la taquinait gentiment.

— D'accord, dites-m'en plus. Qu'est-ce que c'est ?

Kaarina eut un petit rire.

— C'est à base de champignons. Du *chaga*, des polypores qui poussent sur les bouleaux. Je n'ai pas bu une bonne tasse de café depuis 1939. On me dit qu'une cargaison est arrivée à Turku en février dernier, mais il faut des tickets de rationnement pour en avoir, et ils sont rares.

— Euh…, dit Louise, qui ne savait pas si elle devait reposer sa tasse ou continuer à la siroter. Chez nous, le café a aussi été rationné, au moins pendant la première partie de la guerre.

— Ici, pendant la guerre, il ne l'était pas.

— Ah bon ?

— Il n'y en avait pas, répliqua Kaarina en la regardant comme si elle venait d'une autre planète.

— Ah.

Louise n'arrivait pas à savoir si elle venait de passer à côté d'un trait d'humour assez ironique et pince-sans-rire ou si Kaarina en voulait sérieusement aux Américains d'avoir eu du café pendant la guerre.

— Mince. J'aurais aimé le savoir, dit-elle.

Devait-elle lui proposer d'essayer de s'en procurer auprès de la légation ? Ou cela l'offenserait-elle ?

— Euh, comment ça se fabrique ? demanda-t-elle précipitamment.

— Je vous montre.

Kaarina s'approcha d'une grosse marmite posée par terre à côté de la cuisinière et en souleva le couvercle. On avait laissé tremper dans l'eau d'ignobles mottes organiques qui ressemblaient à ces bouts de crasse noire que l'on trouve au fond des poêles.

— Au bout d'un ou deux jours, on essore bien, expliqua Kaarina avec un sourire, et on boit en rêvant à du café.

Elles regagnèrent les fauteuils à bascule. Louise prit une autre gorgée et reposa doucement la tasse sur les briques qui longeaient la table de cuisson métallique.

— Vous n'êtes pas obligée de finir, reprit Kaarina. On le remettra dans la marmite pour plus tard, comme ça il n'y aura pas de gaspillage.

Louise hocha la tête, puis il y eut un silence.

— Je suis vraiment navrée que vous ayez perdu vos fils et votre mari.

Alors il y eut un silence gêné, comme avec la famille d'Arnie lorsqu'elle était devenue trop familière trop vite. Louise jeta un coup d'œil au séjour en regrettant que son mari ne soit pas là pour la sortir d'affaire, mais il était encore en pleine discussion avec Pietari.

— Je suis désolée, dit-elle. Je ne voulais pas… Je cherchais seulement à… Enfin, ça a dû être très dur.

Kaarina la fixa pendant un temps qui parut très long mais qui ne dut pas dépasser les quelques secondes. Et puis, elle se radoucit.

— C'était dur, reconnut-elle.

— Oui.

— Il n'empêche que perdre un mari et des fils n'est pas aussi grave qu'un enfant qui perd ses parents.

— J'espère ne jamais avoir à le savoir, dit Louise d'une petite voix.

Kaarina sourit.

— Vous vivez dans un pays doré où tout est très sûr.

— Oui, c'est vrai. Nous avons beaucoup de chance.

Nouveau silence, mais pas aussi gêné.

— Pas d'enfants ? demanda Kaarina. Ou ils sont gardés par une nounou ?

— Non, il n'y a que nous deux.

— Vous en voulez ?

— Oui, tout à fait. Oui, vraiment. J'ai…, ajouta-t-elle avec une hésitation. J'ai fait deux fausses couches.

Elle fut brièvement submergée par le souvenir d'avoir tenu le corps froid de sa fille mort-née contre son cœur brisé et sa poitrine secouée de sanglots. Kaarina parut un peu déconcertée par les mots « fausse couche ». Louise baissa les yeux sur son *chaga*, consciente de s'être encore sans doute trop confiée pour une première rencontre avec une Finlandaise.

Mais Kaarina parut s'en remettre.

— Vous êtes encore jeune, dit-elle sans émotion.

— Trente ans. Ce n'est pas si jeune que ça.

— Bon, de mon point de vue…

Kaarina, qui essayait de lui remonter le moral, eut un petit rire.

— Je suppose que vous avez raison, lui concéda Louise avec un léger sourire.

— Vous avez déjà pensé à adopter ?

Au tour de Louise d'être un peu déconcertée.

— Non. Pas vraiment.

— Nous avons des milliers d'orphelins.

— Oui…

— Je travaille avec eux, vous savez ?

— Je l'ignorais.

— Dans un orphelinat. Là-bas, près du port. (Kaarina regarda par la porte de la cuisine vers la cheminée et ses photographies.) Ça m'apporte beaucoup de réconfort, mais du chagrin aussi. Ils sont si nombreux, et il y a si peu à donner. Nous sommes un peu dépassés.

Elle eut un sourire. Louise le lui rendit poliment, en se demandant si Kaarina ne faisait qu'affirmer un fait ou si elle voulait que Louise lui donne de l'argent, aide à l'orphelinat ou adopte un enfant. Elle opta pour l'aide.

— Oh là là ! Je pourrais vous aider. Je veux dire, une fois qu'on sera installés. Je sais m'y prendre avec les enfants, ajouta-t-elle précipitamment. Je pourrais peut-être leur apprendre à lire.

Kaarina se contenta de hocher la tête.

— Ils l'apprennent déjà à l'école, déclara-t-elle en souriant. Si vous voulez aider, nous avons des besoins plus pressants.

— Bien sûr. Ça me ferait plaisir de passer. J'aime donner des coups de main. Faire des choses. Enfin, vu que je suis la femme d'un attaché militaire… une femme de diplomate… ça me ferait du bien d'avoir un projet. Voire deux. (Elle éprouvait un début d'excitation.) De quoi avez-vous besoin ?

— D'argent.

— Euh, Arnie et moi ne sommes pas…

— Je ne vous en réclamais pas. Je disais seulement que c'est ce dont nous avons besoin.

Louise se sentit rougir.

— Bien sûr. Je n'ai pas cru non plus que vous nous en demandiez personnellement.

Mais elle savait l'avoir pensé, et Kaarina le savait aussi.

De retour à l'hôtel, Louise, complètement sonnée, s'assit sur le lit en attendant qu'Arnie prenne sa douche. Le mur à moins d'un mètre de son visage, elle rumina les instants gênants de leur conversation, s'imaginant comment tout se serait déroulé si elle s'y était mieux prise. Elle aurait dû sauter sur l'occasion d'aider Kaarina financièrement, mais elle avait gardé le silence après sa méprise gênante, de peur de paraître trop insistante.

Et puis, elle était également tourmentée par cette idée d'adoption qui ne cessait de ressurgir.

Quand il sortit à moitié nu de la salle de bains, Arnie se figea.

— Qu'est-ce qui ne va pas ? lui demanda-t-il.

— Rien.

Il attendit la suite.

— Oh, non ! gémit-elle enfin. Pourquoi je mets toujours les pieds dans le plat ?

— Parce que tu es originaire de l'Oklahoma ? risqua-t-il, en répondant à sa question par une question.

Elle ne put retenir un sourire.

Il s'assit à côté d'elle, lui passa un bras autour des épaules et les tapota avec tendresse.

— Joli mur, dit-il.

Elle gloussa.

— Bon, qu'est-ce qui ne va pas ?

Elle lui rapporta sa conversation maladroite avec Kaarina.

— J'aimerais vraiment qu'elle, que toute ta famille, m'apprécie, déclara-t-elle.

Ils restèrent assis tous les deux en silence l'un contre l'autre, les yeux rivés sur le mur devant eux. Puis, d'une voix basse et blanche, elle reprit :

— Allons-nous devoir passer Noël dans cette affreuse chambre d'hôtel ?

Ce fut le cas, mais cela ne la dérangea pas. Arnie trouva un petit sapin de Noël et elle le décora avec les bijoux qu'elle avait apportés, les cravates civiles de son mari et des petits anneaux en papier qu'elle avait confectionnés à l'aide de colle et de papier journal. Le matin de Noël, ils s'assirent à côté, reconnaissants d'être au calme et ensemble dans cette petite chambre d'hôtel.

Depuis leur visite chez Kaarina, Arnie ne revenait dans la chambre que pour dormir. De son côté, elle passait toutes ses journées à chercher un logement. Elle n'obtenait aucune aide du personnel débordé de la légation américaine, et son déjeuner avec Mme Hamilton avait été agréable mais pas très utile. Celle-ci les invita malgré tout à un bon dîner, qu'ils durent caser dans une interminable série de réceptions d'ambassade pour la saison des fêtes.

Avant de quitter les États-Unis, elle s'était imaginée à des soirées et dîners raffinés. Au lieu de ça, elle se trouvait dans une salle de bains d'hôtel vétuste et exiguë à essayer de se pomponner pour des réceptions où elle avait l'impression d'être la plus provinciale et la moins élégante de toutes les femmes présentes dans la pièce. Et elle n'avait toujours qu'une seule belle robe. Elle devait se retenir d'expliquer aux autres épouses que ce n'était pas sa faute. Qu'elle avait, en réalité, des beaux habits… quelque part. Avant, elle avait jalousé les choix simples d'Arnie en matière de vêtements. C'était soit un uniforme, soit son costume – et, côté accessoires, il avait à choisir entre une montre ou pas de montre. Elle se trouvait à présent dans la même situation. Et elle détestait ça.

Même si les réceptions étaient souvent amusantes et intéressantes, elles étaient gâchées par l'obligation de faire attention à tout ce qu'elle disait. Elle ne savait jamais vraiment trop si on cherchait à lui soutirer des informations, ou si on la questionnait simplement par politesse et curiosité. Pendant la journée, ce sentiment de méfiance était amplifié par l'impression lancinante d'être observée. Ce n'était pas comme si un homme sinistre avec un pardessus et un feutre mou fonçait dans les ruelles et lui tournait le dos devant les vitrines des grands magasins. Et d'un, il n'y avait pas de vitrines de grands magasins. Non, c'était autre chose… quelque chose de si subtil qu'elle ne pouvait se résoudre à en parler à Arnie, de peur de passer pour paranoïaque. Mais il y avait eu la fois où, en gagnant la voiture sans prévenir, elle avait vu Pulkkinen glisser vivement ce qui ressemblait à un petit carnet dans la poche de son manteau. Et il y avait aussi cet homme qui lisait le journal de l'autre côté de la rue en face de l'hôtel. À deux reprises. Attendait-il le bus, le taxi ? Il faisait si froid dehors !

Il faut dire que les briefings à Washington n'avaient pas tous porté sur le dressage de table. L'une des discussions lui avait donné à réfléchir : que faire si son mari ne rentrait pas à l'heure attendue ? On ne pouvait pas se contenter d'aller voir la police du coin. Lors d'un des apéritifs de fin de séance, la femme d'un ancien attaché militaire en Espagne, de l'époque où Carlton Hayes était ambassadeur, avait raconté la fois où, en ouvrant la porte à quelqu'un qui y frappait, elle s'était trouvée face à cinq policiers, des types massifs coiffés de tricornes bizarres. Ils lui avaient tendu une ordonnance lui enjoignant de quitter le pays dans les vingt-quatre heures. Elle et son mari s'étaient empressés de gagner la demeure de l'ambassadeur Hayes où on leur avait dit, et sans trop les ménager, que le *generalissimo* Franco était excessivement contrarié par l'aide accordée par l'ambassade américaine aux Juifs qui franchissaient les Pyrénées. On avait reconnu son mari et Hayes devait sacrifier quelqu'un.

Quand Arnie était devenu attaché, Louise avait su qu'elle deviendrait plus qu'une épouse de militaire. Elle était à présent la femme d'un espion – un espion certes au grand jour et légal, mais un espion malgré tout. Elle savait aussi qu'au moindre faux pas, de sa part ou de celle d'Arnie, ils pourraient se faire expulser… ou pire. Tout cela l'enthousiasmait et l'effrayait à la fois.

Comme il n'y avait pas eu de présence américaine en Finlande pendant la majeure partie de la guerre, aucun réseau perfectionné de radio ni de renseignement humain n'avait été mis en place. En l'absence de ceux-ci, les contacts personnels seraient une grande source d'information, et Louise allait jouer un rôle important dans l'établissement de ce réseau. En plus de quoi, elle allait devoir guetter le moindre petit écart ou nuance de comportement aux soirées et aux déjeuners afin de les rapporter à Arnie.

C'est donc en connaissance de cause que, quand Arnie lui avait parlé de l'invitation à une soirée du Nouvel An dans la résidence de l'émissaire soviétique, elle s'était figée, temporairement incapable de bouger, un sourire tout aussi figé sur le visage. Elle savait que pour elle, cette soirée ferait office de première. Ce qu'elle ignorait, c'était que celle-ci allait enclencher une série d'événements qui la mettraient à l'épreuve jusqu'aux tréfonds de son âme.

Mardi 31 décembre 1946

Résidence de l'émissaire soviétique, Helsinki

Le soir du Nouvel An, Louise était parvenue à traîner Arnie à plusieurs soirées avant de se rendre à celle qui se tenait à la résidence de l'émissaire soviétique. À présent, malgré les quelques verres qu'elle avait bus exprès pour s'enhardir, alors qu'elle donnait le bras à Arnie en marchant sous la neige qui tombait doucement, elle commençait à craindre de s'être trop enhardie. Elle craignait de dire ce qu'il ne fallait pas. À force de côtoyer des officiers de l'armée et leurs épouses, de boire des verres avec eux, elle savait beaucoup de choses que la plupart des gouvernements auraient aimé classer secret-défense. Et si elle laissait échapper une information susceptible de causer du tort aux États-Unis ? Un détail qu'elle avait cru inoffensif ? À l'inverse, en n'étant pas sociable, elle ferait partie de ces épouses mal à l'aise qui nuisent aux chances d'avancement de leur mari.

Ils atteignirent un portail ouvert flanqué de deux solides colonnes de brique d'environ un mètre cinquante de hauteur. Au bout d'un chemin de pierre se dressait la grande porte d'entrée de la résidence de l'émissaire soviétique, un imposant édifice en brique. Avant l'armistice de 1944, c'était l'ambassade allemande. Il n'échappait à personne que les Soviétiques en avaient fait la résidence de leur ambassadeur extraordinaire pour envoyer un signal clair de leur triomphe. Aux vainqueurs le butin.

Deux gardes se tenaient de part et d'autre de la porte. Arnie toucha la moufle de Louise.

— Quoi ? demanda-t-elle.

— Fais attention, c'est tout. N'oublie pas que les murs ont des oreilles.

— Motus et bouche cousue, dit-elle d'un ton enjoué.

Elle aurait aimé se sentir aussi courageuse qu'elle le paraissait.

Arnie présenta sa pièce d'identité à l'un des gardes qui, au grand plaisir de Louise, se mit au garde-à-vous et lui fit un salut. L'autre ouvrit la porte.

Ils pénétrèrent dans une grande salle vivement éclairée et remplie du brouhaha d'une fête qui bat son plein. Après avoir cherché des visages familiers et n'en avoir pas trouvé un seul, Louise conclut qu'ils devaient être les seuls Américains présents. Il y avait d'innombrables femmes élégamment vêtues de robes de soirée avec des hommes en smoking noir, ainsi qu'un grand nombre d'officiers russes déjà bien éméchés et aussi bruyants que n'importe quel Américain.

— Bon sang, Arnie ! chuchota-t-elle. On dirait que toute l'Armée rouge est ici.

— Très certainement une partie de la Commission de contrôle des Alliés, lui renvoya Arnie à voix basse. Qu'on appelle plus précisément « Commission de contrôle soviétique ». Quand les Finlandais ont signé le traité avec l'Union soviétique, l'Angleterre, elle aussi, a fait la paix. Ils ont formé la Commission de contrôle des Alliés, soit deux cents Russes et quinze Britanniques, pour veiller à ce que les Finlandais en respectent les conditions.

— Et c'est le cas ?

— Toute une Armée rouge est postée à la frontière en attendant le premier prétexte pour la franchir. Alors, pour les respecter, ils les respectent.

Le haut plafond au-dessus de leurs têtes s'ornait de moulures concaves en plâtre sculpté. La grande pièce était toute en lignes classiques épurées, ce qui plaisait à Louise, malgré le mobilier russe qui affichait le mauvais goût tapageur de la salle de trône d'un sirdar. De lourdes tentures de velours, bordeaux et vert foncé, encadraient les grandes fenêtres. De l'autre côté des carreaux, la lumière se réfléchissait sur les flocons qui tombaient. Plusieurs tables croulaient sous les plateaux à canapés en or et en argent. Des coupes de caviar reposaient sur de la glace, dans des récipients en argent datant d'avant la révolution et décorés de scènes de chasse au loup. Les bouteilles de champagne et de vodka se comptaient par dizaines. Les étiquettes de champagne étaient variées et en français, celles de vodka identiques et en russe et toutes provenaient de l'unique usine de vodka officielle autorisée par le gouvernement. Les murs étaient couverts de faucilles et de marteaux, pour bien faire comprendre que tout était fait dans l'intérêt de la classe ouvrière, ironie qui n'échappa pas à Louise.

Un petit orchestre constitué de deux violons, de deux trompettes, de deux saxophones, d'une clarinette, d'un trombone, d'un tuba et d'une caisse claire jouait une musique dansante mais tranquille, strictement en rythme. Derrière eux, sur un piédestal, se dressait une grande horloge électrique dont la deuxième aiguille avançait par à-coups vers minuit.

Un soldat en tenue de cérémonie leur prit manteaux et châles. Puis, une superbe femme dans une robe de cocktail en soie turquoise qui accentuait chacune de ses courbes avec goût leur présenta un plateau argenté contenant plusieurs flûtes de champagne en cristal.

Elle poursuivit son chemin, et Louise regarda Arnie la regarder partir. Cela l'amusa. Vu l'allure et la tenue de cette jeune femme, elle se serait inquiétée s'il ne l'avait pas regardée – dans les limites du raisonnable, bien sûr.

Louise remarqua que deux hommes les observaient, dont l'un, âgé d'une quarantaine d'années, communiquait manifestement une information à son aîné. Ce dernier sourit et entreprit de s'approcher, talonné par le plus jeune. Il devait s'agir d'Aleksandr Abramov, l'émissaire soviétique. Louise se tendit. Cet homme incarnait la puissance de l'État soviétique, une puissance qui menaçait non seulement la Finlande mais qui, à chaque article de journal qu'elle lisait sur ce qui se passait en Allemagne et en Europe de l'Est, menaçait aussi la démocratie, et la menaçait, elle.

— Émissaire Abramov, lança le plus jeune des deux en anglais, puis-je vous présenter le lieutenant-colonel et Mme Koski de la légation américaine ?

Louise se fendit du plus radieux des sourires et tendit la main, en veillant à ce qu'elle soit lâche, mais pas molle. Elle fut soulagée quand Abramov la lui prit délicatement et, plantant son regard dans le sien, lui renvoya en anglais :

— Madame Koski. Bienvenue en Finlande.

Il se tourna aussitôt vers Arnie, qui tendit la main à son tour, Abramov la lui serrant comme s'il allait le tirer hors d'un trou, tout en répétant sa salutation. Enfin il lâcha la main d'Arnie, qui avait subi ses secousses vigoureuses avec un sourire quasi figé.

Abramov indiqua l'homme à côté de lui.

— Colonel et madame Koski, je vous présente le colonel Oleg Sokolov. Il est chargé de la sécurité ici, en Finlande.

Louise tendit la main à Sokolov et sourit en soutenant son regard, comme on le lui avait appris. Il lui serra la main et sourit en retour – avec la bouche, du moins –, en l'étudiant plus qu'en la regardant de ses yeux froids bleu clair. Il y eut un instant de gêne, car elle ne sut pas quand retirer sa main.

— Madame Koski. Quel grand plaisir !

Il parlait un excellent anglais, mais son accent russe lui rappela le père d'Arnie, qu'elle appréciait beaucoup.

Puis, Sokolov souleva sa main et se pencha juste assez pour l'embrasser. Cela ne lui était encore jamais arrivé. Elle se serait crue dans un roman de Tolstoï.

Sans la lâcher, Sokolov planta son regard dans le sien. Elle sentit qu'il savait que c'était une première pour elle. Qu'il le sache, qu'il lise aussi aisément en elle sans qu'elle ait prononcé le moindre mot, lui inspira un sentiment de malaise et de vulnérabilité. En même temps, elle fut parcourue par un frémissement d'excitation. Il y avait quelque chose chez cet homme… Il ressemblait aux mauvais garçons que sa mère avait refusé qu'elle fréquente – mais bon sang, comme elle en avait eu envie !

Arnie vint à la rescousse et tendit la main à son tour.

— Colonel Sokolov, lança-t-il. Il me semble que vous étiez présent quand l'Armée rouge a pris Berlin.

Sokolov lâcha la main de Louise et décocha à Arnie le même sourire qu'il avait adressé à sa femme.

— Vous êtes bien renseigné, colonel Koski.

Ils échangèrent une poignée de main.

— Je suis ravi de rencontrer l'un de nos alliés, répliqua Arnie.

Ce bref instant à la *Autant en emporte le vent* était passé.

C'était la première fois que Louise entendait Arnie s'exprimer comme un diplomate. Peut-être qu'à un moment donné au cours de ces dix-sept semaines passées à l'École de renseignement stratégique, il avait eu des leçons sur le charme comme celles qu'on avait dispensées aux épouses.

Abramov interrompit les présentations.

— Je suis navré, dit-il à Louise. Ma femme n'est pas avec moi, sinon je vous aurais présentées. J'espère que vous comprendrez. Elle reçoit. (Il eut un petit rire.) Il y a beaucoup d'urgences festives à résoudre. (Il se tourna vers Arnie.) Bienvenue. Et meilleurs vœux pour la nouvelle année. Je vous en prie, profitez-en, ajouta-t-il en montrant les festivités d'un grand geste.

Il partit, et Sokolov le suivit.

— Sokolov fait partie du MGB, glissa Arnie à Louise. Le ministère de la Sécurité d'État. La police secrète. La bande de Viktor Abakoumov. Avant, ça s'appelait le

NKVD. (Il lui lança un regard éloquent.) À côté, les gars de la Gestapo passent pour des amateurs.

Elle se raidit, et tâcha de réprimer le malaise qui la gagnait en l'entendant prononcer ces noms tout haut.

Une femme particulièrement superbe aux cheveux auburn et aux yeux légèrement en amande qui lui donnaient un air exotique s'approcha avec un autre plateau chargé de flûtes de champagne. Arnie remarqua que les boissons étaient servies par de belles femmes russes. L'alcool délie les langues ; c'est l'âme même de la diplomatie et de l'espionnage. La femme frôla la manche d'Arnie en lui prenant son verre. Puis elle s'éloigna en tenant le plateau en équilibre sur une main et en vacillant sur les talons.

Louise leva les yeux vers Arnie et lui lança un air malicieux, histoire de lui faire comprendre qu'elle savait qu'il reluquait les fesses de la fille.

— Elle aussi fait partie du MGB, reprit-il. À l'École de renseignement stratégique, ils nous ont parlé de ces femmes qui servent d'attrape-nigaud. C'est à peine s'ils ne nous ont pas forcés à faire vœu de chasteté devant le Sénat.

— Le dernier endroit au monde où il faudrait faire vœu de chasteté, commenta Louise en levant les yeux au ciel. Ça fait quatre pour nous deux, ajouta-t-elle.

Arnie aurait préféré ne pas l'entendre annoncer le quatrième verre, même s'ils avaient convenu depuis longtemps qu'il suivrait l'exemple de sa femme en ce qui concernait l'alcool en soirée. Il était mal à l'aise, et l'alcool l'aidait à se détendre.

Arnie portait l'uniforme depuis qu'il était entré à West Point à l'été 1932, mais sa tenue de cérémonie n'étant pas encore arrivée, il avait loué un smoking. Contrairement aux civils, les militaires de carrière portent leur CV sur le torse et les épaules. Et tout militaire de carrière aurait déduit, en voyant les rubans d'Arnie, qu'il avait été au combat et s'était battu avec courage, comme l'attestaient ses médailles Silver Star et Purple Heart. Les feuilles de chêne argentées d'un lieutenant-colonel sur son épaule les auraient immédiatement mis, lui et Louise, à la bonne place dans la hiérarchie sociale.

Les militaires russes, eux, étaient tous en uniforme. Arnie avait entendu dire qu'ils fuyaient les smokings civils, considérés comme des symboles de décadence. Il releva toutefois avec ironie que porter l'uniforme ne faisait que rendre les infimes gradations de classe plus lisibles, tout en dévoilant qui étaient les plus puissants. Presque tous les militaires qui travaillaient pour des ambassades occidentales étaient en civil. Personne n'aurait pu savoir si Arnie était un colonel ou un vétéran décoré – ni même un civil. Sans aucun des accessoires requis, il se rendit compte qu'il allait devoir s'imposer aux yeux des autres en parlant de lui. Cela le plongeait dans l'embarras. En plus de son introversion finlandaise caractéristique, on lui avait dit toute sa vie de ne pas se vanter. Excellent principe dans une culture où chacun sait si vous avez ce qu'il faut pour faire un bon bûcheron ou un bon pêcheur, et où le courage et les compétences sont étalés au grand jour. Moins à un cocktail.

Cela étant, Arnie savait que s'envoyer des fleurs, comme le disait sa mère, était important, et pas seulement ici, à Helsinki. Il savait aussi qu'il ne disposait pas des capacités relationnelles – capacités qui semblaient venir naturellement à Louise – nécessaires pour s'en acquitter avec subtilité. Il regarda sa femme avec tendresse. Il s'agissait d'une des nombreuses raisons pour lesquelles il l'avait épousée, en plus du fait qu'elle comblait ses autres faiblesses.

— Tu as raison, dit-il.

Il leva son verre à moitié en signe de salut, le vida et le reposa fermement sur une table voisine.

Arnie et Louise observaient la foule avec des sourires forcés.

— Je déteste ça, déclara Arnie sans cesser de sourire.

— Je n'ai jamais bien aimé non plus, même si je le faisais tout le temps à l'université.

— Mais tu étais douée pour ça.

— Oui. En Oklahoma. Mais là-bas, je savais ce que je devais faire. Et puis, tous les autres aussi venaient de l'Oklahoma.

— Au moins, tu as eu un peu d'entraînement. Fréquenter les soirées ne faisait pas partie du programme à West Point.

— Tu aurais dû être une Delta Gamma.

— Vous ne m'auriez pas laissé adhérer.

Louise éclata de rire puis, en regardant autour d'elle, dit, presque pour elle-même :

— Arnie, regarde ce couple par là-bas, l'uniforme russe. Ils ont à peu près notre âge.

Arnie étudia d'abord la femme. Elle était très belle – grande et d'une minceur élégante, avec de longs cheveux noirs et lustrés – et avait un port de danseuse, ce qui correspondait à l'un des deux stéréotypes par lesquels la plupart des Américains voyaient les femmes russes : soit des cantonnières en robe et châle informe, soit des danseuses du Bolchoï. Ses yeux étaient couleur café crème.

Il tourna son regard vers l'homme qu'il supposait être son mari. Il faisait partie de l'Armée rouge. Un *podpolkovnik*, l'équivalent d'un lieutenant-colonel, son égal. Beaucoup de médailles, y compris la plus grosse, celle de héros de l'Union soviétique, leur médaille d'honneur. S'il avait suivi le schéma classique, il avait été continuellement à la guerre pendant sept ans. Arnie étudia son visage et prit une brève inspiration.

— Quoi ? s'étonna Louise. Elle n'est pas si belle que ça !

— Non, admit Arnie en l'attirant plus près de lui. Cet homme, je le connais.

— Hein ? Comment ?

— J'essaie de m'en souvenir.

Alors, tout lui revint.

Le 8 mai 1945, juste à l'extérieur de Linz, en Autriche. La 71e division d'infanterie d'Arnie venait d'atteindre la rivière Enns. Lui conduisait une jeep, sa carabine M2 posée sur le siège passager, le sergent McCormick à l'arrière avec un fusil-mitrailleur Browning. Ils cherchaient comment franchir le fleuve, tout en guettant les premiers signes de leurs alliés soviétiques. Rejoindre les Russes serait la preuve que les Allemands étaient à présent cernés et qu'ils n'avaient plus qu'un choix : se rendre, ou se faire anéantir.

McCormick avait crié en montrant l'autre côté de la rivière. Des soldats, peut-être assez nombreux pour former une compagnie d'infanterie. Au début, il y avait eu la peur, la précipitation de mettre la jeep entre eux et les soldats d'en face, puis les calculs rapides, qui venaient tellement vite qu'on aurait à peine dit des calculs. Les armes qu'on charge. La tête qu'on relève pour jeter un coup d'œil, et puis qu'on baisse de nouveau. Qu'on relève encore.

Sur l'autre rive, les soldats se tenaient immobiles, les yeux fixés sur eux, sans se jeter au sol pour se mettre précipitamment en position de tir. Alors, Mack et lui avaient échangé un regard, un peu bouche bée. Et s'étaient levés, lentement. Ceux qu'ils contemplaient au bord de la rivière faisaient partie de la célèbre Armée rouge.

Il se rappelait leurs bottes, sans lacets et qui leur remontaient au-dessus des mollets, leurs pantalons calés à l'intérieur, serrés par une ceinture, leurs pardessus matelassés. À ses yeux, ces soldats manquaient curieusement de casques métalliques. La plupart portaient des calots en laine légère, du genre que l'on pouvait plier à plat lorsqu'on ne s'en servait pas, mais environ un tiers aussi était coiffé de toques en fourrure dont les oreilles étaient nouées sur le sommet du crâne.

Debout sur le siège passager d'une jeep américaine Lend-Lease, un homme en capote brandit au-dessus de sa tête un pistolet-mitrailleur Chpaguine, que l'on reconnaissait aisément au chargeur rond qui lui donnait des airs de mitraillette américaine. Comme dans l'armée américaine, les officiers ne se distinguaient pas des autres soldats, mais l'autorité assumée de cet homme lui fit comprendre qu'il s'agissait du chef du groupe.

Arnie sortit de derrière la jeep, carabine brandie au-dessus de la tête. Alors l'homme au Chpaguine tira en l'air. Arnie se baissa et McCormick se jeta au sol, mais les soldats russes se mirent à pousser des cris de joie en se flanquant des tapes dans le dos, certains tirant aussi plusieurs fois en l'air, beaucoup agitant les bras.

L'officier au Chpaguine lui indiquait l'aval de la rivière en ouvrant un bras en grand et le repliant vers l'autre. Arnie leva et baissa sa carabine pour dire qu'il avait compris.

— Mack, je crois qu'il y a un pont.

Cet instant était resté gravé dans la mémoire d'Arnie comme celui où il avait proclamé, en son for intérieur, sa victoire contre l'Allemagne. C'était aussi le dernier jour de sentiments amicaux entre les soldats de l'Est et de l'Ouest. À présent, l'Armée rouge contrôlait l'Europe de l'Est de l'Adriatique à la Baltique, et Arnie n'avait pas l'impression qu'elle allait repartir de sitôt – pas sans se battre, en tout cas.

Il se rappela aussi les corps gonflés et les chevaux morts, la moitié inférieure d'un cadavre, une traînée d'intestins qui, tous, tournaient lentement en flottant le long de la rivière.

Louise reconnut le regard de son mari, quand il voyait des choses dont il ne disait rien. Elle lui flanqua un petit coup de coude.

— Parle-moi, dit-elle.

Les yeux d'Arnie, ramené au présent, cessèrent de se perdre dans le lointain pour se poser sur elle.

— C'étaient des skieurs, répondit-il. Comme ceux de la 10e division de montagne. Ils se dirigeaient vers les Alpes autrichiennes et allemandes. On les avait devancés… Je l'ai rencontré sur l'Enns, enchaîna-t-il. Quand la 10e a franchi le Pô en Italie, j'ai été transféré à l'état-major de la 71e division parce qu'elle se dirigeait vers les Alpes. J'essayais de trouver des ponts restés intacts. Je me souviens de m'être dit : « Ils nous ressemblent. Ce sont des gosses. Mais avec de mauvaises dents et des bottes sans lacets qui leur arrivent aux genoux. » (Il sourit.) Et puis, ils puaient.

— Comme si ce n'était pas votre cas, à vous aussi, lui renvoya Louise.

— Non. Vraiment. Tu n'as pas idée. On les sentait depuis l'autre côté de la rivière.

— Oh, Arnie !

Cela l'agaçait quand Louise lui renvoyait un « Oh, Arnie ! ». Comme si elle trouvait qu'il exagérait ou qu'elle pensait qu'il blaguait. Elle n'avait pas la moindre idée de ce qu'il essayait de lui dire, et elle ne l'aurait pas pu d'ailleurs, ni elle ni quiconque n'ayant jamais été au combat. De fait, il se sentait seul.

Il ne pourrait jamais lui relater les souvenirs de ce jour-là. Chaque nuit, ces images tournaient en boucle dans son esprit avant qu'il sombre dans un sommeil agité. Mais quand il dormait, ses rêves portaient toujours sur l'Italie, où il se débattait avec ses skis dans une neige mêlée de sang, tel un macabre granité couleur rouille. Et l'avalanche s'abattait sur lui en grondant, et Louise le réveillait pour mettre fin à ses hurlements.

Il regarda l'officier russe dire quelque chose à sa femme avec un air stupéfait, puis ouvrir les bras en grand, indiquer sa montre-bracelet, et se précipiter vers Arnie en criant :

— *Tovarishch ! Tovarishch !*

Camarade. Camarade.

Le *podpolkovnik* Mikhail Bobrov, attaché militaire à la légation soviétique d'Helsinki, n'avait pas remis tout de suite le grand Américain qui se tenait de l'autre côté de la pièce car il était en smoking. La dernière fois qu'il l'avait vu, cet homme portait une tenue d'assaut de l'armée américaine.

Lorsqu'il reconnut Koski, Mikhail eut une bouffée de joie en se rappelant, presque au point de tout revivre, l'incroyable soulagement de constater que l'unique véhicule de l'autre côté de l'Enns était américain et non allemand. Des années durant, il avait été question que les Américains ouvrent un deuxième front en Europe, mais des années durant ils n'en avaient rien fait, préférant prendre leur temps en Afrique du Nord, puis en Sicile, puis en Italie, tout en laissant les Russes combattre près de quatre-vingts pour cent de l'armée allemande et essuyer le gros des pertes. Cette amertume s'était envolée avec l'exultation d'avoir enfin établi le contact avec les Américains. La reddition allemande était forcément imminente. Il s'était laissé aller à tirer près d'un demi-chargeur dans l'air. Ses hommes s'étaient mis à faire de même, tout en poussant des cris de joie.

Il avait fait signe aux deux soldats américains qu'ils avaient trouvé un pont intact, tout juste en aval de leur position. Il se rappelait avoir avancé parallèlement aux deux hommes, lui dans sa jeep américaine et eux dans la leur. En atteignant le pont, il avait fureté dans ses affaires à l'arrière du véhicule et sorti le brandy qu'il conservait depuis des mois pour fêter la victoire. Il n'aurait jamais cru le partager avec des Américains, mais comment leur refuser ça ? Après tout, c'étaient des compagnons d'armes.

Il avait regardé l'officier américain parler à la radio, avec l'antenne qui s'agitait, tout en songeant qu'il devait au moins diriger un régiment. Il avait été surpris d'apprendre que ce n'était qu'un simple commandant en mission de reconnaissance. L'armée américaine semblait avoir plus de radios que Dieu en personne. Et de jeeps. Et de camions. Ces soldats ne marchaient donc jamais ? L'Américain avait envoyé son chauffeur et sa jeep trouver son commandant de division et lui rendre compte de la bonne nouvelle.

À mesure qu'ils atteignaient le pont, les autres Américains se mêlaient à ses propres hommes et ouvraient des petits cartons remplis d'une incroyable diversité de nourriture en boîte. Et de cigarettes américaines ! Dans tous les cartons ! Ses hommes s'en allumaient en riant, deux à la fois pour certains.

Une demi-heure plus tard, il n'y avait plus de brandy. Il se rappelait avoir chanté *Katyusha*, avec Koski qui essayait de se joindre à lui mais qui ne connaissait manifestement pas les paroles. Et puis, l'Américain avait entonné une chanson disant que Staline n'était pas Staline, ce qui était absurde, car comment Staline aurait-il pu ne pas être Staline ? Mais ils avaient trouvé leur rythme de croisière avec celle qui parlait de ne jamais s'asseoir sous un pommier[1]. Il se rappelait avoir été joyeusement saoul à l'arrière de la jeep de Koski quand une autre jeep s'était approchée. Son passager avait deux étoiles sur son casque de combat. Il semblait rire tout en donnant manifestement un ordre, ce qu'un général russe n'aurait jamais fait. Koski s'était levé en chancelant et avait fait un salut bâclé pendant que le général repartait. Officiers et sergents s'étaient mis à crier, et les soldats s'étaient tous précipités dans divers véhicules. Koski lui avait adressé un hochement de tête pour lui dire de quitter la jeep. Puis il avait enlevé sa montre et la lui avait tendue comme pour lui décerner une médaille. Et sans un mot de plus, il s'était de nouveau installé dans la jeep avec l'autre soldat et s'était éloigné.

Mikhail fonça à travers la pièce en agitant la montre de Koski au-dessus de sa tête.

Louise savait qu'Arnie ne lui avait pas tout dit de sa rencontre avec le grand Russe manifestement sympathique qui se dirigeait vers eux en remuant un bras au-dessus de sa tête et en montrant ce qui ressemblait à une montre. Et ce Russe le prenait par les épaules et l'embrassait sur les joues, ce qu'elle savait être atrocement gênant pour Arnie. Elle sourit en songeant que, plus tard ce soir-là, lorsqu'elle l'embrasserait à son tour

1. *Don't Sit Under the Apple Tree*, chanson rendue populaire dans les années 1940 avec les interprétations de Glenn Miller et, surtout, des Andrew Sisters.

sur les lèvres, elle le taquinerait à propos de ce qu'il avait dû faire par devoir diplomatique pour son pays.

L'élégante femme russe marchait lentement vers elle. Louise fut aux prises avec un instant de panique. Les femmes russes échangeaient-elles des poignées de main ? Attendait-on d'elle qu'elle lui fasse la bise ? On n'avait pas évoqué ces choses-là dans les briefings.

Elle se para de son plus beau sourire Delta Gamma et la femme le lui rendit brièvement, visiblement plus réservée que son mari. Tout en tenant son verre dans la main droite pour qu'il paraisse du moins évident qu'elle ne pouvait pas échanger de poignée de main si c'était ce qui était attendu, elle dit : *« Nimeni on Louise Koski »*, puisant dans ses souvenirs de *Débuter le finnois, Première leçon : Je m'appelle Louise Koski.* Elle adressa un hochement de tête aux deux hommes qui échangeaient avec animation et dans un finnois courant.

— *Mieheni nimi on everstiluutnantti Koski.*

Ce qui avait figuré dans la *Troisième leçon : Mon mari est le lieutenant-colonel Koski.*

La femme portait une robe noire raffinée qui tombait presque jusqu'au sol et ne révélait qu'un aperçu de talons hauts assez massifs. Au niveau de sa gorge, un col de dentelle blanche semblait avoir été épinglé en guise d'accessoire.

— Oui, mon mari aussi, répliqua la femme, plus à l'aise qu'elle en finnois, en souriant aux deux hommes. *Podpolkovnik* Bobrov. Mikhail, ajouta-t-elle en reportant son regard sur Louise. Mon nom, Natalya Bobrova. (Elle eut encore un bref sourire, puis s'en départit en prenant un air intéressé.) Mon finnois pas très bon. Je peux lire, mais pas parler. Mon anglais… pas d'anglais.

Elle se tut, sans même cligner des yeux. Comment une femme aussi belle pouvait-elle être aussi… aussi peu souriante ? Elle n'aurait manifestement pas eu sa place chez les Delta Gamma.

— Moi, le russe, pas du tout, lui renvoya Louise en anglais.

La Russe se bornant à la dévisager, Louise se sentit mal à l'aise. On les avait prévenues de faire attention lorsqu'elles parlaient en public, même avec des gens issus de pays alliés comme l'Angleterre ou la France, et il était bien connu que l'alliance nouée en temps de guerre avec l'Union soviétique se détériorait, surtout en ce qui concernait la gouvernance de l'Allemagne. Même s'il s'agissait officiellement d'une alliée, il se pouvait que cette femme cherche à faire amie-amie pour glaner des informations. Peut-être s'agissait-il d'une espionne qui faisait seulement semblant d'être mariée à cet officier russe. Dans son for intérieur, Louise se réprimanda pour s'être inventé des histoires et poursuivit son avancée.

— Ils se rencontrent… rivière Enns en Autriche, déclara-t-elle en finnois, sans trop savoir si elle avait employé le temps adéquat.

La femme sourit et hocha la tête, mais Louise n'était pas sûre qu'elle l'ait comprise. Toujours faire parler les autres, c'était la première règle de sa mère pour alimenter une bonne conversation.

— D'autres langues ? demanda-t-elle.

La femme cligna lentement des yeux.

— Français ? risqua Louise.

La langue de l'aristocratie russe avant la révolution.

Le visage de la femme s'éclaira.

Encouragée par Louise, Natalya Bobrova parvint à peine à retenir son déluge de français, sachant qu'elle se trouvait face à quelqu'un avec qui elle pouvait parler d'une passion qu'elle réprimait depuis bien trop longtemps : la littérature française. Elle était consciente de parler cette langue avec un accent russe, mais se sentait capable de se défendre face à cette femme qui la parlait avec un accent américain et ressemblait à une fille sortie d'une de ces publicités pour Coca-Cola qu'elle avait vues dans des magazines américains à la bibliothèque de la légation soviétique.

Elle jaugea rapidement Louise du regard. Des talons de quatre centimètres sans allure. Des coutures droites. Pas de boucles d'oreilles. La plupart des Américaines qu'elle avait croisées commettaient la bêtise de porter des boucles à vis qu'elles passaient leur temps à enlever et à remettre parce qu'elles leur faisaient mal. Cela la déconcertait. Pour sa part, ses oreilles étaient percées depuis l'enfance. La robe de la femme lui allait bien, mais n'était pas faite sur mesure. Curieux. Elle aurait cru que n'importe quelle Américaine avec une position diplomatique serait issue de la classe capitaliste et assez riche pour se faire faire des habits sur mesure. Mais comme ce n'était pas le cas de la robe, elle en vint à se demander si ses perles n'étaient pas fausses, elles aussi. Pas petite, mais pas grande non plus. D'allure soignée. Ongles vernis. N'avait probablement jamais travaillé un seul jour de sa vie. Il n'empêche qu'elle dégageait quelque chose d'attachant… de naturel.

Après quelques minutes de conversation, Natalya apprit que cette femme, cette Louise, avait étudié la littérature française dans un endroit perdu au milieu de l'Amérique appelé « University of Oklahoma » – sans s'en cacher. Elle ressentit un pincement de jalousie. La passion de Natalya pour la littérature française avait commencé lorsqu'elle s'était mise à lire des romans français pris dans la bibliothèque de sa mère avant... Elle s'interrompit. Après avoir quitté l'orphelinat, elle avait continué à les lire en secret. Si le NKVD l'avait appris, on l'aurait soupçonnée d'être « sous influence étrangère ». Le Peuple avait besoin d'économistes. Voilà ce pour quoi le Peuple payait, pas pour des études étrangères à la fois complaisantes et dépravantes. Cela pouvait l'envoyer au goulag – ou pire. Elle était consciente de l'ironie de la situation : la première fois qu'elle pouvait parler ouvertement de littérature française, c'était dans un pays étranger, et avec une Américaine.

Louise n'avait pas parlé de littérature française depuis la fac. Elle tourna son regard vers Arnie, qui levait un petit verre de vodka pour porter un toast appuyé à l'Armée rouge. De toute évidence, la limite des quatre verres avait été oubliée. Elle aurait aimé le ralentir, mais savait qu'elle lui aurait fait honte. Et puis, Arnie s'amusait manifestement, alors pourquoi jouer les trouble-fête ?

Les deux hommes vidèrent leurs verres. Aussitôt, l'une des serveuses leur en apporta deux autres.

Louise soupira et adressa un bref sourire à Natalya, qui le lui rendit.

— Impossible de les arrêter, décréta la Russe d'une voix douce. Il oublie la guerre en fêtant la camaraderie.

— Ils le paieront demain, souligna Louise.

— Nous aussi, lui renvoya Natalya.

Elles éclatèrent de rire, rapprochées par cette expérience bien trop courante d'épouses de militaires qui doivent faire rentrer leurs maris de la guerre.

Elles se retournèrent toutes les deux vers leur mari en entendant Bobrov crier en anglais :

— À la 10e division américaine de montagne ! Les deuxièmes meilleurs soldats à ski du monde !

Et de renverser la tête en arrière et d'éclater de rire en levant son verre vers Arnie pour le cogner contre le sien.

Arnie baissa lentement son propre verre, le sourire encore aux lèvres. Ce sourire, Louise le connaissait : il ne signifiait pas la joie.

Elle traduisit rapidement pour Natalya et les deux femmes échangèrent un regard, en espérant que l'insulte passerait inaperçue.

— Mikhail s'est battu avec nos *chasseurs alpins**, dit Natalya en employant la formule consacrée dans l'armée française. Contre les fascistes finlandais en 1939. Et après, contre les fascistes allemands. Il est très fier d'eux.

Louise ne put retenir une légère crispation du visage, étonnée d'entendre cette femme traiter des Finlandais de fascistes. Elle regretta aussitôt sa réaction. Elle avait toujours été très mauvaise au poker. Elle se rappela qu'elle ignorait qui était vraiment cette femme russe ou quelle était sa vraie profession. Elle lui avait toutefois déjà fourni une indication, que Natalya avait manifestement repérée, car elle répondit à la question implicite de Louise.

— Les Finlandais ont obstinément refusé de nous permettre de nous protéger des nazis, déclara Natalya avec raideur. Lorsqu'ils ont bombardé Mainila en novembre 1939, nous n'avons pas eu d'autre choix que de nous défendre. Contre nos propres intérêts, nous nous sommes retenus de prendre le pays tout entier. À la suite de cette décision, ils se sont unis aux nazis et nous ont encore envahis en 1941.

Louise ravala son indignation. Dire à cette femme qu'on soupçonnait le bombardement de Mainila d'avoir été une opération menée par le NKVD – et lui préciser ce qu'elle pensait du fait que l'Union soviétique avait agressé un pays qui faisait un seizième de sa taille – n'aiderait en rien Arnie. Certaines facettes du statut d'épouse de diplomate commençaient à l'agacer, telle l'obligation d'user de diplomatie.

Louise se ressaisit donc et réprima sa réaction face à la méprise de la femme russe, ou peut-être à sa déformation délibérée de l'histoire.

— Je ne voulais pas porter de jugement, l'assura-t-elle en refoulant son désir de contrer un mensonge et ne sachant trop quand, ou même si, elle le devait. Seulement, mon mari est finlandais. (Louise sourit.) Et toutes, nous soutenons nos maris.

Les deux femmes se détournèrent pour regarder une fois encore Arnie et Mikhail, aussi désireuses l'une que l'autre de surmonter cette brusque tension. Les deux hommes semblaient se disputer, avec intensité, mais sans colère.

— Mikhail m'a dit que combattre les Finlandais était un enfer, reprit doucement Natalya. Nos soldats se sont retrouvés sans chefs expérimentés, sans nourriture ni uniformes d'hiver.

— Je suis navrée. La guerre a été dure pour tout le monde.

— Oui.

Louise tâcha de trouver un terrain neutre.

— Où avez-vous passé la guerre pendant que votre mari était absent ? demanda-t-elle.

Natalya tenta de maîtriser sa colère et se força à sourire. Cette publicité ambulante pour Coca-Cola était-elle vraiment aussi naïve, comme la plupart des Américains ? Toute sa rage envers les riches capitalistes américains qui avaient échappé aux horreurs de la guerre remonta à la surface. Elle ne put se retenir.

— Leningrad, répondit-elle très lentement.

— Ah.

Au moins l'autre femme eut-elle la décence de rougir.

— Nous mangions des rats. (Natalya marqua une pause.) Certains d'entre nous se sont mangés entre eux.

Elle savait qu'elle en rajoutait inutilement, mais c'était tellement plaisant. De toute évidence, l'Américaine était gênée. Il y eut une demi-minute de silence pesant.

Coca-Cola afficha un sourire et, après n'avoir hésité qu'un instant, changea habilement de sujet.

— Vous avez des enfants ?

Natalya se devait de le reconnaître : cette femme était un vrai petit soldat, qui persévérait envers et contre tout. Mais peut-être que sa naïveté apparente n'était qu'une couverture, et qu'il s'agissait en réalité d'une agente américaine ? Elle lutta contre le sentiment familier de ne pas savoir si son interlocuteur disait la vérité ou pas. Elle tenait désormais à tout prix à sauver cette pénible conversation que, il fallait l'admettre, elle avait tout fait pour rendre difficile. Elle voulait avoir quelqu'un à qui parler, quelqu'un à qui se fier. Elle voulait une amie.

— Deux, lui répondit Natalya. Alina, tout juste trois ans, et Grisha, un an et demi.

— Alina, quel joli nom ! Et Grisha, c'est un garçon ou une fille ?

— Un garçon.

Où se situait donc ce fameux Oklahoma ?

— Ils sont ici, avec vous ?

— Oui. Je travaille au Service économique du bâtiment temporaire de la légation, rue Kalliolinnantie. La légation nous met une jeune *nyanya* à disposition pour s'occuper d'eux, ajouta-t-elle.

— Nous, notre légation ne nous propose pas de garde d'enfants. Vous avez de la chance.

— Bon, reprit Natalya en penchant la tête de côté comme pour réfléchir à ce que Louise venait de dire. Je suppose qu'on pourrait dire ça comme ça.

Elle s'en tint là. Elle était sûre que la *nyanya*, Fanya, travaillait pour le MGB.

Natalya s'efforçait de faire bonne figure même s'ils devaient partager leur appartement avec Fanya. Elle savait que le MGB était là pour protéger le Peuple des ennemis de l'intérieur. On ne pourrait pas éradiquer le capitalisme sans éradiquer tous les contre-révolutionnaires qui le soutenaient en secret. Voilà pourquoi le Peuple avait besoin d'une organisation comme le MGB. Alors, peut-être que certains des hommes qui dirigeaient le MGB faisaient leur travail avec un peu trop de zèle, mais un chien de garde qui ne fait pas peur ne sert à rien, pas vrai ? C'était du moins ce que tout le monde disait. Fanya faisait seulement partie d'un tout.

Évidemment, Natalya n'aurait jamais exprimé ces pensées à voix haute, pas même à Mikhail. C'était en se taisant qu'on survivait… et qu'on décrochait des bonnes affectations en dehors de la Russie.

Louise avait, bien sûr, entendu parler du siège de Leningrad. Elle savait qu'on y avait connu la famine. Mais la famine était restée un mot abstrait – jusqu'à présent. Elle n'ignorait pas que les Européens étaient ceux qui avaient le plus souffert pendant la guerre. Elle n'était pas naïve. Mais, sans l'aide des Américains, ils auraient été tous nazis à l'heure qui était. Il lui semblait qu'il aurait dû y avoir au moins un peu de reconnaissance.

Elle s'aperçut que Natalya venait de la questionner à son tour sur les enfants. Elle se reprit.

— Non, pas encore, dit-elle.

Cette femme cherchait-elle seulement à laisser croire qu'elle voulait se lier d'amitié avec elle pour lui soutirer des informations par la suite ? Soudain, elle éprouva un sentiment de solitude teinté de lassitude.

— Alors, vous allez travailler à la légation ? lui demanda Natalya, en changeant vite de sujet.

— Non, lui répondit Louise avec un sourire contrit. Je ne parle pas finnois. Peut-être que si nous étions à Paris. Si seulement !

— C'est sûr, renchérit Natalya en laissant poindre une mélancolie pensive, qu'elle effaça aussitôt.

Louise faillit lui demander si elle avait déjà été à Paris, mais se ravisa et se contenta de dire :

— Je n'y suis jamais allée.

Natalya sourit.

— Moi non plus. (Elle marqua une pause avant d'ajouter :) Alors, vous et moi n'avons jamais été à Paris ensemble.

Louise rit de cette juxtaposition délibérément absurde et se détendit un peu.

— Ça fait plaisir d'avoir au moins un point commun.

Un bref sourire passa de nouveau sur le visage de Natalya.

— Je passe surtout mon temps à chercher un logement, poursuivit Louise. Et à fréquenter des soirées.

Elle montra la foule.

— Ça fait partie du métier, dit gentiment Natalya.

— Oui, répliqua Louise. Oui, c'est vrai. Et trouver un logement aussi.

— Vous avez du mal ?

— Très franchement, oui.

— Je suppose que nous avons de la chance. Nous sommes logés par notre légation. Pas besoin de chercher.

— J'aimerais que ce soit aussi notre cas.

Cette réplique resta en suspens. Histoire de combler le vide, Louise poursuivit :

— Une fois que j'aurai trouvé à nous loger, je pensais aider une lointaine parente d'Arnie qui dirige un orphelinat. Il y a beaucoup d'orphelins. Je les vois marcher dans la rue attachés les uns aux autres en file indienne pour qu'on les mène Dieu sait où.

— Nous sommes au courant pour les orphelins, déclara Natalya.

Louise perçut la tristesse dans sa voix, mais ne put s'empêcher de penser : *Ce sont vous autres Russes qui avez créé tous ces orphelins à Helsinki.* Cette fois, cette sombre pensée ne la fit pas ciller. Elle apprenait vite.

— Je me suis dit que je pourrais peut-être leur donner un coup de main. Je sais gérer une organisation. Et j'adore les enfants, ajouta-t-elle vivement.

Elle attendit le sempiternel « Alors, pourquoi vous n'en avez pas ? », et sut gré à Natalya de ne pas lui poser la question.

C'est que, même si Natalya en avait eu l'intention, elle fut interrompue par le silence qui s'était abattu sur la pièce.

Louise suivit le regard de ceux qui les entouraient pour étudier les trois hommes qui venaient de pénétrer dans la grande salle depuis une porte intérieure ouverte. Deux d'entre eux, massifs et costauds, flanquaient le troisième, un homme d'environ quarante-cinq ans au front dégarni qui portait un pince-nez sans monture. Il avait l'uniforme d'un maréchal de l'Union soviétique. Mis à part cela, Louise trouva qu'il ressemblait plutôt à un professeur d'université ou à un bibliothécaire. Elle jeta un coup d'œil à Natalya, qui s'était raidie et qui dardait insensiblement des regards autour d'elle, comme pour chercher une issue. Louise comprit subitement que ces yeux-là avaient vu beaucoup de chagrin, et pas seulement à Leningrad.

L'homme leva une main en un geste disant à la fois « bonjour » et « poursuivez ». Dans la salle, le bourdonnement reprit progressivement. Louise regarda Aleksandr Abramov et sa femme se dépêcher d'aller à la rencontre de l'homme à l'autre bout de la pièce, suivis avec un peu plus de dignité par Sokolov.

— Qui est-ce ? demanda Louise à Natalya.

— Lavrenti Beria, lui répondit doucement Natalya. L'ancien chef du MGB.

— Ah.

Ce nom lui disait quelque chose.

L'une des serveuses se précipita vers les trois hommes avec des verres. Ils les prirent. Beria leva le sien pour saluer la jeune femme en souriant. Elle sourit à son tour de manière un peu gênée et, presque en s'inclinant, s'éloigna vivement à reculons. Beria se tourna vers un des hommes qui le flanquaient, dit quelque chose, et ils rirent. Puis il se lança dans une discussion avec Abramov et Sokolov, pendant que la femme d'Abramov les regardait faire un peu nerveusement, avec un sourire qui ne trahissait aucun plaisir.

Louise jeta un coup d'œil à Arnie pour qu'il lui donne un indice. Il accrocha son regard, inclina légèrement la tête et la hocha très discrètement.

Beria leva encore son verre pour indiquer que la conversation avec Abramov était terminée. Lentement, il fendit la foule en s'arrêtant pour adresser un commentaire à une ou deux connaissances. Les deux gardes du corps le suivaient. Ils venaient vers Louise et Natalya, et celle-ci se rapprocha de Louise. Elle se mit à parler avec animation en français de son amour pour la musique, le dos tourné au petit groupe qui cheminait au milieu de la foule. Louise, qui faisait face au groupe, eut l'impression que Beria la jaugea brièvement avant d'étudier les autres, en accordant la plus grande part de son attention aux jeunes serveuses. Jeunes serveuses qui, elles, l'évitaient manifestement du regard.

Louise essaya de continuer sa conversation avec Natalya sans pouvoir s'empêcher de suivre la progression de Beria. Elle le vit adresser un léger hochement de tête à la serveuse qui leur avait apporté leurs verres en premier et, le sourire aux lèvres, aller dire au revoir à Abramov et à son épouse. Puis il quitta la pièce sans ses gorilles. Le volume des conversations augmenta presque instantanément.

Les deux gardes du corps discutaient à voix basse avec la première serveuse, qui avait un petit sourire figé. L'un des deux l'escorta vers une table tout en lui murmurant à l'oreille. Elle posa son plateau.

Louise la regarda se faire accompagner hors de la salle par les deux hommes, raide et mal à l'aise. Puis, ils ne furent plus là.

Elle reporta son attention sur son mari. Le visage de l'officier russe était très proche de celui d'Arnie, son verre dangereusement près de se renverser. Elle jeta un coup d'œil à Natalya, qui observait elle aussi les deux hommes. Les épouses se détournant simultanément, leurs yeux se croisèrent. Louise eut l'impression qu'il y avait quelqu'un à l'intérieur de Natalya qui la regardait par ses yeux. Elle aurait aimé que la femme en elle apprenne à connaître la femme en Natalya, mais savait aussi qu'il faudrait un temps considérable pour percer les carapaces respectives de leurs rôles d'épouses d'officiers de renseignement. Elle se demanda comment il se faisait qu'une poignée d'hommes à Washington et à Moscou soient en mesure de créer un monde où deux femmes ne pouvaient pas se parler ouvertement le temps d'une soirée à Helsinki.

Arnie et Mikhail, eux, n'éprouvaient aucune difficulté à se parler ouvertement. Jusqu'à la pique sur les soldats skieurs de la 10e division de montagne qui auraient été les deuxièmes meilleurs au monde, ils avaient tous deux pris plaisir à se remémorer leur rencontre sur les bords de l'Enns.

Assez maladroitement, Arnie posa sa main gauche sur la droite de Mikhail, celle qui tenait le verre.

— Je ne boirai pas à ça, espèce de fils de pute de Russe, déclara-t-il en finnois.

Il savait qu'ils jouaient au jeu bon enfant des soldats partout dans le monde : se dénigrer l'un l'autre, et leurs unités avec.

Aussitôt, Mikhail leva son verre en s'exclamant :

— Moi, je vais boire à ça !

Et il vida un verre de plus et Arnie l'imita. Mikhail cria immédiatement en russe à l'une des serveuses qui déambulaient dans la salle et, quelques secondes plus tard, lui et Arnie avaient de nouveau des verres pleins.

— C'est nous, tu sais, les meilleurs, reprit Mikhail.

Il tenait son verre devant son torse.

— Non, c'pavrai, riposta Arnie, qui hocha la tête en constatant qu'il articulait mal. C'est pas vrai, répéta-t-il plus distinctement.

Les deux hommes échangèrent un regard, deux soldats professionnels qui partagent un respect mutuel. Ils savaient aussi qu'un défi avait plus ou moins été lancé, et qu'un défi entre guerriers ne se passe pas sous silence.

— Si on était plus jeunes, on se battrait, déclara Arnie.

— Si on était plus jeunes, on ne resterait pas plantés là, à s'insulter.

— Je ne suis pas trop vieux pour me battre, seulement pour en avoir envie, répliqua Arnie, subitement sérieux.

— Pareil pour moi, lui renvoya Mikhail, tout aussi grave. Six années passées à combattre les Finlandais et les Allemands m'ont suffi.

— Je ne voudrais jamais me battre contre toi, reprit Arnie dans un finnois tout juste distinct.

— Ni moi, contre toi, abonda Mikhail.

Ils se tenaient très proches l'un de l'autre – à la manière russe, pas américaine –, et tanguaient légèrement sous l'effet de l'alcool. Aucun des deux ne parlait. Le défi avait été lancé, mais ni l'un ni l'autre ne savaient qu'en faire.

— Dommage qu'on ne puisse pas simplement faire une course, lança Arnie. On vous battrait à plates coutures.

Un sourire se dessina lentement sur les lèvres de Mikhail, qui se pencha vers lui.

— Mais si, on peut en faire une, dit-il.

Sa mauvaise haleine était telle qu'Arnie recula légèrement, mais se reprit rapidement et se pencha à son tour. *La diplomatie dans les tranchées*, songea-t-il.

Son regard fut attiré par la fenêtre sombre derrière Mikhail. Là, dehors – dans le noir et le froid –, c'était là que le défi serait relevé. Et réglé. Il sentit les muscles de ses jambes se réveiller progressivement, l'adrénaline familière monter comme avant une course.

— Nous deux, tu veux dire ?

— Oui, camarade. Nous deux.

— Le perdant devra dire au vainqueur que ses soldats sont les meilleurs du monde.

— Oui, camarade. C'est ce que tu vas devoir faire.

Arnie étudia Mikhail l'espace d'un instant.

— Dix kilomètres. À mon arrivée, tu seras tellement loin derrière qu'on devra t'envoyer une équipe de secours.

— Ah ! Dix kilomètres, c'est ce que vous appelez une course en Amérique ? Cent.

— Quoi, une course de un jour ? Merde alors ! Cinq cents kilomètres, oui.

Mikhail et Arnie étaient cloués là, un peu pris de court par leur surenchère.

— Tu es sérieux, constata Mikhail.

— Oui.

— Ça prendrait une dizaine de jours.

— Oui.

— Mon ami, reprit Mikhail. J'ai été dans les forêts du nord de la Finlande. En hiver, ajouta-t-il. Les journées sont froides. Les nuits sont rudes.

— J'imagine.

— J'ai perdu un petit orteil à cause des engelures.

— Tu essaies de me faire peur ?

Mikhail sourit, avant de reprendre son sérieux.

— Nous skierions seuls. Si l'un de nous a des ennuis, il y a de fortes chances que l'autre n'en sache rien.

Arnie regarda par-dessus la tête de Mikhail vers la fenêtre sombre et l'espace qui l'attirait derrière. Il sentit l'exaltation et la peur comme avant.

— Les choses qui comptent, commenta-t-il doucement.

— Oui, approuva Mikhail.

Tous deux se turent.

— Si on gagne, c'est pour l'honneur de nos unités, conclut Arnie. Si on le fait, c'est pour… (Il s'interrompit.)

Ça ne te manque pas, à toi ? Le sentiment que ce qu'on fait, là, tout de suite, ça a vraiment du sens ?

— Si, ça me manque, reconnut Mikhail. (Il baissa les yeux sur son verre, puis regarda Arnie.) Mais c'est aussi pour… le défi en lui-même… pour savoir si on en est capable… si on a toujours… (Il cherchait le mot adapté.) du cœur.

— Du cœur, approuva Arnie.

Mikhail leva gravement son verre devant le visage d'Arnie.

— Va pour cinq cents kilomètres, mon ami.

— Ça marche, lui renvoya Arnie.

— Aux choses qui comptent, dit Mikhail en portant son verre à celui d'Arnie.

— Et au cœur, renvoya Arnie.

Ils vidèrent leurs verres. Puis, Mikhail jeta le sien contre le mur. Brièvement abasourdi, Arnie jeta le sien à son tour.

Le silence s'était abattu sur la pièce. Louise et Natalya regardèrent leurs maris, bouche bée.

— Qu'est-ce qui s'est passé ? demanda Louise.

— Une sorte de pari.

— Bon sang ! Ils n'auraient pas pu se contenter d'une poignée de main ?

— Pas Mikhail. (Natalya regarda affectueusement son mari, puis se retourna vers Louise en souriant.) Pas mon Misha.

Louise reporta son attention sur le mari de Natalya, qui avait dû se rendre compte que les autres convives auraient pu mal interpréter leur geste.

— Camarade, camarade ! se mit-il à crier en russe. Buvons à nos alliés américains.

Il regarda autour de lui et fit signe à l'une des serveuses de leur apporter un autre verre. Une de celles qui distribuaient à boire s'approcha des deux hommes et, retenant manifestement un rire, tendit un plateau d'argent avec deux autres verres. Dans la salle, le bourdonnement reprit lentement.

À présent, les deux hommes se penchaient l'un vers l'autre, tenant d'une main un petit verre de vodka tout en posant l'autre sur l'épaule de son compagnon. Ils s'étaient manifestement lancés dans une sorte de projet mutuel, où l'un soulevait une idée pendant que l'autre hochait la tête en signe d'acquiescement ou de désapprobation avant de riposter par autre chose. Ils étaient aussi, manifestement, saouls. Précisément ce qu'avait craint Louise.

Brusquement, il lui sembla que la salle avait échoué sur une île au milieu d'une mer d'alcool, de bavardages et de canapés, avec rien qu'eux quatre, elle, Natalya et leurs maris. Elle eut l'intuition que Natalya ressentait la même chose. Droits comme des *I*, les deux hommes se serrèrent la main avec vigueur, mais cela ne ressemblait pas aux habituels « ravi de vous rencontrer » et « au revoir » que l'on voit en soirée. Arnie et elle avaient beau avoir vécu séparés près de la moitié de leur vie conjugale, elle était très à l'écoute du langage corporel de son mari. Les deux hommes levèrent leurs verres, Arnie proposa un autre toast et le mari de Natalya le répéta. Nouveau cul sec.

Louise regarda Natalya. Natalya lui rendit son regard, avec ses superbes yeux couleur amande. Louise eut le pressentiment à la fois vague et troublant qu'elle et cette femme avaient été unies dans une sorte de sort commun, telles deux passagères d'un bus conduit par un chauffeur invisible qui fonçait dans le noir.

Mercredi 1er janvier 1947,
2 heures du matin

Hôtel d'Helsinki

Louise s'était retenue de questionner Arnie jusqu'à ce qu'ils se retrouvent seuls sur le chemin de leur hôtel. Son mari dessoûlait avec le froid.

— Alors, qui était ce type, ce… Beria ? demanda-t-elle, un bras enroulé autour du sien. Lorsqu'il s'est mis à se promener dans la salle, Natalya Bobrova a pris peur.

— Peur ?

— Je ne plaisante pas, Arnie. Oui, peur.

Arnie respira un grand coup.

— Elle avait raison.

Il ne dirait rien de plus.

— Sérieusement, reprit enfin Louise. Dis-moi.

— D'accord, accepta Arnie, avant d'enchaîner comme s'il récitait le contenu d'un briefing : Lavrenti Pavlovitch Beria était le chef de la police de Staline pendant la guerre. Nous le croyons responsable du massacre de Katyn – c'est-à-dire d'environ vingt-deux mille officiers et membres de l'élite polonaise que lui et Staline craignaient parce que susceptibles de leur causer des problèmes après la guerre. Ils ont accusé les Allemands, et on les a crus. (Il resserra les pans de son manteau sur son torse et attira sa femme contre lui avant de poursuivre.) Il est également responsable d'avoir résolu le problème de certains groupes ethniques que Staline estimait non compatibles avec sa vision de l'Union soviétique. Il les a accusés d'avoir collaboré avec les Allemands, les a traités de nazis : les Tchétchènes, les Tatars de Crimée, les Grecs pontiques, les Allemands de la Volga, tous ces gens-là.

— Résolu le problème ?

— Oui. Il les a expédiés en Sibérie et les a laissés mourir de faim. Il a aussi vidé la Crimée pour permettre à Staline de la repeupler de Russes.

Ils gardèrent le silence sur quelques pâtés de maisons. Puis, Louise reprit la parole.

— Mais quand même, la réaction de Natalya. D'accord, ce n'est pas un homme bien, mais elle avait l'air d'avoir, enfin… vraiment très peur.

— Je te l'ai déjà dit, elle avait raison. On nous a briefés sur Beria à l'École de renseignement stratégique. C'est un pervers sexuel. Il aime les adolescentes, mais n'importe quelle belle femme semble lui convenir. On les lui envoie. Il leur explique qu'elles et leurs familles en pâtiront si elles se refusent à lui. Il les viole. Des fois, il joue à ce qu'il appelle le jeu des fleurs.

— Le jeu des fleurs ?

— Il demande qu'on lui en envoie six ou sept, les fait se déshabiller intégralement, mis à part les chaussures. (Il s'interrompit.) Bref, tout en restant chaussées, elles doivent se mettre en cercle sur les coudes et les genoux, les têtes collées les unes aux autres. Comme un gros pétale de fleur. Lui, il tourne autour jusqu'à en sortir une par les jambes.

— Mon Dieu. La serveuse de cocktails.

— Oui. On nous raconte qu'il leur offre aussi des fleurs par la suite et, si elles les acceptent, ça veut dire qu'il y a eu consentement.

— Oh, Arnie !

L'horreur de la situation la frappa avec la violence d'une vague. Elle fut prise d'un mélange de nausée et de peur qui la traversa de part en part. Ils continuèrent à marcher en silence – longuement.

— Et si elles refusent ? reprit Louise.

— Très peu auraient le courage de se refuser à Beria.

Arnie se tut.

— On nous a dit qu'il les renvoyait simplement chez elles en taxi, ajouta-t-il alors d'un air perplexe.

Elle ne put s'empêcher de repenser tout à la fois à Natalya et à la jeune serveuse, si manifestement effrayées, et elle comprenait à présent pourquoi.

— Qu'est-ce qu'ils ont dit sur Sokolov ? demanda-t-elle, histoire de penser à autre chose.

— Comme pour la plupart de ces types-là, on ne sait pas grand-chose de ce qu'ils ont fait avant la guerre, mais ce qu'on sait, c'est que lui est en pleine ascension. On n'avait même pas de photographie de lui. C'est la première fois que je voyais son visage.

— Qu'est-ce que ça veut dire : il est chargé de la sécurité ?

— Sûrement pas qu'il protège la légation des cambrioleurs.

Louise lui décocha un regard signifiant « je ne suis pas naïve à ce point ».

— Il s'est fait connaître dans l'Armée rouge en démasquant des traîtres et des simulateurs, reprit Arnie.

Les noms que leur donnait le NKVD. Pour la plupart, ils ont été torturés, puis fusillés.

Louise digéra ses paroles.

— Mais l'Armée rouge n'est pas ici, souligna-t-elle. Enfin, pas ici, à Helsinki.

— Non. Nous pensons que cette affectation à Helsinki représente une assez grosse promotion pour Sokolov. Son parcours pendant la guerre n'avait pas particulièrement d'intérêt pour le NKVD. Ils ont tous torturé et exécuté des gens. Ce qui a lancé sa carrière, c'est lorsqu'il a démantelé des usines allemandes pour les déplacer vers l'Est. Il a envoyé des prisonniers de guerre allemands aux travaux forcés en se fichant de combien mouraient à la tâche. Imagine devoir déconstruire ton propre pays. Ça, c'est la vraie défaite, ajouta-t-il doucement.

— Peut-être qu'ils l'avaient mérité, suggéra-t-elle.

— Pas tous.

Elle encaissa la réprimande.

— Désolée.

— Ce n'est pas grave. Moi aussi, je les détestais. Mais maintenant que les Soviétiques deviennent nos ennemis, les Allemands seront bientôt des alliés. Tous n'étaient pas nazis.

— Mais un bon nombre quand même.

— Justement. Les dictatures n'ont besoin que de quelques fervents sympathisants. Les démocraties, elles, ont besoin de tout le monde. C'est plus difficile à obtenir.

— Et voilà que les Soviétiques ont forcé les Finlandais à effectuer des « paiements de réparation » pour une guerre qu'ils ont eux-mêmes commencée. Sous la forme d'une monnaie forte et d'une usine démantelée qu'on expédie en Russie. Je suppose que c'est cette dernière qui explique la présence de Beria.

— Bon, ça vaut toujours mieux que de tirer sur des gosses trop effrayés pour se battre.

— Si seulement !

Louise lui décocha un regard perplexe.

— C'est vrai que les membres du personnel diplomatique ne se font pas tirer dessus comme les soldats russes. On les envoie simplement à la Loubianka à Moscou, où on les torture jusqu'à ce qu'ils avouent le crime dont on les accuse. Après quoi, on leur tire dessus. (Il eut un sourire ironique.) Punir un innocent est aussi efficace que punir un coupable quand il s'agit de faire peur aux gens pour les mettre au pas. Et je dirais que Sokolov a un quota de traîtres à démasquer.

De retour dans leur chambre d'hôtel, Arnie voulut se coucher tout de suite. Louise parvint à lui retirer sa veste de smoking et ses chaussures avant qu'il s'écroule sur leur lit.

— Oh non, pas question, déclara-t-elle en retroussant sa robe.

Elle se tortilla pour s'asseoir à califourchon sur lui en étirant le ruban entre sa gaine ouverte et ses bas.

— Tu ne dormiras pas tant que tu ne m'auras pas dit de quoi vous parliez avec le colonel Bobrov.

— Laisse-moi dormiiiiir, l'implora Arnie.

Louise se pencha jusqu'à ce que leurs visages ne soient plus qu'à quelques centimètres l'un de l'autre.

— Parle. Je suis sérieuse.

— D'accord. Bon sang ! (Arnie leva les yeux, elle se redressa en position assise.) Enlève-moi mon nœud papillon, réclama-t-il.

Elle se pencha encore.

— Pas tant que tu n'auras pas parlé.

— *Aaargh.* D'accord.

Le sourire aux lèvres, elle entreprit de desserrer son col.

— Je t'ai déjà dit qu'on s'était rencontrés sur les bords de l'Enns, reprit Arnie.

Elle hocha la tête, tout en travaillant sur ce nœud papillon qui ne lui était pas familier.

— Il avait du bon brandy. Sans qu'on sache trop comment, une bouteille de vodka est apparue. On a fêté ça.

— Comment ?

— On s'est saoulés. (Il s'interrompit.) Tu te rappelles quand je t'ai dit que j'avais perdu ma montre ?

Elle défit le nœud et le jeta par terre.

— En fait, je voulais dire que… comme il avait apporté de l'alcool, moi, je lui ai donné ma montre.

Louise le vit retourner sur les rives de l'Enns.

Elle connaissait ce regard qu'il avait chaque fois qu'il évoquait ne serait-ce qu'une banalité liée au combat. Les cauchemars étaient pires. Elle ne savait jamais quoi faire, outre lui chuchoter que tout allait bien et essayer de le calmer jusqu'à ce qu'il se rendorme. Le matin, elle retirait et nettoyait les draps trempés de sueur. Elle l'avait questionné sur ses rêves à plusieurs reprises, mais il se contentait d'un : « Ce n'était qu'un cauchemar. » Parfois, il l'observait, son regard fuyait, puis il se détournait. Elle avait l'impression qu'on lui enfonçait un poignard dans le cœur et, en même temps, ça lui donnait envie de lui hurler de ne pas l'exclure comme ça.

Elle avait peur d'interroger ses amies au sujet des cauchemars et des suées, peur qu'Arnie soit un cas unique et de le ridiculiser. Elle se sentait seule et isolée, ce qui était aggravé par le fait qu'elle savait avoir elle-même érigé les murs de son isolement par peur du qu'en-dira-t-on. Une fois, Marge Leflar avait raconté en plaisantant que son mari s'était débattu dans son sommeil. En le réveillant, elle s'était fait incendier parce qu'il avait été sur le point de marquer un essai au football américain. Elles en avaient toutes ri. Louise s'était demandé si, au fond, cette histoire d'essai était vraie. Peut-être que Marge l'avait simplement évoquée pour voir si quelqu'un réagirait. Personne ne l'ayant fait, Marge s'était tue – comme toutes les autres.

— Concentre-toi, dit-elle en tâchant de le garder dans le présent – et éveillé.

Arnie revint à lui.

— Au combat, on a quelque chose en plus. Comme un sixième sens. Sans doute parce qu'on risque sa vie. En dix secondes, les gosses étaient en mesure de dire si un nouvel officier était bon ou mauvais. Moi aussi. Lui, il est bon.

— J'ai bien aimé sa femme. Si c'est vraiment ce qu'elle est.

Elle entreprit de lui déboutonner sa chemise. Arnie tendit les bras pour l'attirer à lui. Elle lui prit les deux poignets et lui écarta doucement les bras. Elle finit de lui déboutonner sa chemise avant de lui ôter ses manches. Elle le fit rouler d'un côté, puis de l'autre, et réussit à lui enlever sa chemise. Revenant vite à lui, Arnie se redressa en position assise et retira son maillot de corps. Elle posa délicatement sa main sur son torse à présent nu.

— Pas tant que tu ne m'auras pas dit ce que le Russe et toi complotiez.

Avec un soupir, Arnie se laissa retomber en arrière.

— On a décidé de faire une course de ski.

— Une course de ski ? Où ça ? Et pourquoi, bon sang ?

Il ne répondit pas. Ce n'était pas la première fois qu'il faisait une chose qu'elle ne pouvait pas comprendre et qu'il ne pouvait pas expliquer. Mais elle était devenue experte dans l'art de percer ses réticences finlandaises à parler de tout ce qui était intime.

— C'est sa pique sur les skieurs de la 10e division de montagne qui seraient les deuxièmes meilleurs au monde, c'est ça ?

Arnie resta sans bouger ni parler. Puis, lentement, il fit « oui » de la tête.

— La fierté, conclut-elle sans que ce soit péjoratif.

Une fois encore il acquiesça.

Elle attendit la suite.

— Des fois, c'est tout ce qu'on a, dit-il à voix basse. Quand il n'y a plus rien à manger, plus beaucoup de munitions, et que personne n'a dormi depuis des jours, c'est ce qu'il reste en raclant les fonds de tiroir. Les vapeurs d'essence dans le réservoir vide.

— Je comprends.

Elle s'écarta, roula sur le dos et contempla le plafond. Nombre de ses amies se moquaient des hommes et de leur fierté. Pas ses amies femmes de militaires. Elles savaient que c'était souvent l'unique chose qui poussait leurs maris à rentrer à la maison.

Louise se rappelait avoir embrassé Arnie pour lui dire au revoir lorsqu'il avait quitté Tacoma pour se rendre à Camp Hale, dans le Colorado, et y rejoindre le 87e régiment d'infanterie de montagne qui, formé depuis peu, devait devenir la 10e division de montagne. Louise, elle, avait choisi de rester à Fort Lewis. Camp Hale se trouvait à près de trois mille mètres d'altitude dans les Rocheuses du Colorado et le logement le plus proche se situait à Leadville, une ville minière à la réputation douteuse.

Arnie, qui s'était entraîné à se battre dans les îles Aléoutiennes, avait été amèrement déçu d'être affecté au 87e. Son objection à cette mutation avait été rejetée pour « nécessités de service ». Il faisait partie des nombreux Américains scandinaves et finlandais qui savaient skier et survivre dans un froid extrême. Il avait appris à skier avec son père qui avait grandi sur des skis en Finlande, et Arnie avait remporté plusieurs compétitions nationales en représentant l'armée avant la guerre, à la fois en ski de piste et de fond.

— Il n'y a aucune pente à des kilomètres, souligna Louise. Donc, du ski de fond. Mais où ?

— Du cercle arctique jusqu'à Kuopio. Cinq cents kilomètres. Chacun choisit son parcours. Les routes sont interdites, les réapprovisionnements aussi. On ne suit pas les traces de l'autre. Le premier à atteindre Kuopio a gagné. Ce sont les seules règles.

Elle roula sur le flanc et se cala sur le coude pour lui faire face. Ce qu'il venait de dire l'effrayait. Elle savait pertinemment combien de soldats skieurs étaient morts des suites d'avalanches, de chutes et d'hypothermie… pas de tirs ennemis. Mais elle savait aussi qu'une femme de militaire n'avait rien à en dire.

— C'est de la folie ! Nous n'avons même pas encore trouvé de logement. J'ai le vocabulaire finnois d'un enfant de deux ans. Et ce Russe et toi, vous allez… quoi ? Disparaître à skis dans le soleil couchant ?

— Nous ne partirons pas avant le mois de février. On a estimé que ça ne devrait pas prendre plus de dix jours.

— Dix jours !

— Comme je te l'ai dit, pas de routes.

Et pas de téléphones non plus, songea-t-elle. Et ils ne se verraient pas l'un l'autre. Si Arnie avait des ennuis… Elle chassa cette pensée.

— Comment tu vas expliquer ça à Hamilton ? demanda-t-elle à la place. S'il apprend que tu es parti dans une aventure à la *Boys' Own*[1], il pourrait infliger de sérieux dégâts à ton rapport médical.

— On en a parlé. On dira tous les deux qu'on est partis repérer des voies d'accès et de sortie du territoire. Sans rien dire l'un de l'autre.

— Punaise, Arnie ! Tu ne pourrais pas annuler ?

---

1. Revue pour garçons promouvant des idées de masculinité, des années 1850 jusqu'aux années 1960.

— C'est important pour moi, dit-il doucement.

Elle hésita, inquiète du danger, mais elle savait que si elle tapait du poing sur la table, quelle que soit la réaction d'Arnie, qu'il reste ou qu'il parte, cela nuirait gravement à leur relation.

— Ça ne me plaît pas, mais je ne t'empêcherai pas de le faire, dit-elle.

— Merci. On a déjà échangé une poignée de main pour conclure le marché.

— J'ai vu. (Elle eut envie de changer de sujet.) Et sa femme, Natalya, l'a vu aussi.

— Joli nom.

— Il n'y a pas que son nom qui te plaît chez elle, Arnie Koski.

— D'accord. Joli corps. (Il leva la tête.) Pas aussi joli que le tien.

Le sourire aux lèvres, elle lui toucha le nez.

Il se laissa retomber en arrière.

— Je peux dormir, maintenant ?

— Non !

Tout en riant, elle se leva et se déshabilla en lui tournant le dos, consciente de son regard sur elle. Elle enfila sa chemise de nuit et se retourna avec un sourire impatient.

— *Arrgh*, Arnie Koski, ce que tu peux être frustrant !

Il s'était endormi comme une masse. Comme un enfant qui dort, songea-t-elle en le regardant. Peut-être un jour… Un enfant qui lui ressemblerait, à lui, ou à elle, ou à eux deux. Oui, à eux deux.

Elle parvint à tirer les couvertures, puis se blottit contre lui. Elle savait qu'il avait entendu ses objections.

Elle savait aussi qu'il ferait la course quand même. Arnie était fort, très fort. Et cette course avait beau être dangereuse et préoccupante, elle l'exaltait aussi. Ce serait un peu comme leurs petits jeux olympiques à eux, les États-Unis contre la Russie !

Mercredi 1er janvier 1947, 2 heures du matin

Appartement de Natalya et Mikhail

Habitué à beaucoup boire comme la plupart des hommes russes, Mikhail récupéra vite. Il n'empêche : Natalya dut l'aider à retirer son uniforme. Ce n'était pas la première fois. Elle aimait cela, tirer vivement sur ses habits d'un air faussement sévère. Il tomba à la renverse sur leur lit, elle lui ôta son pantalon d'une saccade.

— Toi et l'Américain ? demanda-t-elle en passant les mains dans son dos pour baisser la fermeture Éclair de sa robe avant de se déchausser d'un coup de pied.

Mikhail leva le bras avec la montre.

— C'est lui qui te l'a donnée ?

Mikhail baissa le bras et fit « oui » de la tête.

— Bon camarade, marmonna-t-il.

Natalya se figea, le haut de sa robe entortillé autour de sa taille, révélant le corsage en dentelle de son unique combinaison convenable. Elle jeta un regard éloquent vers le mur qui séparait leur chambre de celle de Fanya. La légation avait installé la *nyanya* dans la pièce qui jouxtait la leur. Natalya avait trouvé un stéthoscope caché dans les habits de la fille.

— Tu sais que tu ne le penses pas, lança-t-elle un peu plus fort. C'est un espion, qui fait semblant d'être ton camarade pour attirer ta confiance. Les Américains veulent nous empêcher d'assurer la sécurité de nos frontières… Misha, ajouta-t-elle dans un murmure suppliant.

Elle jeta un nouveau coup d'œil vers le mur.

Mikhail grogna et suivit son regard, comme pour acquiescer.

— Je voulais dire : pendant la guerre, répliqua-t-il à un volume normal. Quand je l'ai rencontré, les Américains nous aidaient à vaincre les fascistes. (Il roula les yeux, les leva au plafond.) Mais tu as raison. Maintenant, nous devons nous tenir sur nos gardes. Le fascisme était un ennemi commun mais, depuis, c'est le capitalisme l'ennemi de la révolution, comme avant la Grande Guerre patriotique.

— C'était futé de ta part de faire boire cet Américain pour lui soutirer des informations, renchérit-elle.

— Il en a pas mal renversé, en plus. Une des grandes faiblesses des Américains est qu'ils ne savent pas tenir l'alcool comme des hommes. Je le mettrai demain dans un rapport.

Natalya se tortillait pour enlever sa robe en acquiesçant d'un signe de tête. Elle porta un doigt à ses lèvres et s'approcha de lui, puis entreprit de retirer sa combinaison de manière aguichante. Mikhail se redressa sur les coudes. Elle avait été élevée en bonne Russe. Elle savait donner du plaisir à un homme. Et cela lui procurait du plaisir en retour.

Après coup, alors que l'un comme l'autre, ils fumaient des cigarettes dans le noir, elle tourna la tête pour lui chuchoter à l'oreille :

— Alors, de quoi as-tu vraiment parlé avec l'Américain ?

— On va faire une course, murmura-t-il. Il paraît que c'est un skieur exceptionnel. De souche finlandaise à cent pour cent. Il a combattu les fascistes dans les montagnes italiennes.

— Une course ? Pour quoi faire ?

— Pour s'amuser.

— S'amuser ? Comment ça ? Vous avez envie de revivre la campagne finlandaise de 1939 ?

Mikhail lui avait parlé des jeunes Russes congelés dans d'affreuses postures et elle avait vu le petit orteil qui manquait à son pied droit, amputé à la suite d'une gangrène causée par des engelures.

— Bien sûr que non. Tu le sais très bien.

Natalya baissa les yeux.

— Pardon. Oui, je le sais.

Parmi les multiples cauchemars d'où elle avait dû tirer Mikhail, un grand nombre provenait de ses premières expériences de combat avec la prestigieuse 54e division de fusiliers de montagne lors de la défense de Leningrad en 1939 et l'indispensable liaison ferroviaire entre Leningrad et Mourmansk.

— Il n'empêche, reprit-elle après un silence. C'est quand tu as voulu trinquer aux deuxièmes meilleurs soldats skieurs, pas vrai ?

— Mmmh.

— Ça l'a froissé, c'est ça ?

— Mmmh.

— Mikhail…

— Pour voir qui est le meilleur. Chacun de nous représentera ses soldats.

— Mikhail !

Elle l'embrassa, et lui entrouvrit malicieusement les lèvres avec les doigts.

— Parle.

— D'accord, d'accord. (Il écarta la main de sa femme.) C'est pour voir si j'ai encore ce qu'il faut.

— Ce qu'il faut de quoi ?

La voix de Mikhail changea.

— De cran.

Natalya comprit alors que cette course, son mari avait besoin de la faire. Et qu'il la ferait, quoi qu'il arrive. Elle fut parcourue d'un très léger frisson de peur.

— Quand ?

— En février. Nous partirons du cercle arctique, là-haut vers Rovaniemi. Cinq cents kilomètres. Interdiction de passer par les routes. Chacun trace sa propre trajectoire. Le premier à atteindre Kuopio a gagné.

Sa peur grandit.

— Gagner ? Gagner quoi ?

— L'estime de soi, répondit-il au bout d'un moment. J'en ai si peu, actuellement.

Elle roula sur le flanc pour écraser sa cigarette. Se pencha près de son visage et l'embrassa en lui caressant les cheveux.

— Je sais que ce travail, c'est pour nous que tu le fais, lui chuchota-t-elle. Je sais que ça ne te plaît pas. Et je ne t'en aime que plus. (Elle posa une main sur sa joue.) Ce serait autorisé ?

— Nous avons convenu de n'en parler à personne. Ça restera entre nous. Deux soldats. Personne ne le saura. Je dirai que je me rends dans le Nord pour, disons… identifier des ponts, estimer la capacité de portance des routes, peu importe. On m'accorde beaucoup de liberté tant que je reste en Finlande.

— Ils finissent toujours par savoir.

— Là, *ils* ne se donneront pas cette peine. Ils détestent le froid. Il n'y aura que nous deux. C'est un professionnel. Il comprend, et ne dira rien.

— Et si tu perds et qu'ils l'apprennent ? Après tout, tu es un héros de l'Union soviétique. Ça plongera le Parti dans l'embarras. Il y en a qui ont été fusillés pour moins que ça.

— Ce n'est qu'une course entre deux soldats. (Il soupira en recrachant de la fumée.) On ne peut donc rien faire sans que ça soit politique ?

— Tu sais bien que tout est politique.

— Même ça ?

Il remuait délicatement les mains entre les cuisses de sa femme. En temps normal, elle aurait poussé un doux murmure et se serait ouverte à lui. Cette fois, elle ne fit ni l'un ni l'autre.

Il se dressa au-dessus d'elle et, un peu déconcerté, lui adressa un sourire rassurant.

— Je ne perdrai pas.

Natalya prit les joues de son mari dans ses paumes.

— N'y va pas.

Il hocha lentement la tête, repoussa doucement les mains de sa femme et s'écarta d'elle.

— C'est trop tard, dit-il. On a cassé des verres et échangé une poignée de main.

Elle s'affala sur le flanc et scruta l'obscurité.

Mercredi 1er janvier 1947
Port d'Helsinki

La légation étant fermée pour le Nouvel An, Louise et Arnie dormirent jusqu'au lever du jour, aux alentours de neuf heures et demie. Arnie avait une sale gueule de bois, mais Louise parvint à lui faire avaler plusieurs verres d'eau et un peu d'aspirine. Il était trop tard pour le petit déjeuner de l'hôtel, aussi le persuada-t-elle de descendre à pied jusqu'aux quais pour voir s'ils pouvaient trouver du café.

Louise sentit aussitôt le vent froid, comme chaque jour depuis leur arrivée. La température n'était pas bien différente de celle de chez eux, constamment glaciale, mais l'obscurité… En Oklahoma, le ciel était dégagé plus de la moitié du temps, même au cœur de l'hiver, et le soleil se levait à l'heure où il était censé se lever et non en milieu de matinée.

Des vieux bâtiments en brique de quatre ou cinq étages et allant du rouge traditionnel à des tons plus clairs d'ocre et de crème donnaient sur une rue large et une jetée qui faisaient l'effet d'une grande place ouverte. Une immense église coiffée d'un dôme se dressait derrière eux et dominait la scène. Le décor tout entier était austère et utilitaire, l'antithèse de ce que Louise imaginait pour un front de mer méditerranéen.

Tout étant fermé, ils ne purent même pas trouver une tasse de thé. Mais Arnie ne tarda pas à se requinquer au contact de l'air frais et en contemplant les petits cargos et divers types de bateaux de pêche.

Alors qu'ils s'approchaient du quartier de Kaarina, Louise lui lança :

— Et si on passait souhaiter la bonne année à Kaarina et Pietari ?

Mais chez Kaarina, personne n'était à la maison.

— Elle doit être à l'orphelinat, déclara Arnie.

— Allons la voir. Elle fait partie de la famille et on devrait montrer qu'on s'intéresse à elle.

La réponse silencieuse de son mari n'eut rien d'enthousiaste.

— Elle m'a donné l'adresse, insista Louise. Elle y va à pied, alors ça ne doit pas être loin.

Arnie grogna.

— Elle avait l'air d'avoir très envie qu'on passe la voir.

Son mari soupira, puis inclina la tête de côté comme pour dire : « Vas-y, je te suis. »

Après ne s'être trompés de chemin que trois ou quatre fois en tournant dans des ruelles étroites, ils tombèrent sur ce qui ressemblait à une propriété abandonnée assez grande sur laquelle se dressait une vieille demeure protégée par une clôture en fer forgé. Derrière le bâtiment, hors de leur vue, montaient des cris d'enfants – de beaucoup d'enfants. En les entendant, Louise songea à la cour de récréation de son école primaire à Edmond. Cela lui rappela aussi combien leur logement semblait calme – et vide – en l'absence d'Arnie. Comme si, d'une certaine manière, la solidité de son mari avait pu combler le vide, elle lui donna le bras alors qu'ils contournaient le terrain clôturé.

Il devait y avoir une centaine d'enfants, âgés de moins de dix ans pour la plupart, qui couraient autour d'une aire de jeux en bois construite à la va-vite. Quelques-uns, assis à côté du mur de la bâtisse, se balançaient en regardant dans le vide, parfois recroquevillés sur eux-mêmes, ou en suçant le pouce. Rien à voir avec la cour de récréation d'une école primaire.

Deux fillettes étaient assises en tailleur face à face. L'une, atrocement défigurée par des brûlures, tenait une poupée de chiffon rudimentaire. L'autre lui posait une main sur le genou, comme pour la réconforter ou la rassurer.

Louise étouffa un cri.

Les deux petites étaient aveugles. Elle porta involontairement les mains à sa bouche.

— La guerre, lui renvoya Arnie à voix basse.

Ils observèrent les enfants quelques minutes en silence. Et virent Kaarina s'approcher depuis l'intérieur de la clôture. Elle portait une jupe en laine grise et un gilet beige drapé sur un pull vert d'apparence rugueuse. Elle s'était enroulé un foulard en laine dans les cheveux, qu'elle avait ramassés dans un chignon.

Un enfant s'approcha d'elle en courant. Kaarina s'agenouilla, lui dit quelque chose, et lui montra l'une des structures de jeu. Puis elle le chassa doucement avant de se diriger vers Arnie et Louise.

— *Päivää*, dit-elle.

C'était moins soutenu que *hyvää päivää*, qui voulait dire « bonjour », mais plus que *hei*, qui équivalait à « salut ». Kaarina restait toujours très digne.

Deux garçons d'environ huit ans se mirent soudain à se crier dessus. Il y eut des coups de poing rapides, infligés furieusement mais sans faire mal : ils étaient encore petits. Kaarina se mit à courir vers la bagarre. L'un des garçons s'enfuit, et l'autre afficha un air triomphant. Mais celui qui avait pris la fuite s'était dirigé vers un parterre vide dans lequel était fiché un gros pieu en bois. Il le secoua pour le déloger et se précipita vers l'autre en hurlant, battant l'air et lui en infligeant un grand coup entre les yeux. Le garçon se protégeant le visage et la tête, son agresseur s'apprêta à asséner le coup de grâce. Il fut arrêté par Kaarina, qui subit quelques coups elle-même avant de réussir à arracher le pieu des mains du petit furieux. Elle finit par le maîtriser en l'empoignant par les épaules, lui dit des paroles vives en finnois et le gifla. Le garçon lui hurla quelque chose avant de s'enfuir en courant.

Louise était abasourdie par tant de violence.

— La guerre, répéta Arnie.

En regardant l'enfant s'éloigner, Louise remarqua combien ses épaules étaient étroites, et ses bras, maigres. Elle fut prise d'une brusque envie de le serrer contre elle. Elle regarda son mari.

— Oh, Arnie, dit-elle. Tout ça est tellement déchirant. Et cruel.

Kaarina, elle aussi, regardait le garçon s'éloigner. Elle se retourna vers eux, la mine triste.

— Bienvenue dans mon monde, dit-elle avant d'ajouter, presque navrée : Il va falloir le punir.

— Le punir ? Pourquoi ?

Au regard que lui décocha Arnie, Louise comprit aussitôt qu'elle aurait mieux fait de se taire.

Kaarina garda un visage impassible, mais perça Louise du regard.

— Pour avoir frappé l'autre garçon avec un bâton.

— Mais ils étaient deux à se battre, insista Louise, qui laissa s'estomper sa voix en sentant Arnie lui agripper doucement le coude. Je veux dire, peut-être que tous les deux…

— C'est pour son bien.

De toute évidence, Kaarina ne tolérerait pas que quiconque interfère dans sa gestion de l'orphelinat.

— Bien sûr, dit Louise en comprenant que ce n'était pas le moment de parler de l'éducation des enfants. Vous êtes seule ici ?

Kaarina se radoucit en voulant manifestement sortir, elle aussi, de ce conflit.

— Non, répondit-elle en souriant. Parfois, comme aujourd'hui, c'est l'impression que ça me fait, mais non. Nous sommes cinq, l'une reste à la maison pour un jour de congé, quatre restent ici quatre jours de suite, une dedans, une dehors. Aujourd'hui, c'est moi. Nous faisons des plages de douze heures et restons la nuit à tour de rôle.

— Punaise.

— Quel est ce mot ? demanda Kaarina aimablement.

— Euh. Ça veut dire… euh…

— C'est de l'argot, intervint Arnie. Une façon polie de dire « bon Dieu ! ».

Kaarina éclata de rire.

— Ici, nous invoquons le nom du diable, Satan. Sans doute une différence fondamentale entre nos deux pays ? Les optimistes d'un côté, les pessimistes de l'autre ?

— Peut-être, lui concéda Arnie. Mais les pessimistes ne laissent pas tout derrière eux pour mettre les voiles vers un nouveau monde inconnu.

Kaarina sourit.

— C'est vrai, mais peut-être que si on est assez pessimiste, on met les voiles parce que l'avenir ne nous réserve plus rien chez nous.

Arnie se contenta d'un hochement de tête.

— Vous aimeriez voir l'orphelinat ? demanda alors Kaarina.

Louise leva les yeux vers Arnie, qui sourit en guise d'acquiescement.

— Oui, répondit Louise. Oui, ça nous ferait très plaisir.

Kaarina les présenta à sa collègue, puis les emmena dans un dortoir bourré de petits lits tout juste assez séparés les uns des autres pour qu'un adulte puisse s'y faufiler. Sous l'un d'eux, une fillette suçait son pouce. Une autre était assise et se tenait le ventre en basculant d'avant en arrière. Elle ne réagit pas quand Louise essaya de lui parler. Une petite de cinq ou six ans se tenait sur un brancard de fortune en bois avec ce qui ressemblait à des vieilles roues de tricycle, deux autres la poussant bruyamment dans le couloir. Elles s'arrêtèrent toutes les trois pour dévisager Louise. Sur un mot de Kaarina, qui les réprimanda sûrement pour les avoir fixés, elles s'éloignèrent dans le couloir à la course en gloussant. Celle sur le brancard n'avait pas de jambes.

Kaarina les invita dans son bureau pour boire un thé après la visite. En portant la tasse à ses lèvres, Louise constata que ses mains tremblaient. Elle posa vivement la tasse sur ses genoux pour la stabiliser. Et jeta un regard à Arnie, plus calme, mais sombre.

— Vous n'êtes que cinq à faire tout ça ? demanda Louise, enfin capable de porter la tasse à sa bouche.

— Eh bien, tout dépend de ce qu'on appelle « faire ». Nous nous sentons dépassées. (Elle marqua une pause.) Vous voyez, il n'y a tout simplement pas assez d'argent pour embaucher plus de personnel.

— Mais tout de même ! protesta Louise. Il doit y avoir des subventions de l'État, des œuvres caritatives. Enfin…

Arnie lui avait posé doucement une main sur la cuisse.

— Tout va bien, Arnie, dit Kaarina avant de se tourner vers Louise. C'est en grande partie à cause des paiements de réparation versés aux Soviétiques.

— J'avais oublié ça, avoua Louise d'une petite voix.

— L'économie repart tout juste. Ce qui implique moins d'impôts reversés aux orphelinats, et encore moins d'argent alloué aux œuvres de bienfaisance. On a aussi du mal à trouver des bénévoles. (Elle soupira, et ses épaules s'affaissèrent brièvement.) Il n'empêche : ils mangent tous à leur faim et dorment au chaud.

— Oui. Dieu merci.

Kaarina leur décocha un regard, mais ne dit rien. Louise voyait bien qu'elle n'attribuait ni la nourriture ni les lits à Dieu.

— Comment pourrions-nous vous aider ? demanda-t-elle sans réfléchir.

Kaarina médita la question.

— Malheureusement, vous n'êtes pas riches, si ? lança-t-elle avec un léger sourire.

Louise et Arnie sourirent à leur tour, d'un air contrit.

— C'est vrai que nous avons besoin d'argent, dit-elle distraitement et à personne en particulier. (Elle se tourna vers Louise.) Il nous faut aussi des bras. Peut-être que, enfin… Une fois que vous serez installés bien sûr, vous pourriez passer vous occuper de quelques enfants pendant la journée. En attendant que votre finnois s'améliore…

Sa voix s'estompa. De toute évidence, elle essayait de trouver quelque chose.

— Pourquoi ne pas apporter du fil et des aiguilles, deux ou trois bouts de tissu de couleurs vives et aider les filles à coudre ?

Louise fit la grimace.

— Je ne suis pas très bonne couturière.

— Ah, lâcha Kaarina, un peu surprise.

— Enfin, à la main, ajouta aussitôt Louise. Mais s'il y a une machine à coudre, pourquoi pas ?

— Contentez-vous de venir passer du temps, dit Kaarina en hochant la tête et en souriant. Vous trouverez bien quelque chose. Ils ne sont vraiment pas exigeants.

— Et si je leur cherchais des familles en Amérique ? suggéra Louise. Je pourrais vous aider avec ça. J'ai été bénévole dans un orphelinat géré par notre église. C'est là que j'ai commencé à m'intéresser vraiment à l'éducation de la petite enfance.

— Vous êtes enseignante ? demanda Kaarina.

— Eh bien, plus maintenant. Je suis avec l'armée. (Elle haussa les épaules, un peu contrite.) Mais c'est vrai que ça me manque.

— Évidemment. Travailler avec des enfants. (Kaarina sembla chercher quoi dire.) Comment s'appelait votre orphelinat ?

— Orphelinat et école de travaux manuels de Wichita.

— École de travaux manuels ?

Louise se mit sur la défensive. Elle n'avait jamais vraiment songé au nom de l'orphelinat de son église.

— Les enfants doivent apprendre à devenir autonomes.

— Mais pourquoi des travaux manuels ?

— C'est une école indienne, intervint Arnie. Ils n'aiment pas aller en cours, alors c'est leur meilleure chance de s'en sortir.

— Mais il doit bien exister des écoles pour les diésélistes, les secrétaires…

— Ces enfants sont très jeunes pour la plupart, l'interrompit Louise. Ils pourront se diriger vers ces formations-là lorsqu'ils seront un peu plus âgés.

— Hmm, dit Kaarina.

Il y eut un silence gêné.

— Bon, peu importe. (Kaarina sourit.) La vérité pure et simple, c'est qu'on a toujours besoin de bras supplémentaires.

Louise hocha la tête.

— Je passerai. Dès que je pourrai.

— Merveilleux. Quand vous voudrez. (Kaarina sembla hésiter, puis ajouta :) Il serait possible d'obtenir du café à la légation ?

Arnie et Louise regagnèrent l'hôtel en silence. Une fois dans leur chambre, Louise ne parvint plus à se retenir. Arnie la tint dans ses bras jusqu'à ce qu'elle cesse de sangloter.

— Arnie, dit-elle contre son torse. Il faut qu'on fasse quelque chose.

— Bien sûr. Mais quoi ? C'est comme ça partout en Europe.

— Oui, mais nous, c'est ici qu'on est !

Elle le repoussa, étonnée par sa propre intensité.

Arnie se borna à cligner des yeux.

— Tu ne pourrais pas obtenir de l'argent de l'État ? reprit-elle. Ils en donnent déjà tellement à l'Allemagne.

— Oui, mais…

— Mais rien du tout ! Ce sont eux qui ont fait les orphelins.

— Tu sais bien que ce sont les Russes.

— Oui, je sais que ce sont les Russes. C'est pareil. Ils se comportent aussi mal les uns que les autres. Pourquoi est-ce qu'on aide les Allemands et pas les Finlandais qui, eux, ne nous ont rien fait ?

— Mais si, on les aide ! On leur autorise des emprunts en dollars. Nous sommes le grand frère que le petit frère peut appeler si la bagarre dégénère. Tu crois que c'est par pure bonté d'âme que Staline s'est contenté d'une Finlande libre ?

— *Pfff !* Il s'en est contenté parce qu'il n'avait pas envie de se retrouver encore avec le nez en sang.

Arnie fut pris de court.

— Bon, tu as raison.

— Voilà ce que j'aime entendre.

— Mais actuellement, s'il est prudent, c'est grâce à nous. (Arnie s'interrompit.) Tout ça, ce sont des relations internationales à grande échelle. J'ai déjà suffisamment à faire ici et maintenant. J'ai besoin de toi.

— Pour aller à des soirées, conclut-elle, un peu maussade.

— Ne te dévalorise pas comme ça. C'est ce que font les diplomates. Ce qu'on appelle « établir des relations ». C'est aux soirées qu'on fait le vrai travail, qu'on fait passer les vraies informations.

— Je sais, dit Louise en soupirant. Seulement, c'est tellement… tellement indirect.

Arnie l'attira de nouveau contre lui.

— Franchement, Louise ! Je sais à quel point tu aimais travailler avec des enfants. Mais n'oublie pas que nous sommes ici pour accomplir un travail. Tant qu'il te reste du temps pour le faire, ça ne me dérange pas que tu t'impliques dans l'orphelinat de Kaarina. Mais ne disparais pas pour autant. Tu sais que je suis minable en soirée.

— Tu m'étonnes, renchérit-elle. L'après-midi où ton ami t'a ramené de Fort Sill, tu n'as pas dû dire plus de trois mots.

— C'est que toi, tu en as dit trois mille.

— C'est faux. (Elle marqua une pause.) Bon, peut-être. (Du bout de l'index, elle s'était mise à dessiner des cercles autour d'un des boutons d'Arnie.) Mais c'est que tu étais tellement palpitant !

Il éclata de rire. Il savait pertinemment quelle première impression elle avait eue de lui.

— Je sais, comme de regarder sécher la peinture.

— Oh non, bien mieux que ça ! Comme de regarder sécher des flaques de boue.

Il rit encore.

— Il n'y a pas que les soirées, reprit-il. N'oublie pas que j'ai besoin de toi pour huiler les rouages sociaux, pour que tu te lies d'amitié avec les épouses de la communauté. C'est important et, pour des raisons évidentes, je ne peux pas m'en charger.

— C'est vrai que tu aurais l'air bête d'inviter Natalya Bobrova à boire un thé, lui confirma-t-elle. Bon, j'ai compris, ajouta-t-elle avec un soupir. Seulement, j'aimerais faire quelque chose. Quelque chose de plus. De plus direct. Peut-être que je le vivrais autrement si nous avions des enfants. (Elle leva les yeux vers Arnie.) J'aimerais aider les enfants. Être entourée d'enfants.

Arnie la serra doucement contre lui en lui caressant les cheveux.

Elle refit allusion à l'orphelinat pendant qu'ils dînaient au sous-sol de l'hôtel.

— Louise, j'aimerais les aider, vraiment, mais je doute que l'armée ou le département d'État veuille voir leur attaché militaire mêlé à des histoires d'orphelinat.

— Sois franc. C'est surtout moi que tu ne veux pas voir mêlée à des histoires d'orphelinat.

— D'accord. Tu as raison.

— C'était moins plaisant quand tu l'as dit ce coup-ci.

Arnie eut un petit rire.

— Tu as raison. Tu as raison. Tu as raison.

Elle ne put s'empêcher de sourire.

— Bon. Évidemment, tu veux que je reste à la maison. Moi aussi, je veux y être. Mais pas si c'est pour rester assise à organiser des cocktails. (Elle ouvrit les mains vers lui au-dessus de son assiette.) Nous n'avons pas encore d'enfants. Des réceptions, je peux en organiser les yeux fermés. Mais les orphelins de Kaarina, eux, il leur faut… Il leur faut des mamans. (Elle baissa la voix jusqu'au murmure.) Et je suppose que moi, j'ai besoin d'en être une.

— Oh, Louise…

Arnie lui prit les mains et les attira vers lui. Puis il se pencha au-dessus de son assiette pour les embrasser.

— J'ignorais ce que ça signifiait pour toi. Fais-le. Seulement, ne me laisse pas en plan.

Ils se contemplèrent de part et d'autre de la table. Puis, le sourire aux lèvres, Louise retira ses mains.

— Je serai présente à toutes les soirées, dit-elle.

Ils se turent un instant et, changeant d'humeur, Arnie demanda :

— Mais qu'est-ce que tu vas leur apporter ? Nous ne sommes pas riches. Et tu ne parles pas finnois.

— Et je ne sais pas coudre, renchérit-elle, ce qui le fit rire. Ils ont besoin d'argent, reprit-elle gravement. Ils ont besoin de quelqu'un qui sache en collecter. J'ai passé beaucoup de temps en tant que présidente de notre branche à courir après de riches anciens étudiants. Et j'étais fichtrement douée pour ça.

— Ça ne m'étonne pas.

Le compliment était sincère, et ça faisait du bien d'être reconnue.

— Mais comment tu vas t'y prendre ? reprit-il.

— Il n'existe pas des fonds de secours du département d'État pour l'après-guerre ?

— Non, je ne crois pas. En théorie, on est toujours en guerre avec la Finlande tant que le traité n'est pas signé.

— Bon sang, Arnie ! Ça va durer combien de temps ? Ça fait plus de deux ans que la guerre est finie. Des gros lards de diplomates attendent à Paris le bon mot écrit sur un bout de papier pendant que Kaarina et ces enfants... (Elle se redressa sur son siège.) Ils ont besoin d'argent. Que je peux leur obtenir.

— Je te l'ai déjà demandé : comment ?

— Je ne sais pas. Pas encore. (Elle garda un instant le silence.) Je vais appeler Max Hamilton pour lui poser la question. Il m'a dit de le contacter si j'avais besoin de quoi que ce soit. Eh bien, je vais voir s'il le pensait vraiment ! Tu crois qu'il acceptera de me voir ?

— Oui, bien sûr. Il est amoureux de toi.

Elle leva les yeux au ciel.

— Mais, reprit Arnie, il ne te donnera pas d'argent.

Elle savait qu'elle avait la bénédiction de son mari. Et, aussi, qu'elle était seule dans cette affaire.

Vendredi 3 janvier 1947

Bureau de Max Hamilton, légation américaine

Louise avait appelé le bureau d'Hamilton ce jeudi-là à la première heure et s'était casée dans le planning du vendredi après-midi en assurant sa secrétaire, Helmi, que ça ne durerait pas plus d'un quart d'heure. Après le dîner avec Max Hamilton et sa femme, elle avait encore parlé plusieurs fois avec lui à l'une des nombreuses soirées de Noël et ils en étaient venus à s'appeler par leurs prénoms. Elle se sentait de plus en plus à l'aise en sa présence, et se surprit à apprécier sa politesse et ses bonnes manières à l'ancienne.

Si son père lui avait appris ce qu'étaient les affaires, sa mère, elle, lui avait appris à faire affaire. Plus elle paraîtrait sérieuse, plus elle serait prise au sérieux. Le problème étant que ses habits les plus sérieux étaient soit dans un entrepôt militaire allez savoir où, soit au milieu de l'océan Atlantique. Le vendredi matin venu, elle ajouta à sa tenue de ville habituelle un foulard en mousseline de Nylon tout simple qu'elle avait déniché dans un petit magasin de vente au détail pour femmes, étonnamment muni d'une étiquette *Sears and Roebuck*, et appliqua son précieux rouge à lèvres. Jusqu'à présent, elle n'en avait trouvé nulle part à Helsinki ; d'ailleurs, elle n'avait vu aucune Finlandaise en porter, et en venait à se demander si elles se maquillaient seulement.

Lorsqu'on la fit entrer dans le bureau d'Hamilton, il se montra, comme elle s'y attendait, aussi courtois que d'habitude. C'était, après tout, un diplomate. Mais il se révéla également chaleureux et accueillant, ce à quoi elle ne s'attendait pas. Elle sourit pendant qu'il la questionnait poliment sur sa santé et sa quête d'un logement, avant d'enfin lui demander :

— Bon, Louise, que puis-je faire pour vous ?

Alors, elle se lança dans un discours sur la détresse des orphelins. Lorsqu'elle eut fini, Hamilton s'approcha de la fenêtre. Contempla un moment le ciel gris au-dessus des rues grises.

— Louise, dit-il en se retournant. La guerre a été terrible. Plus atroce que la plupart des Américains ne sauraient l'imaginer. Ces enfants, j'en ai vu un certain nombre, et beaucoup trop en France lors de la dernière guerre.

Elle se sentit gonflée d'espoir.

— Je sais que je porte le titre apparemment impressionnant d'émissaire et de ministre plénipotentiaire. (Il eut un petit rire.) Il s'agit d'un titre très traditionnel, soigneusement construit pour signaler précisément quelle autorité je détiens. Et ne détiens pas. Comme je ne suis pas ambassadeur, je ne dispose pas de l'autorité nécessaire pour financer des organismes de bienfaisance privés, si louable soit leur cause.

— Mais il doit bien y avoir un peu d'argent quelque part ! Bon sang, avec tout ce que nous dépensons pour la défense et…

— Louise, l'interrompit-il avec douceur. Chaque centime est inscrit au budget et justifié publiquement. Je ne gère pas une agence d'espionnage comme l'OSS qui peut garder ses dépenses secrètes.

Elle ne put masquer sa déception.

— Mais, Max, nous dépensons des *millions* en aide internationale ! Il devrait être possible de…

Hamilton pencha la tête de côté.

— Louise, dit-il gentiment. Sur le terrain, ces aides, nous nous contentons de les distribuer. Nous ne décidons pas de qui les obtient.

Elle digéra ces paroles. Évidemment… La bureaucratie.

— Peut-être pourriez-vous récolter de l'argent privé, suggéra Hamilton. Avec une sorte de campagne de financement, ou une loterie.

Une loterie, et avec quel lot ? faillit-elle lâcher. Ils n'avaient pas assez d'argent pour acheter quoi que ce soit. Elle tint sa langue. Il essayait de l'aider.

— Je serais ravi de faire un don personnel, poursuivit Hamilton. De donner une partie de mon argent. Et peut-être que d'autres membres du personnel y seraient disposés, eux aussi. Vous avez ma permission pour le leur demander.

— Merci. C'est très gentil à vous. (Elle réfléchit un instant.) Par pure curiosité, à quoi êtes-vous habilité à distribuer les fonds ?

Hamilton eut un petit rire.

— Presque tout ce qui nous donne l'air de rester du côté de la Finlande tout en ne nous mettant pas les Russes à dos.

— Vous voulez dire, un peu comme ce que nous faisons en Allemagne. (Elle réfléchissait à toute vitesse.) Comme la reconstruction.

— Un peu comme ça, oui, dit-il en hochant la tête.

— Je vais tâcher de trouver quelque chose.

— Bonne idée. Je serai toujours ravi d'entendre vos propositions. Cela dit, ajouta-t-il en soupirant, je ne peux rien vous promettre, même si je suis plénipotentiaire.

Le sourire aux lèvres, il se leva et lui tendit la main.

Sur le chemin de l'hôtel, Louise était d'humeur aussi sombre que les rues qui l'entouraient. Elle savait que ce qu'elle suggérerait à Hamilton devrait pouvoir être mis dans une lettre ou un document budgétaire. Il lui avait dit que la mission première du département d'État était de faire en sorte que la Finlande reste dans le camp des démocraties. Tout de même, aider un orphelinat finlandais devait remplir ces conditions-là ! Elle avait eu des cours d'instruction civique à l'école, mais on ne leur avait jamais rien dit sur la manière dont la politique fonctionnait vraiment – des sujets comme le budget, par exemple. Le point de départ de tout ça était l'argent. La caricature d'un homme politique avec une bedaine et une cravate-lacet lui vint à l'esprit. Cette personne-là n'agirait pas par pure compassion envers des orphelins étrangers qui ne lui rapporteraient aucun vote, songea-t-elle avec amertume. Si seulement elle parvenait à trouver quelque chose à même de mettre un homme politique ou un bureaucrate en valeur. Quelque chose. Une idée commença à germer.

Lorsqu'elle finit par regagner sa chambre, son pas était plus léger. Elle avait en tête un effort commun américano-soviétique susceptible de rentrer dans le cadre de la « reconstruction de guerre ». Elle savait qu'un pourcentage important d'Américains voyait encore les Russes comme des amis. Ils continuaient à appeler Staline « Oncle Joe ». Ça mettait Arnie en rage, mais c'était une réalité politique. Il pourrait s'agir de continuer à collaborer en tant qu'alliés, comme pendant la guerre, mais à présent pour la paix. Quoi de mieux qu'un projet consistant à s'occuper des orphelins de notre ennemi commun ? Un acte de générosité et de pardon. Elle écrirait une lettre – non, ce serait Hamilton qui écrirait à un bureaucrate coiffé d'une visière verte qu'elle imaginait assis à Washington avec un gros tampon –, une lettre qui exalterait les doubles vertus de son plan : améliorer les relations avec la Finlande et avec l'Union soviétique. Mais, avant de pouvoir écrire cette lettre de la part d'Hamilton, elle devait faire en sorte que ce projet soit commun. Elle avait besoin d'aide pour consolider le côté soviétique… et avait déjà quelqu'un en tête.

Ce soir-là, elle écrivit à Natalya Bobrova pour lui dire combien elle avait pris plaisir à rencontrer quelqu'un de son âge à une soirée de la légation, avec qui parler de littérature française. Elle conclut sa missive en lui demandant si elle et Mikhail comptaient se rendre à l'ambassade française le mercredi soir pour la représentation du quatuor à cordes de la Libération. Peut-être pourraient-ils s'asseoir ensemble. Elle déposa la lettre à la légation russe le lendemain matin à la première heure.

Mercredi 8 janvier 1947

Soirée culturelle, légation française

Quand Arnie regagna leur chambre le mercredi suivant après le travail, il lui tendit un mot avec un marteau et une enclume en guise d'en-tête.

— Qu'est-ce que c'est que ça ? demanda-t-il.

Elle le prit, un peu étonnée. Mikhail avait répondu en finnois à l'invitation qu'elle avait écrite en français à Natalya. Elle fut également surprise par la mauvaise qualité du papier.

— J'ai demandé à Natalya et Mikhail s'ils voulaient se joindre à nous pour la représentation du quatuor à cordes français. C'est tout. Je pensais que j'étais censée faciliter ce genre d'interactions.

Arnie reprit le mot en soupirant.

— Louise. Tout est lu par le MGB.

— Et alors ? Je le savais.

— Ils n'aiment pas voir circuler des messages dans des langues qu'ils ne comprennent pas. C'est pour ça que c'est Mikhail qui a répondu, en s'adressant à moi, en finnois.

— Bonté divine, Arnie ! Il s'agissait d'un message inoffensif. Je leur demandais simplement s'ils avaient envie d'aller écouter de la musique.

— Et une barbouze du MGB va se demander pourquoi la femme d'un attaché américain cherche à devenir amie avec la femme d'un attaché soviétique dans une langue qui lui échappe. Tu ne crois pas que ça va faire un peu louche ?

— Pour eux, tout paraît louche.

— Oui, Louise, dit Arnie d'une voix égale. Mais en Amérique, le louche, on enquête dessus ; en Russie, c'est un crime. Songe aux Bobrov.

Un léger frisson parcourut l'échine de Louise.

— C'est ridicule, marmonna-t-elle après un silence.

— Oui, pour des Américains.

Les articles de maison arrivèrent enfin le mardi. Le problème étant qu'ils n'avaient toujours pas trouvé d'endroit où vivre, Louise demanda à Hamilton si Pulkkinen pouvait l'aider à récupérer les caisses.

Pulkkinen connaissait un entrepôt près des docks où stocker leurs affaires le temps qu'elle trouve un appartement. Après deux ou trois trajets en Fleetmaster avec les caisses en bois fixées sur le toit, il aida Louise à les ouvrir à l'aide du cric de la voiture. Ils en passèrent quatre en revue avant de trouver ses robes.

— La prochaine fois qu'on déménage, lui confia-t-elle, je veillerai à étiqueter les caisses, pas seulement les cartons qu'elles contiennent.

Pulkkinen se borna à cligner des yeux.

— Pulkkinen, je plaisantais.

— Je sais.

Elle se jura de le faire sortir de sa réserve. Elle s'empara d'une robe et, en la serrant sur sa poitrine d'une main et contre son ventre de l'autre, elle lança :

— J'adore celle-ci.

Elle tournoya, la laissant s'évaser.

— Qu'en pensez-vous ? demanda-t-elle tout en bougeant avec comme s'il s'agissait d'un cavalier pour danser.

— Elle m'a l'air bien.

— Vous ne valez pas mieux que mon mari. (Elle laissa retomber le haut de la robe.) Vous autres Finlandais avez un mot qui comprend tous les compliments : *hyvää*.

Elle entreprit de replier la robe. Pulkkinen sourit.

— Pardonnez ma réticence.

Elle prit note de l'emploi du mot « réticence ».

— Où avez-vous appris à parler aussi bien l'anglais ?

Elle avait posé cette question sur le même ton de plaisanterie mais, pour une raison ou pour une autre, une réaction passa sur le visage de Pulkkinen, qu'il essaya vite de camoufler.

— À l'école, répondit-il.

— Plutôt bien, cette école, commenta-t-elle en se retournant pour trier les vêtements.

Elle sortit une robe qui faisait partie des préférées d'Arnie et une des combinaisons qu'elle aimait particulièrement pour les ajouter à la petite pile sur le sol. Puis elle entreprit de choisir quelques vêtements pour Arnie.

Ce soir-là, elle sortit de la salle de bains en portant la robe favorite de son mari.

— Elle te plaît toujours ?

Elle tournoya, en la faisant flotter juste au-dessus de ses genoux pour montrer la dentelle sur l'ourlet de la combinaison.

— Elle m'a l'air bien.

— Ah, les Finlandais ! C'est exactement ce qu'a dit Pulkkinen quand je la lui ai montrée cet après-midi.

— Qu'est-ce que tu veux que je te dise ? Ça doit être génétique.

Elle fit bouffer la jupe pour qu'elle tombe mieux.

— Aujourd'hui, il a employé le mot « réticence ». Quand je lui ai demandé où il avait appris à parler aussi bien anglais, il… Je ne sais pas, il a eu une réaction bizarre, comme si ça le troublait. Enfin, je… je ne sais pas.

— Un sacré mot pour un chauffeur, fit remarquer Arnie.

— C'est ce que je me suis dit.

Elle avait beau avoir étudié le français comme matière secondaire, Louise n'avait jamais été aussi proche de la France qu'à la soirée de Noël de la légation française avec Arnie deux semaines auparavant. La salle de réception était alors recouverte de décorations de Noël. À présent qu'on les avait retirées, Louise put constater l'élégance des lieux : les rideaux, le style et la qualité du mobilier, le style et la qualité des tenues. On aurait dit que quelqu'un avait tenté d'amener un peu de Paris dans le Nord et s'en était plutôt pas mal sorti. De longues tables étaient recouvertes de lourdes nappes blanches. Des serveurs se tenaient prêts à servir du vin français. Sur des plateaux, des baguettes à la croûte d'un brun doré, comme si on les avait fait cuire au soleil de la Côte d'Azur, étaient disposées à côté d'une grande diversité de fromages français. Des dizaines de plateaux d'argent contenaient des canapés magnifiquement présentés avec du saumon, des œufs de caille et des olives de diverses dimensions, contrairement à celles, noires et uniformes, qu'on trouvait chez eux, en Amérique, dans les boîtes de conserve provenant de Californie. Elle en goûta une grosse verte et fut surprise par la fermeté de sa texture – et de constater qu'il y avait un noyau dedans. Ça non plus, ce n'était pas comme les olives de chez eux.

Louise assimilait tout, s'imprégnait de tout. Jamais elle n'avait été si proche de la vraie France. Même au lycée, avec son unique année de français en compagnie de Mme Jones, qui parlait français avec un accent de l'Oklahoma aussi fort que lorsqu'elle s'exprimait en anglais, Louise avait rêvé de Paris. Il lui avait fallu la totalité du premier trimestre à l'université de l'Oklahoma pour cesser de prononcer des mots comme « fenêtre » *« fenetter »*. Cela dit, comme Mme Jones disait par exemple *« winder »* à la place de *« window »*, du moins restait-elle cohérente.

Mais les rêves parisiens de Louise avaient changé lorsqu'elle avait épousé Arnie ; elle voulait désormais y aller un jour avec lui lors d'un congé sabbatique. Un rêve qui avait été brisé par la guerre.

L'un près de l'autre, Arnie et elle s'insérèrent dans le flux et les bavardages des invités en distribuant sourires et hochements de tête. Ils avaient l'impression de devoir se démener pour gagner la piste d'une salle de bal et rejoindre une troupe de valseurs qui tournoyaient.

Elle repéra Mikhail en uniforme, debout avec Natalya contre le mur à droite de la porte qui donnait sur la salle encore plus grande où le quatuor allait jouer. Natalya avait la même longue robe noire qu'à la soirée du Nouvel An, sauf que le col de dentelle avait disparu. Elle ne portait aucun bijou, mis à part des créoles argentées toutes simples. Louise s'aperçut que la robe de Natalya aurait pu convenir à des soirées chics comme à des manifestations culturelles plus décontractées. De toute évidence, tout comme elle, Natalya devait se débrouiller avec une garde-robe limitée. Cela dit, elle aurait été élégante même en peignoir.

Alors qu'ils fendaient la foule pour se diriger vers Natalya et Mikhail, Louise commença à comprendre ce que sa mère entendait par « éducation ». Elle se rendit compte que les femmes présentes dans cette pièce portaient probablement des habits chers depuis qu'elles étaient en couches-culottes. Elle avait l'impression d'être un cheval de ferme au milieu d'un pâturage de pur-sang. Elle sourit au souvenir d'une de ces premières soirées de Noël. Une Anglaise à l'accent chic lui avait dit qu'aux yeux de la plupart des Européens, les Russes et les Américains se ressemblaient. Les uns comme les autres étaient issus de cultures de frontière, des peuples guerriers qui s'étaient propagés sur des continents entiers en broyant tout sur leur passage, et qui ne savaient pas quand cesser de porter du blanc à l'automne. En riant dans son for intérieur, elle dut reconnaître qu'elle voyait où cette femme avait voulu en venir.

Elle décocha un grand sourire à Natalya, tout en essayant de songer à une salutation susceptible de la faire sortir de sa coquille. À son grand soulagement, Natalya lui rendit son sourire. Puis il s'effaça, remplacé par sa mine placide et presque inerte, comme si elle portait un masque. La mise en garde d'Arnie au sujet du message qu'elle avait envoyé lui revint en mémoire. Évidemment, personne ne lisait le courrier des autres en Oklahoma. Le droit au respect de la vie privée était inviolable. Elle se demanda ce que ça devait être de vivre sans.

Elle prit subitement conscience du peu de cas qu'elle avait fait des droits acquis à sa naissance, bien au-delà des richesses matérielles, de par sa nationalité américaine. Arnie s'était battu pour ces droits, et nombre de leurs amis étaient morts pour que d'autres puissent vivre libres avec leurs avantages. Soudain, elle fut surprise d'éprouver un sentiment de reconnaissance. Elle leva les yeux vers le visage d'Arnie, qui était animé par ce que lui et le colonel Bobrov se disaient en finnois. Il lui décocha un regard perplexe. Elle le remercia d'un battement de cils. Manifestement déconcerté, Arnie lui sourit, posa une main sur le creux de ses reins et la massa par petits cercles. Alors, il reprit sa conversation.

Louise jeta un coup d'œil à Natalya, dont le regard adouci indiquait qu'elle avait relevé leur brève marque de tendresse. Le masque, cependant, n'avait pas bougé. Louise savait désormais qu'une amie se dissimulait derrière. Mais comment l'atteindre ?

Elle commença en français avec les échauffements habituels : les enfants, le temps, Natalya s'était-elle rendue au marché aux poissons dans telle rue ? La discussion entre les deux femmes semblait parsemée de blancs, d'instants où l'on se demandait quoi dire, en particulier Natalya. Et Louise comprit. Natalya était timide ! Comment une femme aussi belle pouvait-elle l'être ? Peut-être ferait-elle mieux de parler musique.

— J'ai lu quelque part, un jour, que le quatuor de Debussy qu'ils vont jouer ce soir est le seul qu'il ait jamais composé, lança-t-elle en français. C'est censé être très… (elle chercha ses mots) peu classique.

Que je m'exprime mal, songea-t-elle.

— Oui, répliqua Natalya avec un sourire gracieux qui lui apporta un soulagement apprécié. On dit qu'il a été très influencé par Nadejda von Meck.

Louise ne put cacher sa perplexité.

— La mécène de Tchaïkovski, précisa Natalya.

— Tchaïkovski, j'adore ! s'extasia Louise avant de marquer une pause. J'ai été un des soldats de plomb de *Casse-Noisette* quand j'avais huit ans.

Elle leva les yeux au ciel en signe d'autodérision.

Natalya sourit, sans rien dire, mais Louise sentit qu'elle se retenait.

— Quoi donc ? Allez-y.

Natalya rougit.

— Moi, j'étais la fée Dragée.

Elles rirent de concert. La glace était brisée.

Mercredi 8 janvier 1947

Rues d'Helsinki

Le concert prit fin à vingt et une heures trente. Comme il était encore tôt, Louise proposa de marcher tous ensemble jusque chez eux. Elle eut un bref instant de nervosité quand Natalya parla en russe à Mikhail, sur un ton indiquant qu'elle hésitait. Bien sûr, les enfants, songea-t-elle. Dans son for intérieur, elle poussa un soupir de soulagement lorsqu'il devint évident que Mikhail et Natalya allaient se joindre à eux. Car c'était justement ce qui l'avait poussée à les inviter au concert.

La nuit était froide, claire et vivifiante.

— Le quatuor de la Libération était excellent, commenta-t-elle.

— J'aime les quatuors à cordes, approuva Natalya. Ils sont très épurés, comme la bonne poésie. De toute manière, ça me dépasserait de suivre plus de quatre parties.

— Vous arrivez à suivre les quatre parties ?

Natalya fit timidement « oui » de la tête, puis baissa les yeux sans rien dire.

Arnie et Mikhail marchaient loin devant elles.

Natalya montra le dos des deux hommes d'un signe de tête. Louise comprit tout de suite.

— C'est peut-être parce qu'ils ont les jambes plus longues, déclara-t-elle.

— C'est parce que, quand ils se mettent à parler de l'armée, ils oublient qu'on est là.

Louise éclata de rire.

— Nous avons pas mal de points communs, vous et moi.

Elles marchèrent un peu en silence.

— Vous avez remarqué l'élégance des Françaises ce soir ? demanda alors Louise, un peu hésitante. Pour un simple concert !

— Oui, je l'ai remarqué.

— Quand je suis en présence de Françaises, comme ce soir, je me sens, je ne sais pas… mal fagotée.

— Inélégante, renchérit Natalya.

— Gauche.

— Quand même pas !

— Qu'est-ce qu'elles ont de si particulier ? demanda Louise.

— Elles sont nées ainsi, répondit Natalya avec mélancolie. Les aristocrates russes étaient comme ça.

Puis, ses paupières tressaillirent, presque imperceptiblement, mais Louise nota ce mouvement. Natalya changea abruptement de ton et dit, un peu plus fort :

— Bien sûr, ça, c'était avant la révolution. Des gens égoïstes, ignares et complaisants.

— Je n'en sais rien, Natalya. Enfin, songez à tous vos grands auteurs et musiciens ! La plupart étaient des aristocrates.

— C'est que personne d'autre n'avait de temps ni d'argent. C'est pour ça que ces Françaises ont tant d'allure. Elles peuvent se permettre d'acheter de la qualité, décréta-t-elle en baissant les yeux sur sa propre robe. En tout. En laine, en coton, en soie.

— En plus de quoi, elles voyagent toutes avec leurs tailleurs personnels, renchérit Louise.

Natalya ricana, sur le point de riposter, mais se retint manifestement.

— Quoi ? demanda Louise. Allez ! Dites-le.

— C'est une vieille devise. Une Française a une petite penderie remplie d'habits chers. Une Américaine a une grande penderie remplie d'habits bon marché. Et une Russe, une petite penderie à moitié pleine d'habits bon marché.

Louise éclata de rire, étonnée de constater à quel point cette femme lui plaisait. Elle s'était attendue à ne pas aimer les communistes. Elle n'avait pas pensé qu'ils pourraient être comme Natalya.

— Je ne pensais pas que les communistes avaient le sens de l'humour.

Dès que ces mots lui eurent échappé, elle les regretta. Une ombre passa sur le visage de Natalya.

— C'est peut-être vrai, mais les Russes, eux, en ont bien un.

— Évidemment. Je ne voulais pas…

Comment me sortir de ce mauvais pas ?

— Je voulais dire que vous aviez entièrement raison pour les habits, reprit Louise. Quand j'étais petite, ma mère cousait nos vêtements. Aujourd'hui, on croirait qu'ils sortent tous de l'usine.

— Oui, confirma Natalya. Votre pays en est encore à la phase capitaliste.

Louise se sentit un peu offensée.

— Qu'entendez-vous par là ?

— Je vous en prie, ne le prenez pas mal ! Ce n'est la faute de personne. Simplement, le monde se développe par à-coups. Je voulais seulement dire que, si l'Amérique s'était déjà débarrassée de son joug capitaliste, il n'y aurait plus de tension entre nous. Entre nos pays, je veux dire.

— Je n'ai pas l'impression d'être sous un quelconque joug capitaliste.

— C'est que vous êtes issue de la classe capitaliste.

— Mais mon père gérait une scierie !

Louise cessa de marcher. Cet échange ne se passait pas comme elle l'avait espéré. Natalya s'arrêta à son tour, le souffle suspendu en un nuage glacé devant son visage.

— Tout ce que je veux, c'est qu'on soit amies, dit Louise.

— C'est mon tempérament russe, reconnut Natalya. Ce n'est pas parce que les relations sont tendues entre nos deux pays qu'elles doivent l'être entre nous deux.

Elle regarda le long de la rue sombre, vers Mikhail et Arnie qui se penchaient l'un vers l'autre pour s'entendre, recroquevillés contre le froid.

— Il se peut que nos pays entrent en guerre dans un proche avenir, dit doucement Natalya. Et que bientôt, ces deux-là doivent s'entretuer.

Louise constata que Mikhail et Arnie s'étaient arrêtés au coin d'une rue sous une faible lumière. Arnie avait mis sa main en visière pour essayer de mieux voir dans l'obscurité. Une fois qu'il fut sûr d'avoir attiré leur attention, il montra le bout d'une ruelle.

— Je dois vous faire un aveu, reprit Louise alors qu'elle et Natalya rejoignaient Arnie et Mikhail. J'ai demandé à Arnie de suivre un chemin particulier pour rentrer chez nous. Je voulais que ça paraisse accidentel.

Natalya lui décocha un regard perplexe.

— J'ai besoin d'aide. Plus précisément, je veux de l'aide. Il y a un orphelinat au bout de cette rue. Il est géré par la cousine d'Arnie.

Natalya se raidit insensiblement.

— J'ai connu trop d'orphelinats.

Elle se tut.

— Un de trop, précisa-t-elle.

— Vous êtes orpheline ? Je suis navrée. À cause de la Première Guerre mondiale ?

— Non. Mes parents ont été... Ils sont morts, acheva-t-elle.

— Oh, Natalya ! Je ne voulais pas raviver des mauvais souvenirs.

Le visage de Natalya avait repris son masque habituel. Au bout d'un moment, elle haussa les épaules.

— Vous ne pouviez pas le savoir.

— Non. C'est peut-être une raison de plus pour voir celui-ci.

— Ce sont tous les mêmes, déclara Natalya avant de regarder Louise avec méfiance. Et puis, qu'est-ce que ça peut vous faire ?

Il y a toujours des instants dans une nouvelle amitié où il faut décider jusqu'où se confier. On craint qu'en en révélant trop, cela ne mette fin à une relation naissante. En réalité, ne pas révéler ce qui importe garantit que cette relation reste superficielle.

Louise se jeta à l'eau.

— Je suppose que c'est parce que ça fait des années qu'on essaie d'avoir des enfants et que…

Elle ignorait encore jusqu'où aller.

— Bon, ça n'a pas marché.

Elle détourna le regard.

— C'est simplement que, j'imagine, côtoyer des enfants est… Je ne sais pas.

— Réconfortant ? suggéra Natalya.

Louise eut un léger haussement d'épaules, mais ne répondit pas.

— Encourageant.

Louise hocha la tête.

— Très bien, dit Natalya. Allons-y.

Les deux femmes marchèrent côte à côte sur un ou deux pâtés de maisons, sans rien dire. Louise se sentait des affinités avec cette nouvelle amie et, curieusement, savait qu'il en allait de même pour Natalya.

— Les enfants d'ici ont vraiment besoin d'aide, lança-t-elle enfin.

— Mais nous, qu'est-ce qu'on peut faire ?

« Nous », avait-elle dit. Louise alla droit au but.

— Je ne sais pas. Pas encore. Tout ce que je sais, c'est que je veux aider. Je ne suis pas certaine qu'Arnie ait envie que je le fasse. Je ne sais même pas si c'est autorisé aux femmes de diplomates. Mais je pense que si nous nous unissions vous et moi, ensemble, en une sorte de projet commun, cela ferait très diplomatique.

Natalya eut un petit rire.

— Des camarades. Bras dessus bras dessous, dit-elle d'un ton sarcastique.

— Hamilton est le patron d'Arnie. Enfin, pas son patron dans l'armée. Bref, ce serait beaucoup plus facile d'obtenir une autorisation si vous y participiez.

Elle dévisagea l'autre femme pour voir comment elle le prenait.

— Natalya, nous pourrions tellement leur apporter, à ces orphelins. J'en suis sûre.

Le regard de Natalya sembla s'adoucir.

— Encore un aveu. J'ai déjà dit à la cousine d'Arnie que nous passerions demain après-midi. J'étais tellement sûre que vous voudriez aider une fois que vous auriez vu l'orphelinat ce soir.

— Vous avez d'autres confessions à me faire ?

— Eh bien, j'aurai plus croustillant à vous avouer si vous venez demain.

— Je ne sais pas si ça plaira à votre mari.

Le ton était à présent plus léger.

— Non, pas croustillant à ce point.

Mikhail et Arnie longeaient la rue conduisant à l'orphelinat. Natalya décocha un regard à Louise avant de les suivre, la laissant seule, mais pleine d'espoir.

Ils hésitèrent tous les quatre devant le portail en fer forgé à hauteur d'homme. Il n'était pas verrouillé, Arnie le poussa. Les autres le suivirent à l'intérieur. Le grand édifice en pierre se dressait, sombre et silencieux, au milieu du terrain de jeux muet. Louise vit Natalya se rapprocher de Mikhail. Ils restèrent cloués là, à contempler sans rien dire le bâtiment plongé dans l'ombre. Elle lui chuchota à l'oreille, il enroula un bras autour d'elle et lui embrassa les cheveux.

Au bout d'une trentaine de secondes, Natalya se retourna vers Louise.

— Ça fait remonter des souvenirs. Pas tous bons.

Louise hocha la tête et attendit en lui laissant un peu de temps.

— Peut-être qu'on pourrait aider ces enfants à avoir moins de mauvais souvenirs, dit-elle enfin.

Le visage de Natalya était crispé.

— Oui. Moins de mauvais souvenirs.

Louise fut décontenancée de voir des larmes se former. Elle hésita.

— Vous voulez me raconter ?

Natalya fit signe que non. Louise patienta.

— C'était… avec tellement d'autres enfants qu'on aurait pu croire… J'étais plutôt solitaire.

— Solitaire ? Mais pourquoi ?

— Mes origines. C'est dur à expliquer. Ma mère et mon père étaient… indésirables.

— Indésirables, répéta Louise d'un ton monocorde.

— *Dah.*

Louise comprit qu'elles étaient face à un nouveau tournant. Elle chercha le moyen d'exprimer ce qu'elle voulait dire sans paraître ni larmoyante ni présomptueuse. Elle lui montra Mikhail et Arnie, toujours en pleine conversation.

— J'ai dit à la cousine d'Arnie que nous passerions demain après le travail, répéta-t-elle. S'il vous plaît, venez. Rien qu'une demi-heure. Je vous y retrouverai. J'ai eu l'idée d'un projet commun d'orphelinat américano-soviétique. Ça ferait une bonne publicité pour notre département d'État et tout homme politique qui le soutiendrait. J'imagine qu'il en irait de même de votre côté.

Elle s'en tint là, dans l'espoir d'avoir rendu ce projet assez alléchant pour que Natalya en étudie au moins l'idée.

Celle-ci s'adressa en russe à Mikhail, qui lui répondit avec calme et sérieux. Elle se retourna vers Louise.

— *Dah.* D'accord. Une demi-heure après le travail.

Jeudi 9 janvier 1947

Orphelinat et appartements

Le lendemain, Louise patientait devant le portail de l'orphelinat dans le crépuscule de fin d'après-midi. L'obscurité avait beau cacher le ciel couvert, elle sentait sa présence malgré tout : c'était comme marcher sous un plafond bas. Lorsqu'elle vit s'approcher Natalya avec son port et ses mouvements de danseuse, elle redressa délibérément les épaules et rentra le menton. Elle ne savait toujours pas comment la saluer, mais Natalya résolut le problème en avançant vivement les joues à droite et à gauche pour mimer une bise rapide.

— Je n'ai qu'une demi-heure, la prévint-elle. Mes enfants.

— Bien sûr. Cela suffira.

Louise l'entraîna vers la porte principale ouvragée de la vieille bâtisse et fit retentir la cloche en cuivre attachée au-dessus à l'aide d'une ficelle en cuir suspendue à un battant. Moins d'une minute plus tard, Kaarina Varila les regardait par une petite ouverture. Une lueur vacillante, provenant sans doute d'une lampe ou d'une bougie, éclaira le visage de Louise, et Kaarina se fendit d'un sourire chaleureux en la reconnaissant.

Une fois qu'elles furent entrées, Louise, dans son finnois hésitant, présenta Natalya.

Le sourire se figea.

— *Hivää iltaa*, dit Kaarina.

Un « bonsoir » très soutenu – et froid. Natalya répondit sur le même ton. Il y eut un silence gêné.

Kaarina se tourna vers Louise.

— J'imagine qu'elle ne parle que russe, comme tous les autres.

Louise se força à sourire. Elle ne s'était pas attendue à cette réaction de la part de Kaarina. Ce n'était quand même pas comme si Natalya avait bombardé la Finlande.

— Elle lit, je crois, suffisamment bien le finnois pour son travail à la légation soviétique, mais ne le parle pas. Sauf que… qui en est vraiment capable ? ajouta-t-elle, en une tentative de plaisanterie.

Kaarina ne réagit pas.

— Elle parle français, reprit Louise. Très bien. Nous le parlons ensemble.

Natalya avait repris le visage de marbre propre aux Russes.

Louise se mit à parler précipitamment pour réduire la tension d'une manière ou d'une autre, pour combler le vide de paroles.

— Nous sommes venues proposer notre aide toutes les deux. Nous voulions seulement passer faire une visite. Voir si nous pouvions faire quelque chose.

Kaarina ne disait toujours rien.

Cela irrita Louise, comme si Kaarina faisait peu de cas de leur proposition. Et puis… elle se montrait injuste envers Natalya.

— Elle aussi n'est venue que pour aider, reprit-elle, sans cacher son agacement. Les enfants ne feraient pas la différence entre une Russe et une… une Martienne.

Elle marqua une pause.

— Elle aussi a grandi dans un orphelinat.

Kaarina se radoucit un peu.

— Même les meilleurs orphelinats sont des mauvaises expériences. C'était pendant la Première Guerre ?

— Non. Elle m'a dit que non. D'après elle, ses parents étaient indésirables aux yeux de l'État.

Kaarina reporta son regard sur Natalya.

— Bon, elle n'est peut-être pas si mauvaise que ça, alors.

Louise dévisagea un instant Kaarina pour s'assurer qu'elle était dans de meilleures dispositions, avant de se retourner vers Natalya et de lui dire en français :

— Elle m'a demandé si nous voulions visiter l'orphelinat.

— Que c'est gentil ! lui renvoya son amie avec tout juste un soupçon de sarcasme. On ne peut pas dire que l'accueil soit chaleureux.

Louise ne s'y attarda pas, car Kaarina pénétrait déjà dans une grande pièce qui avait dû servir de petite salle de bal des décennies plus tôt. C'était la pagaille, des enfants couraient, des filles sautaient à la corde, deux garçons flanquaient des coups de pied dans un petit coussin enroulé serré avec une ficelle et qui leur tenait lieu de ballon de foot.

— On dirait que vous pourriez avoir besoin d'aide pour superviser les jeux, dit Louise en souriant.

— C'est vrai, répondit Kaarina. Nous avons aussi besoin d'aide pour faire la vaisselle, la lessive, nettoyer les sols, récurer les toilettes. (Elle regarda Louise.) J'imagine qu'aucune de vous deux ne serait intéressée.

— Tout ce qu'il faudra. Vraiment.

Kaarina les étudia l'une et l'autre, en se demandant probablement si Louise était sincère.

— Ce dont nous avons vraiment besoin, reprit-elle, c'est d'aide pour obtenir des habits et de la bonne nourriture. Ce qui nécessite de l'argent.

— C'est justement ce en quoi j'espérais que nous pourrions vous aider, déclara Louise. C'est pour ça que j'ai fait intervenir Natalya, ajouta-t-elle en se tournant vers l'intéressée pour l'inclure dans la conversation. Avec un projet commun américano-soviétique, il y a des chances que la légation nous trouve de l'argent.

— Tu parles ! dit Kaarina.

— Si, vraiment ! Je me suis entretenue avec M. Hamilton, le chef de poste.

Natalya regardait Louise pour qu'elle lui traduise.

— On parle du genre d'aide qu'on pourrait apporter, lui expliqua Louise en français.

— J'ai cru entendre le mot *« money »*, lui renvoya Natalya en usant du mot anglais.

— En effet. Je pense que nous pouvons apporter notre aide.

Elle haussa les épaules.

Toutes deux suivirent Kaarina dans une grande pièce mal éclairée. Celle-ci était remplie de quatre rangées d'une quinzaine de lits de camp chacune, tous sobres, simples, actuellement vides, faits avec plus ou moins de réussite, manifestement par les enfants eux-mêmes. Quatre ou cinq d'entre eux avaient un animal en peluche loqueteux posé sur l'oreiller. Il y avait une poupée sur un autre, soigneusement couchée sous une couverture minuscule faite au crochet.

— Ici, c'est le dortoir des filles, reprit Kaarina en anglais.

Louise traduisit. Natalya hocha la tête en s'humectant pensivement la lèvre inférieure. Elle posa brièvement la main sur la petite couverture, avant de l'écarter vivement. Elle essayait de sourire ; sa bouche tremblait. Louise tendit le bras pour la toucher, mais c'était comme si elle n'était pas là. Natalya s'était retirée dans un monde intérieur.

Kaarina se racla la gorge, elle souhaitait avancer, et Louise la suivit. Elle se retourna pour regarder Natalya, qui semblait revenir au présent, prendre conscience que Louise et Kaarina l'attendaient. Elle les rejoignit, et elles entrèrent toutes les trois dans une autre grande pièce.

— C'est ici que dorment les garçons, déclara Kaarina.

Cette chambre était encore plus simple et dépouillée que celle des filles. Les lits étaient faits, mais manifestement selon de tout autres critères et niveaux de réussite. Il n'y avait ni jouets ni animaux en peluche. Un petit garçon solitaire reposait sur un des lits, les yeux rivés au plafond. Il ne répondit pas à Louise quand celle-ci voulut établir le contact.

Les deux jeunes femmes échangèrent un regard ; celui de Louise était interrogateur et plein d'espoir, celui de Natalya inexpressif. Son visage n'était qu'un masque.

Kaarina les guida le long d'un autre couloir, Louise à côté d'elle, Natalya traînant derrière.

— Votre *camarade* russe n'a pas l'air ravie d'être ici, dit Kaarina à Louise dans un quasi-murmure.

Elles regardèrent derrière elles pour voir ce que faisait Natalya. Elle s'était retournée et, immobile, serrait les bras sur sa poitrine en contemplant le dortoir des filles.

Natalya prit le chemin le plus long pour rentrer, et fuma trois cigarettes pour se calmer. Dès qu'elle fut chez elle, elle s'en alluma une autre et entreprit de préparer le dîner. Fanya, une jeune fille un peu grassouillette d'environ dix-huit ans avec des cheveux foncés enroulés sur le sommet de son crâne et des mèches lui tombant sur les épaules, l'aida à donner à manger aux enfants, une cigarette aux lèvres dont la fumée lui faisait plisser les yeux. La routine du repas des enfants calma lentement Natalya, qui en elle nourrissait la fillette affamée qu'elle avait jadis été.

Mikhail rentra vers dix-neuf heures et se roula par terre avec les enfants en riant et en les laissant lui grimper dessus. Natalya les regarda en se disant qu'elle les aimait tous, et se rappela son propre père.

Elle rompit le charme pour appeler Mikhail à table pour leur propre dîner. Le temps qu'ils mangent tous les deux, Fanya prépara les enfants pour la nuit. Alors, Natalya finit de les mettre au lit, et leur lut des histoires jusqu'à ce qu'ils s'endorment. Elle revint faire la vaisselle pendant que Mikhail travaillait à la table de la cuisine, son activité habituelle du soir.

Natalya regagna le petit séjour, où elle trouva Fanya assise sur le canapé, plongée dans le *Helsingin Sanomat*.

— J'ignorais que tu lisais le finnois, dit-elle.

Elle était à peu près sûre que ce n'était pas le cas. Elle devina que la jeune fille contemplait les photographies des dernières modes de New York, Londres et Paris dans la rubrique féminine.

Elle savait que le Parti aurait condamné la haute couture, qu'il jugeait décadente. Elle savait qu'elle aurait dû faire de même, mais elle ne pouvait s'y résoudre. Elle rit dans sa barbe en songeant à cette attirance pour les beaux habits, se disant que ça ne changeait au fond pas grand-chose, vu qu'il était de toute manière impossible de se procurer le moindre article de haute couture – ni même seulement une robe de fabrication étrangère – en Russie. En plus de quoi, évidemment, tous ces vêtements étaient ridiculement hors de portée pour toutes les femmes ou presque, même dans les pays capitalistes. La mode servait à empêcher les travailleuses de reconnaître leur propre servitude en les nourrissant de rêves de l'impossible plausible. Tss. Et Marx qui clamait que l'opium des peuples, c'était la religion ! Cela dit, songea-t-elle, en quoi cela différait-il de n'importe quelle autre forme de divertissement – ou de beauté ? La musique et les pièces de théâtre étaient-elles des formes de décadence ? Elle chassa de son esprit l'attrait des beaux habits. C'était une envie idiote, irréelle et catégoriquement antirévolutionnaire.

Environ une demi-heure plus tard, Fanya se rendit dans sa chambre. Natalya prit sa place et ouvrit la rubrique mode à son tour. Elle toucha l'une des photographies, comme pour essayer de palper la texture de la robe.

Mikhail s'approcha derrière le divan, regarda par-dessus l'épaule de sa femme et enroula délicatement une mèche de ses cheveux autour de son index.

— Dommage que je ne sois pas l'attaché à Paris, Natashenka, dit-il doucement.

— Ou à Londres, renchérit-elle en lui prenant la main sans le regarder pour l'attirer vers sa bouche et y déposer un baiser.

Il lui embrassa l'oreille.

Elle jeta un coup d'œil à la porte de Fanya. Frotta sa joue contre la main de son mari.

— Être un héros de l'Union soviétique serait loin de suffire, chuchota-t-elle.

— Il faudrait que je lèche tellement de culs que tu devrais me nettoyer le visage au burin, lui renvoya-t-il dans un murmure.

Elle lui repoussa la main en lui décochant un sourire espiègle, avant de parler tout haut.

— Ne serait-il pas merveilleux de pouvoir aider notre Mère Russie et le Parti dans l'une des plus grandes ambassades au cœur d'un pays ennemi ?

— Peut-être un jour, renchérit Mikhail à voix haute. Si nous faisons du bon travail ici.

Natalya regarda vers la porte de leur propre chambre à coucher. Et lui frôla les lèvres avec l'index.

— Je tombe de sommeil, reprit-elle. À force de côtoyer cette femme futile après le travail dans le seul but de te permettre de te rapprocher de son mari… Qu'est-ce que je ne ferais pas pour que tu ailles à Paris !

Tout en parlant, elle l'entraînait des deux mains vers la chambre.

Une fois à l'intérieur, Mikhail referma la porte et ils se mirent à se déshabiller, elle, lentement et posément, lui, un peu plus précipitamment. Elle se déchaussa sans les mains et déboutonna sa robe, qu'elle laissa s'affaisser à ses pieds, révélant la combinaison de soie que Mikhail avait volée pour elle dans une demeure allemande fortunée. Immobile, il la regardait faire. Parmi les nombreuses qualités qu'elle aimait chez son mari, il y avait le fait qu'il n'éprouvait pas la moindre honte à être en érection.

Lorsqu'ils eurent fini, elle blottit la joue contre son torse.

— Alors, de quoi vous avez parlé avec Mme Koski ? lui souffla-t-il à l'oreille.

Sans répondre, Natalya tourna les yeux vers le plafond, inondée d'images de son vieil orphelinat. Ces longues nuits effrayantes où elle essayait encore de croire que, sans trop savoir comment, sans trop savoir où, un de ses parents, ou les deux, avait survécu. La méchanceté de bon nombre des autres filles. Les couloirs austères de l'institution. Les lits gelés. Le froid. La nourriture à peine convenable. L'injustice. La solitude.

— Je t'ai déjà raconté ce qu'elle m'a dit le premier soir où on a vu l'orphelinat, chuchota-t-elle. Ne serait-ce que pour fabriquer de nouveaux souvenirs.

— C'est ce que tu as envie de faire ? Aider à l'orphelinat ? Je sais que ça ne doit pas être facile pour toi.

Elle tourna la tête et lui murmura, à quelques centimètres à peine du visage :

— Oh, Misha ! Si je pouvais fabriquer de meilleurs souvenirs rien que pour un seul de ces petits. Rien qu'un seul.

Mikhail la laissa se blottir contre son torse et lui caressa doucement les cheveux. Elle savait qu'il ne pouvait réellement s'imaginer ce qu'elle avait vécu à l'orphelinat. Comment l'aurait-il pu ? Son enfance, à lui, n'avait ressemblé en rien à la sienne. Les deux parents de Mikhail avaient travaillé pour l'usine de locomotives Kharkiv, qui construisait des tracteurs et des chars d'assaut. Ils appartenaient à une classe ouvrière catégoriquement industrielle au sein d'un ministère favorisé. C'est ce qui avait permis à Mikhail de quitter l'Ukraine et d'entrer à l'école militaire de Moscou, première étape pour devenir officier dans l'armée.

— Du coup, tu vas les aider ? insista-t-il.

Comme si souvent, un élancement de peur – ou de culpabilité – jaillit d'une part primitive en elle. C'était une simple question, mais y serait-elle autorisée ? Et si c'était vu comme de la fraternisation ? Si elle disait ce qu'il ne fallait pas ? Mikhail la dénoncerait-il ? Elle chassa cette idée, comme elle l'avait déjà fait de multiples fois. Elle savait que ces peurs étaient irrationnelles, surtout en ce qui concernait son mari. Mais ces réactions se déclenchaient d'elles-mêmes, comme la salive du chien de Pavlov. Elle avait été conditionnée, et ne pouvait s'en empêcher. Tout ce qu'elle pouvait faire, c'était vivre avec et tenter de faire en sorte que cela ne lui gâche pas la vie. Elle savait que Mikhail l'aimait, ne la trahirait jamais, mais alors… Alors, il lui revint une nouvelle idée noire, et une fois encore, elle dut inspirer un grand coup pour l'empêcher de monter. Son père avait aimé sa mère et, une nuit, il avait disparu. Et puis, deux semaines plus tard, ils étaient venus la chercher. Sa mère avait-elle dénoncé son père au NKVD ? L'avait-il trahie sous la torture ? Au fond, ça ne changeait rien. Si ses parents avaient vécu aussi longtemps, c'était uniquement parce que son père s'était battu pour les bolcheviks pendant la guerre civile. Leurs origines aristocratiques avaient fini par les condamner, quelles que fussent leurs opinions politiques. Elle s'arma de courage pour parler franchement à son mari. En Union soviétique, toute confidence faite à un être aimé était un acte de courage politique.

— Mme Koski, Louise, veut que je l'aide à lever des fonds pour l'orphelinat, dit-elle en parvenant enfin à chasser ses idées noires. Une sorte d'effort commun américano-soviétique.

— Hmm. Ça plairait beaucoup à Sokolov. Ça te rapprocherait de la femme de Koski, ce qui l'aiderait à identifier les penchants des donateurs importants.

— Je ne veux pas travailler pour Oleg Sokolov, protesta-t-elle avec un léger frisson. Le NKVD me flanque la trouille.

— Le MGB, la corrigea-t-il. C'est toute une réorganisation d'après-guerre.

— Ce sont les mêmes horreurs, murmura-t-elle. Non, je ne veux pas travailler pour Sokolov.

— Tout le monde travaille pour un Sokolov ou un autre.

— Les regards qu'il me lance… Tu sais… Ça me donne froid dans le dos.

— Tout le monde te regarde.

— Je sais, dit-elle comme si elle ne faisait que constater le temps qu'il fait. Mais pas comme ça. Comme un chien affamé qui cherche son steak. Et le steak, c'est moi.

Tous deux se turent.

Blottie contre les jambes et le dos chauds de Mikhail, elle se rappela la nuit où son mari lui avait parlé en chuchotant des purges de Staline au début de sa carrière et du fait qu'il y avait survécu en gardant, comme il disait, « profil bas ». Cette tactique lui avait valu d'obtenir le commandement d'un bataillon. Et puis, il y avait eu les actes de bravoure du héros de l'Union soviétique qui avaient failli le faire tuer. C'est ce qui lui avait permis de décrocher son poste de chef de la division du renseignement, qui l'avait alors mené au poste privilégié qu'il détenait actuellement – en plus de bénéficier de transport gratuit en bus, et de quarante-cinq mètres carrés supplémentaires de logement à un loyer réduit à condition qu'ils restent en Russie, songea-t-elle railleusement. Six années d'enfer pour quarante-cinq mètres carrés supplémentaires de paradis communiste.

Mikhail lui avait parlé des centaines de milliers de meurtres à la fin des années trente que le gouvernement gardait secrets. Impossible de les cacher à l'armée, car il y avait des nouveaux cantonnements vides quasiment chaque matin. Tous les officiers russes qui avaient survécu savaient pertinemment combien ne s'en étaient pas tirés. Aucun des soldats, y compris Mikhail, n'en aurait pipé mot en public. En privé, par contre, il en parlait. Elle aurait presque préféré qu'il ne le fasse pas. Ce n'était qu'un secret de plus à taire ou à cacher par un mensonge, un poids de plus à ajouter au fardeau consistant à devoir surveiller chacune de ses pensées, de peur qu'ils ne soient tous les deux vus comme des contre-révolutionnaires ou des ennemis du Peuple.

En public, même au dîner, elle ne savait jamais si Mikhail disait la vérité ou pas jusqu'à ce qu'elle se retrouve seule avec lui. Elle se contentait de sourire et de se taire. Il n'y avait que la nuit, il n'y avait que dans leur lit, pas même dans leur chambre, lorsqu'ils se chuchotaient à l'oreille, qu'ils pouvaient se dire la vérité. Et même alors, même en sachant qu'il voulait la protéger, elle ne pouvait pas en être sûre.

Et puis, au fond, quel intérêt y avait-il à savoir la vérité ? Qu'est-ce que ça pouvait leur apporter, à elle ou à sa famille, d'apprendre de Mikhail que Staline avait exécuté des dizaines de milliers d'innocents et envoyé plusieurs millions de plus s'affamer et mourir au goulag ? Quel intérêt y avait-il à entendre Mikhail chuchoter un nom comme « Beria » ? Beria, qui se plaisait à déployer une ingéniosité épouvantable pour infliger des souffrances. Beria, qui sélectionnait les plus jolies filles. Natalya en avait connu deux – l'une avait survécu, l'autre non. De telles vérités, elle n'avait pas envie de les connaître – et, de toute manière, en quoi cela l'aurait-il aidée, ici et maintenant ?

Revenant au présent, elle chuchota à l'oreille de Mikhail :

— Louise m'a invitée à prendre le thé avec elle demain après-midi.

— À toi de voir, bien sûr, lui répondit Mikhail en se tortillant pour lui faire face. Mais, sérieusement, réfléchis à travailler avec elle. Tu veux aider les orphelins. Et ça nous mettrait en valeur. Peut-être même que ça nous aiderait à aller à Paris.

Elle serra le poing et lui frappa doucement l'épaule.

— Je n'ai pas envie de l'espionner.

Elle se tut un instant.

— Je l'aime bien, Misha, mais nos pays sont en train de devenir ennemis.

Il prit le paquet de Camel posé sur la table de chevet. Il avait sorti ses Balomorkanal le soir où ils avaient visité l'orphelinat tous ensemble, et Arnie Koski avait froncé le nez avant de lui proposer une des siennes. Voyant à quel point elle lui plaisait, Arnie lui avait alors donné le reste du paquet, tout en lui rappelant sur le ton de la plaisanterie avoir vu des soldats de Mikhail sur les rives de l'Enns avec deux de ces cigarettes dans la bouche. Un bon souvenir. Il y en avait quelques-uns. Il s'alluma une Camel et rejeta prudemment la fumée dans l'obscurité, en savourant le goût plus léger. Lui et Natalya avaient convenu de ne les fumer qu'après l'amour. Ils laissaient les Balomorkanal dans le séjour, car ils se fichaient que Fanya en pique quelques-unes.

— Je suis aussi triste que toi, dit-il. Je les apprécie tous les deux.

Il souffla un rond de fumée, mais ne put voir dans le noir s'il était réussi.

— Et tu as raison. Nos pays sont en train de devenir ennemis. La limpidité de la Grande Guerre patriotique me manque.

— À moi, elle ne me manque pas.

— Non, j'imagine que non, lui concéda-t-il en formant un autre rond de fumée. Nous autres soldats, au moins, défendions ceux que nous aimions contre des ennemis que nous connaissions.

— Nous défendre contre qui ? D'autres soldats qui eux aussi défendaient ceux qu'ils aimaient contre des soldats comme toi ?

— Tu essaies de montrer l'absurdité de la guerre avec un vieil argument, lui renvoya-t-il. Mais je suis d'accord.

Si tout le monde était animé par les mêmes intentions que les soldats qui se battent réellement, c'est vrai que la guerre serait absurde. Mais tu confonds les motivations des soldats avec celles des hommes politiques.

Il respira lentement, retint la fumée, puis la recracha.

— Peut-être que maintenant que la guerre est finie, je devrais quitter l'armée.

— Misha, tu aimes l'armée ! Et tu aimes ton pays.

— Malheureusement, ce n'est pas à mon pays que l'armée rend compte, répliqua Mikhail. Elle sert l'Union des républiques socialistes soviétiques, et elle rend compte à Staline.

— Et Arnie Koski rend compte à Harry Truman. Où est la différence ?

— Eh bien, je suppose que Truman, lui, en réfère aux capitalistes qui ont payé ses élections.

Elle pouffa.

— Au moins le camarade Staline est-il, lui, son propre maître.

Il rit et l'embrassa tendrement.

— Tes blagues sur Staline pourraient nous envoyer en Sibérie tous les deux, murmura-t-il.

Il écrasa sa cigarette et roula sur le flanc pour s'asseoir à califourchon sur elle, serrant la taille étroite de sa femme entre ses genoux. Très lentement, Natalya se mit à lui caresser les hanches.

— Tu crois que le colonel et Mme Koski ont ce genre de discussion ? chuchota-t-elle.

— Probablement, répondit-il, avant de se pencher vers son oreille. Sauf qu'eux n'ont sûrement pas à chuchoter.

Elle attira sa tête vers elle et l'embrassa. Et s'ouvrit de nouveau à lui.

Louise et Arnie ne parlaient pas, ils essayaient de faire un enfant. Lorsqu'ils eurent fini, Louise posa les jambes sur la tête de lit. Assis à côté d'elle, Arnie baissa les yeux sur le visage souriant de sa femme.

— Cette fois, c'est sûr, affirma-t-elle.

Il eut un sourire indulgent.

— Ce n'est pas grave, Petite Lulu. Ce n'est pas grave si on n'a jamais d'enfants.

— Pas grave pour toi peut-être.

Elle tortilla des hanches, comme si cela pouvait aider en quoi que ce soit.

— Alors, tu as réussi avec Natalya Bobrov ? lui demanda Arnie au bout d'un bref silence.

— Les femmes russes ajoutent un « a » à la fin de leur nom, fit-elle remarquer.

— Bobrov*a*. Alors, tu as avancé avec elle ?

— Je ne sais pas. Elle est forte en dissimulation.

— Chez les Russes, c'est une technique de survie.

— Mon idée, c'est de la convaincre de m'accompagner voir sa légation. On n'a qu'à prendre au pied de la lettre l'idée que les choses sont telles que nos gouvernements le disent : que nous sommes toujours alliés.

Elle rapprocha les fesses de la tête de lit.

— Parce qu'on est bien toujours alliés, hein ?

Elle sentait qu'Arnie était en colère. Il ne le montrait pas, mais cela n'échappait jamais à sa femme.

— Quoi ? demanda-t-elle.

— Officiellement, répondit-il. Officieusement…

Il s'assit au bord du lit, lui tournant le dos.

— Ne va pas voir Abramov, dit-il.

Elle baissa les jambes et s'approcha pour lui parler par-dessus son épaule.

— Ne t'inquiète pas. Je sais qu'on est en train de se brouiller avec les Russes mais, pour l'instant, c'est de la version officielle dont on a besoin, pas de l'officieuse. Mon plan, c'est que Natalya et moi aillions voir Abramov ensemble. Elle pourrait nous obtenir dix ou quinze minutes parce qu'elle travaille pour quelqu'un qui en réfère directement à lui.

— Je ne sais pas, dit-il au mur.

— Arnie. Quels sont les risques ? Songe aux enfants.

Il sembla digérer ses propos, peser le pour et le contre.

— Bon, c'est quoi l'idée ? lança-t-il.

— Je bois un café avec elle demain. Ou, au moins, un thé. Je veux qu'on aille demander toutes les deux à Abramov s'il accepterait de financer mon idée d'un projet caritatif commun américano-soviétique pour aider les orphelins finlandais.

— Bonne chance avec ça, lança Arnie avec sarcasme.

— Oh, ne sois pas si pessimiste. Ils aiment la publicité autant que n'importe qui. Et je compte bien user de mes charmes avec lui.

Il ne répondit pas.

Elle refusait de se laisser dissuader par son pessimisme finlandais naturel. Cela dit, elle n'aurait peut-être pas dû préciser qu'elle comptait user de ses charmes avec Abramov.

— Où retrouves-tu Natalya ? demanda alors Arnie. C'est important.

Donc, ce n'était pas Abramov qui l'inquiétait.

— J'ai suggéré un petit salon de thé qu'on aime bien, mais elle a insisté pour prendre le thé à la légation soviétique.

— Ce n'est pas une idiote.

— Non, certainement pas.

— Fais attention à elle. Ils vont lui demander de tout leur rapporter.

Cela la décontenança. Évidemment c'était possible. Mais non, quand même pas Natalya.

— Je ferai attention, Arnie. Détends-toi.

Vendredi 10 janvier 1947

Légation soviétique et appartement de Natalya

Louise avait beau être femme de militaire depuis des années, elle ne s'habituait toujours pas aux gardes armés. Plus précisément, ce n'étaient pas les gardes qui lui posaient problème, ceux-là étant généralement des adolescents ; c'étaient les armes. Il y a dans une arme chargée une violence latente qui lui faisait vaguement peur. Ce sentiment fut considérablement exacerbé lorsqu'elle présenta sa pièce d'identité à l'un des soldats qui se tenaient de part et d'autre de la porte principale de la légation soviétique. Ils étaient armés de ce que Louise appelait des mitrailleuses.

L'un d'eux disparut à l'intérieur. Il revint quelques minutes plus tard, Natalya sur les talons. Il y eut à nouveau une brève gêne au moment de se faire la bise, exercice auquel Louise fit mine d'être rompue, à la suite de quoi Natalya la guida dans une pièce lambrissée assez douillette où elles s'installèrent dans des gros fauteuils. Une Finlandaise plus âgée vêtue d'un uniforme de bonne leur servit du thé.

Elles commençaient tout juste à se détendre, à prendre plaisir l'une et l'autre à parler français, leur conversation passant des formalités aux civilités pour enfin porter sur le projet, quand une femme entra dans la pièce, un peu agitée. Elle se pencha pour murmurer à l'oreille de Natalya, qui se leva alors que la femme repartait.

— Je suis navrée, dit Natalya à Louise. Fanya, notre *nyanya*, est dehors avec Alina et Grisha. Alina a vomi.

Louise se leva à son tour pendant que Natalya rassemblait ses esprits.

— Je t'en prie, reprit cette dernière. Finis ton thé.

— Il n'en est pas question, lui renvoya Louise.

Natalya s'était déjà mise en mouvement. Louise s'empara de son manteau suspendu à côté de la porte, et suivit son amie au pas de course.

Dehors, dans la rue, une fillette très affligée d'environ trois ans, aux cheveux tellement blonds qu'ils en étaient presque blancs, pleurait, le devant de son manteau souillé. Les deux gardes avaient l'air troublé. Un petit garçon, lui aussi blondinet, fixait leurs armes. Grisha. Une jeune fille un peu grassouillette d'environ dix-huit ans, l'air au bout du rouleau, les tenait par la main. Vraisemblablement Fanya.

Natalya s'agenouilla devant Alina, lui essuya la bouche avec la main et la serra contre elle.

— Je suis vraiment désolée, dit-elle encore à Louise.

Fanya s'alluma une cigarette et recracha la fumée avec soulagement.

— Ce n'est pas grave, lui assura Louise. Je peux faire quelque chose ?

— Non. Je t'en prie, ne te donne pas cette peine. Ce n'est qu'un mal de ventre.

Alors que Natalya prononçait ces paroles, la petite Alina se plia en deux, prise d'un haut-le-cœur.

— Ce n'est pas qu'un mal de ventre, insista Louise. Je vais t'aider à les ramener chez toi.

Natalya la remercia du regard, et tout ce petit monde se dirigea vers son appartement. Juste avant d'entrer, Grisha vomit à son tour.

Natalya hésitait visiblement à lâcher Alina pour s'occuper du garçonnet. Fanya se tenait à côté, sa cigarette presque terminée. Louise intervint et prit Alina, permettant à Natalya de prendre soin de son fils.

Elles firent monter les enfants dans l'appartement.

— Vous avez un médecin ? demanda Louise.

Natalya haussa les épaules.

— Il y a une infirmière à la légation. Mais comment la joindre ? Pas de téléphone.

Elle tâta le front des deux enfants. Visiblement, il n'y avait pas beaucoup de fièvre.

Le petit Grisha vomit encore un coup. Et poussa un gémissement. Manifestement, ça faisait mal. Natalya entreprit de le déshabiller. Elle regarda Louise.

— Qu'est-ce qu'on peut faire ?

— Je sais, se contenta de répondre Louise en se dirigeant vers la porte. Je reviens tout de suite.

Elle venait tout juste de mettre les enfants au lit quand Louise revint, une petite bouteille à la main. Natalya la questionna du regard.

— Du sirop de Coca-Cola, annonça Louise. Ça calme les nausées. J'en avais apporté sur le bateau parce qu'il m'arrive d'avoir le mal de mer.

Natalya ne put retenir un sourire. Du Coca-Cola. Décidément, cette femme commençait à lui plaire.

Samedi 11 janvier 1947

Dîner chez les Bobrov

Le thé du vendredi avec Natalya dépassa les attentes de Louise. La jeune femme accepta d'essayer de décrocher un rendez-vous avec Abramov, le chef de la légation soviétique.

Le lendemain, Louise reçut un mot de Natalya lui disant que le rendez-vous était fixé au lundi 13 janvier, juste avant midi. Le mot était accompagné d'une invitation à dîner le soir même, rien qu'eux quatre, dans l'appartement de Natalya et Mikhail.

La nuit était tombée quand Louise et Arnie arrivèrent à l'immeuble en pierre de quatre étages où habitaient les Bobrov. Elle aurait aimé apporter des fleurs, voire des chocolats en guise de cadeau, mais n'avait trouvé ni l'un ni l'autre. Elle avait finalement opté pour une boîte de Nescafé, denrée courante chez les soldats américains pendant la guerre.

De l'autre côté de la grande porte à deux battants se trouvait un petit hall d'accueil. Louise fut étonnée de voir un concierge assis à un comptoir. Il n'y en avait pas dans les immeubles qu'elle avait visités. Elle avait déjà un peu jalousé Natalya quand celle-ci lui avait confié loger là gratuitement, à côté d'autres familles et membres de la légation. À présent, il semblait que la légation soviétique assurait même gratuitement la sécurité des familles. Dire que, de son côté, elle devait trouver un logement pour elle et Arnie avec quasiment aucune aide de la part de la légation américaine…

Le concierge, un homme sans humour vêtu d'un costume bleu bon marché, lui demanda poliment mais fermement de préciser dans le registre à qui elle rendait visite et pourquoi.

Mikhail les accueillit à la porte de leur appartement. À l'intérieur régnait une odeur de cigarette, plus forte et âcre que celle à laquelle Louise était accoutumée. Le séjour, qui était petit, donnait l'impression d'être surchauffé.

Natalya se tint juste derrière Mikhail, Grisha dans les bras, pendant que Mikhail aidait les Koski à retirer leurs lourds manteaux. Cachée derrière Natalya, Alina leur jetait des regards timides. Ses cheveux étaient coiffés en une longue natte, et Natalya avait attaché un nœud violet juste au-dessus de son oreille gauche.

Louise sentit son cœur fondre.

Elle remit à Natalya le café, qui sembla lui faire vraiment très plaisir, et s'agenouilla pour planter son regard dans celui d'Alina. Celle-ci jetait encore des coups d'œil furtifs de derrière Natalya, qu'elle avait suivie quand sa mère avait posé la boîte de Nescafé sur une table basse à côté de deux cigarettes partiellement fumées qui brûlaient encore dans un cendrier. Celles-ci avaient des petits tubes en carton semblables à des porte-cigarettes jetables fixés aux rouleaux de tabac. Les deux tubes avaient été aplatis, sûrement pour pouvoir tenir les cigarettes plus aisément.

— Tu te souviens de moi ? Louise questionna-t-elle la fillette en anglais. Tu vas mieux ?

Elle sentit derrière elle qu'Arnie se penchait pour se mettre plus ou moins à la hauteur de la petite. Alina les fixa, manifestement perdue.

— Elle va beaucoup mieux, répondit Natalya en français.

Elle se pencha et dit : « Alina », suivi de mots en russe. La fillette, vêtue d'une longue chemise de nuit, exécuta une révérence rapide, puis leva les yeux vers sa mère pour s'assurer qu'elle l'avait bien faite. Natalya se fendit d'un grand sourire.

— Et Grisha. Montre aux Koski comment tu tiens debout.

Elle posa Grisha sur ses deux pieds et il resta sans bouger, en chancelant légèrement.

Louise tapa dans ses mains.

— Oh, je peux le porter ? demanda-t-elle en français.

Natalya jeta un regard exagérément interrogateur à Grisha, qui parut un peu perplexe. Elle le prit dans ses bras et le tendit à Louise, qui dut se stabiliser sous le poids du garçonnet.

— Ouh là, quel petit costaud ! s'écria-t-elle.

Elle se retourna pour le montrer à Arnie, qui avait repris place à côté d'un Mikhail rayonnant de fierté.

Sentant une petite main lui toucher le genou, Louise baissa les yeux sur Alina, manifestement pas contente que son frère accapare toute son attention. Natalya s'adressa sèchement à elle en russe.

— Pardonne-moi, dit-elle à Louise. Nous sommes trop indulgents avec nos enfants. Ils nous voient si peu dans la journée, se justifia-t-elle.

Louise se baissa vers Alina, et s'aperçut qu'elle devait légèrement plier les jambes pour garder l'équilibre avec Grisha.

— Tu es gâtée ? lui demanda-t-elle en anglais.

Alina la regarda les yeux écarquillés, ne comprenant manifestement pas.

— Avec moi, tu le serais, décréta Louise. Pourrie gâtée.

Elle leva les yeux vers Natalya.

— Ils sont superbes, la complimenta-t-elle. Vous devez être très fiers.

Elle se retourna encore en faisant légèrement rebondir Grisha dans ses bras. Celui-ci contemplait son père, et tournait la tête vers lui quand Louise pivotait sur elle-même. Elle surprit Arnie en train de la regarder, le sourire aux lèvres et les yeux tristes. Il savait. Il savait à quel point elle avait envie d'avoir des enfants.

Natalya attira Alina vers elle et Louise se redressa. Ce ne fut qu'à ce moment-là qu'elle remarqua la présence de Fanya, qui avait observé toute la scène depuis la porte de la cuisine. Natalya la présenta à Arnie comme leur « jeune fille au pair ». Fanya tendit la main, essayant d'être une adulte, et prononça des mots en russe. Alors, elle et Natalya conduisirent les enfants dans leurs chambres pendant que Mikhail servait de la vodka pour « se réchauffer », selon ses propres paroles. Natalya avait sorti quelques harengs saurs et des betteraves confites en guise d'apéritif, Louise les grignota en faisant poliment semblant d'écouter et en tâchant de distinguer quelques mots pendant qu'Arnie et Mikhail échangeaient en finnois et essayaient ponctuellement de l'inclure. Elle fut soulagée quand Natalya reparut après avoir laissé les enfants à Fanya.

Natalya s'assit à côté de Louise sur le canapé, s'empara du verre de vodka qui l'attendait et en but une bonne rasade.

— Tu ne peux pas savoir à quel point j'en avais besoin.

— Oh, Natalya, protesta Louise. Tu ne le penses pas vraiment.

— Bon, pas vraiment, mais parfois je les jetterais volontiers aux lions. Tu n'as pas idée.

Elle avait beau savoir que Natalya n'avait pas cherché à la blesser, Louise sentit une ombre passer au-dessus de sa tête.

Natalya perçut le changement d'humeur. Elle lui toucha la main et, avec beaucoup de chaleur et de douceur, lui dit :

— Un jour, tu le sauras. J'en suis certaine.

Louise ne put qu'acquiescer d'un signe de tête.

Pour le dîner, Natalya avait préparé un grand corégone, qu'elle servit joliment dressé. Mikhail s'occupa de le découper et de le servir. Le repas aurait été tout à fait agréable sans la curieuse présence de Fanya, qui les avait rejoints à table et ne parlait que le russe – ou, du moins, c'était ce qu'elle prétendait – et se borna à garder un silence solennel d'un bout à l'autre du repas. Au début, Arnie voulut inclure Natalya, dont l'anglais était rudimentaire, mais, celui de Mikhail étant quasiment inexistant, Arnie ne cessait de revenir à leur langue commune et courante, le finnois. Natalya et Louise se retrouvèrent donc à parler français, la conversation se répartissant distinctement par sexe. Fanya aida à débarrasser la table avant de prendre congé.

Les assiettes enlevées, on servit encore de la vodka. Vodka qui, sûrement, mena à la discussion enflammée entre Louise et Natalya au sujet de la récente guerre en Europe. Ce fut la première fois que Louise entendit que les Russes n'étaient pas satisfaits de l'effort américain.

— Nous vous avons envoyé des quantités inimaginables de camions, d'essence, de nourriture, lui rappela-t-elle, un peu offensée.

— Oui, ma nouvelle amie américaine, lui renvoya Natalya. (Elle tapota lentement sa cigarette pour en faire tomber la cendre dans un cendrier posé au milieu de la table.) Après 1943, quand vous étiez sûrs que nous allions gagner. Comme l'a dit le camarade Staline : « Votre argent, notre sang. »

Tout en essayant de rester diplomatique, Louise traduisit ses paroles, le plus calmement possible, à Arnie, et le supplia du regard.

Arnie expliqua dans un finnois simple qu'il estimait Natalya en mesure de comprendre, tout en demandant ponctuellement à Louise de traduire quelques mots en français. Pour le dire vite, l'Amérique n'était absolument pas prête à se battre et, au début de la guerre, son armée devait faire la taille de celle de la Bulgarie. Les États-Unis n'avaient tout simplement pas été en mesure d'ouvrir de deuxième front contre l'Allemagne avant juin 1944 et lorsqu'ils s'y étaient mis, ils avaient monté l'opération militaire la plus grande et la plus complexe de toute l'Histoire, le débarquement en Normandie. Les Allemands s'étaient vus contraints de se battre sur deux fronts, ce qui avait accéléré l'arrivée de l'Armée rouge à Berlin.

Une fois qu'Arnie eut fini de parler, Natalya posa ses couverts et, à sa manière tranquille mais pleine d'autorité, lança en anglais un *« Too little, too late »* – trop peu, trop tard. La formule lui était manifestement familière.

Louise ne sut quoi répondre et en resta légèrement bouche bée. Mikhail posa une question en finnois, et Arnie lui répondit. Puis, Mikhail s'adressa en russe à Natalya, qui lui répondit en soulignant fougueusement ses propos avec les doigts, comme pour compter.

Mikhail sourit à Arnie puis à Louise, avant de s'adresser à Arnie en finnois.

— Qu'est-ce qu'il a dit ? demanda Louise.

Il s'était excusé pour la colère de Natalya, avant d'ajouter : « Évidemment, nous voyons les choses différemment. »

— Évidemment, confirma Louise.

Arnie changea de ton.

— Je crois que nous devrions mettre un terme à cette conversation.

Louise adressa un grand sourire à Mikhail et leva son verre de vodka à son intention.

— À l'Armée rouge, dit-elle.

Cela, il le comprit. On leva les verres, on les entrechoqua, et Natalya, elle aussi un peu agitée, ramassa un plateau déjà chargé de quatre tasses de café et chassa les hommes dans le séjour.

Alors débuta ce qui s'avéra la meilleure partie de toute la soirée, Louise et Natalya restant dans la cuisine et buvant deux cafés, chacun agrémenté de vodka. Pendant que leurs maris parlaient une autre langue dans la pièce d'à côté, les deux femmes se surprirent à se passionner l'une pour l'autre, et se racontèrent leur enfance, leur temps à l'université, leur rencontre avec leurs maris respectifs.

— J'aime beaucoup Natalya, déclara Louise alors qu'ils regagnaient leur hôtel.

Au bout d'un moment, elle ajouta :

— Chez nous, personne ne parle jamais des Russes. On croirait qu'on a gagné la guerre tout seuls. (Elle sourit.) Enfin, avec un peu d'aide de Winston Churchill. Ils ont essuyé combien de pertes ?

— Personne ne le sait au juste, mais pour les morts civils et militaires, plus de vingt millions, dont près de dix millions morts au combat. Nous, on en a perdu environ quatre cent mille, précisa Arnie d'un air sombre. Deux théâtres à la fois, dans le Pacifique et en Europe. Ça fait vingt-cinq Russes pour un Américain.

— Ah, dit Louise. Je vois.

Lundi 13 janvier 1947

Déjeuner à la légation soviétique

Les grands espoirs de Louise d'obtenir de l'argent au rendez-vous du lundi avec l'émissaire soviétique s'étaient effondrés.

Pour commencer, elle avait surestimé sa capacité à présenter son projet en l'absence d'une langue commune, ce qui l'avait empêchée également de jouer de ses charmes habituels. Elle avait dû compter sur Natalya pour parler pendant qu'elle restait assise là, à sourire comme une idiote sans savoir si son amie était convaincante ou pas. Ensuite, il ne lui était même pas venu à l'esprit qu'Oleg Sokolov puisse être là. Quand Natalya lui avait annoncé qu'elles avaient rendez-vous avec l'émissaire Abramov, Louise en avait déduit qu'elles étaient invitées à s'entretenir avec le grand chef. Et ce fut effectivement à Abramov qu'elles s'adressèrent pendant que Sokolov restait tranquillement assis, à sourire en hochant ponctuellement la tête sans rien dire. Toutefois, en observant le langage corporel d'Abramov et ses coups d'œil occasionnels à Sokolov pour obtenir son approbation, Louise comprit qu'elle avait été naïve quant à ceux qui détenaient réellement le pouvoir. C'était la police secrète.

Il ne fallut que dix minutes à l'émissaire et ministre plénipotentiaire Abramov pour leur expliquer qu'il n'avait pas l'autorité suffisante pour s'impliquer dans une œuvre caritative privée.

Quand Natalya lui rapporta cette réponse, la première réaction de Louise fut celle-ci :

— Bon, au moins ça fait un point commun entre nos légations.

Aussitôt suivi de :

— Dis-lui qu'il passe à côté de l'essentiel. Nous voulons qu'il s'agisse d'un projet commun américano-soviétique officiel. Ce n'est pas une œuvre caritative privée. C'est... (Elle s'interrompit pour chercher le mot juste.) C'est comme de la politique étrangère. Ça ferait de la publicité pour les deux pays.

— Je crois qu'il vaut mieux éviter de dire à l'émissaire qu'il passe à côté de l'essentiel, lui renvoya vivement Natalya.

Elle se retourna, en souriant, vers Sokolov et Abramov. Louise ne comprenait pas ce qu'elle disait, mais le sens était clair : nous vous sommes très reconnaissantes de nous avoir accordé de votre temps.

Natalya décocha un regard d'excuses à Louise, puis se leva. Sokolov et Abramov l'imitèrent. Les deux hommes hochèrent brièvement la tête et Natalya sourit en baissant le visage. Elle glissa un regard à Louise en se tournant vers la porte. Incapable de se rappeler ses cours de protocole, Louise leur serra la main en fléchissant légèrement les genoux, puis se sentit bête. Elle aurait dû demander à Arnie avant le rendez-vous. Mince. C'était tellement plus facile dans l'Oklahoma.

Aux deux hommes, elle adressa son sourire Delta Gamma le plus beau et le plus éclatant.

— *Bol'shoye spasibo vam*, dit-elle, comme Arnie le lui avait appris la veille au soir.

Sur ce, elle se retourna pour suivre Natalya.

— *Please, one moment*, lança alors Sokolov.

Elle avait oublié qu'il lui avait parlé anglais à la soirée du Nouvel An. Elle lui sourit.

— Monsieur Sokolov ?

— Peut-être souhaiteriez-vous prendre le déjeuner, mesdames ?

Il se tourna vers Natalya et lui posa vraisemblablement la même question en russe. Louise fut certaine de voir passer une brève lueur de peur sur le visage de Natalya avant que celle-ci se fende d'un magnifique sourire. *Comme si on venait de la couronner reine d'un jour*, songea-t-elle sombrement.

— Il veut nous emmener déjeuner dans la salle à manger de la légation, lui expliqua doucement Natalya en français. Il n'y a que les gros bonnets qui y mangent.

Elle avait prononcé ces derniers mots presque avec déférence.

Louise se retint de railler la société sans classes. Elle se contenta de passer en mode « tout va bien, Oklahoma », et d'adresser un sourire à Sokolov.

— Avec grand plaisir, lui dit-elle.

Si l'ambiance avait été gênante dans le bureau d'Abramov, elle le fut encore plus au déjeuner. Sokolov se savait charmeur, et Louise se sentait charmée et flattée. En même temps, elle savait que Sokolov savait qu'il la charmait, ce qui lui donnait l'impression de jouer dans une pièce de théâtre. Elle se demanda si toutes les discussions diplomatiques étaient ainsi. Il lui traversa également l'esprit que tout ce qu'on racontait sur Sokolov était peut-être tout bonnement faux. Cela ne cadrait pas avec cet homme plutôt charmant qui conversait avec elle lors d'un déjeuner tout à fait plaisant. Sans doute n'étaient-ce là que des rumeurs. Il se pouvait même qu'il les encourage, pour que les gens aient peur de lui, stratégie courante pour acquérir du pouvoir.

En temps normal, elle aurait consulté Natalya pour que son amie l'éclaire sur la meilleure façon de cerner cet homme. Elle avait besoin de son interprétation non seulement pour la langue, mais aussi pour le sens caché derrière les mots. Mais Sokolov étant le seul à parler à la fois russe et anglais, il contrôlait la conversation en s'adressant à Natalya en russe et à elle en anglais. Ainsi isolée, Louise ne pouvait échanger ses impressions avec Natalya qu'en français, ce qui aurait paru au mieux irrespectueux mais aussi, au souvenir de la réaction d'Arnie au message qu'elle avait envoyé à Natalya en français, suspect – peut-être même dangereux pour cette dernière.

À Natalya, ce déjeuner lui fit l'effet de partager un repas avec un crotale. La nourriture était, bien sûr, excellente. Les gens haut placés mangeaient bien – et buvaient encore mieux. Il y avait au menu des plats dont elle avait seulement entendu parler, et Sokolov les incita généreusement, elle et Louise, à commander tout ce qu'elles voulaient. Elle hésita, se sentant un peu coupable. Mikhail, qui avait accès à ce genre de renseignements, lui avait révélé quelques semaines plus tôt que des dizaines de milliers de gens, y compris des enfants, mouraient actuellement de faim en Ukraine. Il lui avait expliqué que c'était un coût nécessaire pour établir des gouvernements communistes en Europe de l'Est. De grandes quantités de céréales étaient envoyées d'Ukraine pour empêcher les Européens de l'Est de mourir de faim et leur éviter de se tourner vers les capitalistes pour obtenir de l'aide. Une révolte dans un des pays européens occupés depuis peu aurait creusé une brèche dans la zone tampon que le camarade Staline construisait pour protéger la Russie des impérialistes capitalistes occidentaux. Conséquence : les Ukrainiens mouraient de faim. Le camarade Staline était cruel, elle le savait, mais pas idiot. Mieux valait que quelques koulaks ukrainiens maigrissent un peu plutôt que de perdre encore vingt millions de Russes à cause d'une invasion venue de l'Occident. Les temps cruels exigent des chefs cruels. Elle chassa l'idée obsédante que c'étaient peut-être surtout les chefs cruels qui rendaient les temps cruels.

Elle étudia le séduisant menu devant elle. Visiblement, la nourriture était déjà là, et ne partirait pas en Ukraine quoi qu'il arrive. Donc, les dirigeants mangeaient mieux que les dirigés. Et alors ? Elle n'avait pas envie d'y réfléchir plus que ça. On lui avait toujours dit que le Parti était là pour veiller à ce que tout soit partagé équitablement. Ce qui était assurément le cas en Russie. Cela dit, elle n'avait jamais été dans la salle à manger d'un dirigeant.

Elle commanda autant de plats inconnus sur le menu qu'elle le put sans se ridiculiser.

Natalya voyait bien que Louise gloussait plus que d'habitude et riait des plaisanteries de Sokolov. Elle n'aurait su dire laquelle des deux femmes il essayait d'épater le plus. Probablement les deux. Louise, brave petite de l'Oklahoma, était aussi sincère, charmante et innocente que Cosette dans *Les Misérables*. Natalya savait depuis longtemps qu'une telle innocence attirait les hommes de pouvoir comme Sokolov, qui étaient loin d'être innocents eux-mêmes et avaient rarement affaire à des innocents. Elle était également douloureusement consciente d'une autre différence qui les séparait. S'il lui arrivait malencontreusement de mettre en colère ou de s'aliéner Sokolov en le repoussant, par exemple, ce qu'elle ferait certainement, il pourrait infliger de sérieux dommages à son mari. Si Sokolov lui faisait des avances, il ne s'agirait de rien de plus que d'un exercice de pouvoir, ce qu'il devait faire souvent et ne présentait aucun défi. Louise, elle, n'était pas exposée à ce genre de menace. Si, toutefois, il parvenait à la séduire, il s'en vanterait pendant des années.

La nourriture était excellente et la savourer une rare occasion, mais Natalya perçut un murmure de peur, comme si elle entendait le sifflement d'avertissement d'un crotale. Si elle faisait mine de prendre une *kotlety*, le serpent lui mordrait-il la main ?

Entre le plat principal et le dessert, Natalya parvint à se trouver en tête à tête dans les toilettes pour femmes avec Louise, qui lui demanda aussitôt :

— À ton avis, pourquoi est-ce qu'il nous a invitées à déjeuner ?

— Par pure politesse, lui répondit Natalya, agacée par l'impulsivité de son amie.

Et elle leva les yeux au plafond. Louise parut un instant perplexe, avant de comprendre.

Louise avait appris, à la fois de sa mère et de son père, à ne jamais accepter le refus d'un subalterne. Ses parents entendaient par là que, si un quelconque fonctionnaire rejetait votre demande, il fallait se débrouiller pour obtenir un rendez-vous avec l'échelon supérieur et réclamer le même service. Elle avait en outre appris d'Arnie qu'une approche indirecte donnait généralement des résultats plus satisfaisants sur le terrain, et avec moins de pertes qu'un assaut direct. Ayant compris, juste avant le déjeuner, qui menait vraiment la danse à la légation russe d'Helsinki, elle avait pris la décision de plaider la cause de l'orphelinat directement auprès de Sokolov. Jusque-là, elle avait passé une bonne partie du repas à l'attendrir ; à présent qu'ils en étaient au thé et au dessert, il était temps de formuler sa requête.

Elle étudia Sokolov pendant qu'il étudiait les seins de la jeune femme qui versait le thé. Ses épais cheveux noirs étaient peignés en arrière, ce qui lui donnait un air bohème. Il avait les pommettes saillantes propres aux Slaves. Chez Natalya, elles lui prêtaient une beauté exotique. Chez Sokolov, on aurait dit qu'elles décalaient ses yeux en arrière, ce qui donnait l'impression qu'il vous observait en secret.

La jeune femme finit de servir le thé. Sokolov reporta son attention sur Louise, sans adresser le moindre remerciement à la serveuse. Louise ressentit l'excitation d'une attirance mutuelle mêlée d'une pointe de danger.

Attention, Louise, se dit-elle. Elle avait passé la majeure partie des années de guerre en compagnie de femmes qui se sentaient seules, toutes vulnérables à ce qu'elle éprouvait à cet instant, le titillement de se sentir désirée, même si elle savait qu'elle ne tromperait jamais Arnie. Mais ce qu'il y avait d'encore plus plaisant, c'était de savoir qu'elle était plus désirée que Natalya. À l'époque, il n'y avait eu que d'autres épouses solitaires. Là, il y avait Natalya, plus belle, plus sophistiquée et probablement plus intelligente qu'aucune d'entre elles, Louise comprise.

Elle vit Natalya boire une gorgée de son thé et lui jeter un regard par-dessus le bord de sa tasse. Elle savait pertinemment ce qui était en train de se passer.

Louise but à son tour et baissa juste assez sa tasse pour permettre à Sokolov de voir son sourire.

— Je n'ai pas bu de thé aussi bon depuis, eh bien… (Elle rit.) Je n'ai jamais bu de thé aussi bon.

— Oui. La Russie est réputée pour ça.

— Nous autres Américains pensons toujours aux Anglais.

— C'est vrai qu'ils ont du bon thé. J'y étais en 1936.

— C'est donc pour ça que vous parlez aussi bien anglais ! s'extasia Louise.

Sokolov sourit. *Bingo !*

— Monsieur Sokolov…, commença-t-elle.

— Je vous en prie. Olezka.

— Olezka, reprit-elle, en y mettant juste la bonne dose de chaleur. Je ne suis pas une diplomate.

Il hocha la tête – bien sûr. Il attendit de voir où elle voulait en venir.

— Je viens d'un coin appelé Oklahoma, où nous parlons franchement.

— Ça m'a l'air d'un endroit très sympathique.

— Tout à fait.

— Vous souhaitez parler franchement ?

Louise se jeta à l'eau.

— Vous étiez présent à notre rendez-vous avec l'émissaire Abramov. (Elle eut un sourire contrit.) Vous savez que ça a plus ou moins capoté.

— Qu'est-ce que c'est, « capoté » ?

— Comme une voiture qui capote dans un virage, expliqua-t-elle en mimant avec les mains. Ça a raté.

— Oui, ça a capoté.

Il s'interrompit brièvement, et Louise inclina la tête pour l'inciter à poursuivre.

— Il n'a pas trouvé le moyen de vous donner de l'argent.

Puis, il s'arrêta.

Louise savait qu'il attendait qu'elle passe à l'action. Alors, elle le fit.

— Comme nous vous l'avons expliqué, Natalya et moi pensons qu'un effort commun américano-soviétique pour aider les orphelins renverrait une très bonne image en cette période tendue.

— Une bonne image où ?

— Avec un petit effort, nous pourrions en parler dans des journaux et à la radio partout dans le monde. Pour l'instant, aux informations, on ne parle que des tensions. Il est peut-être temps de proposer un peu de publicité positive.

— De la « publicité ». C'est le terme américain pour la propagande ?

Était-il sérieux, ou plaisantait-il ?

— Disons simplement que cela veut dire faire du bon travail et le faire savoir.

Sokolov haussa les épaules et fit mine d'y réfléchir.

— Il faudrait, évidemment, que nous passions ça en revue.

— Bien sûr. Bien sûr. Nous ne ferions rien de ce genre sans vous le soumettre.

Elle se pencha vers lui par-dessus la table.

— Pourriez-vous nous aider ? Rien qu'une petite mise de fonds initiale. Nous nous occuperions du reste.

Il sourit.

— Peut-être. (Il haussa encore les épaules.) Mais de l'argent, c'est difficile.

— Je le sais. Mais tout de même, il s'agit d'une cause à laquelle la légation soviétique adorerait participer. Cela aiderait les gens à mesurer toute l'ampleur de la bienveillance et de la générosité de l'Union soviétique.

Elle se doutait que quelqu'un d'aussi raffiné que Sokolov savait qu'ils savaient tous les deux que l'Union soviétique n'était ni bienveillante ni généreuse, mais qu'une publicité qui contredirait cette image serait une bonne chose.

— Et Natalya aimerait vraiment apporter son aide, poursuivit-elle. Vous savez qu'elle est elle-même orpheline.

En entendant son nom, Natalya se tourna vers Louise.

— Natalya, raconte-lui comment tu as perdu tes parents.

— C'est inutile, décréta-t-elle. Il le sait déjà. C'est son travail.

— Ah.

— C'est habituel.

Sokolov buvait son thé à petites gorgées, il reposa sa tasse et s'adressa à Natalya en russe.

Natalya pivota vers Louise et lui dit en français :

— Quoi que tu lui aies dit, il ne s'y oppose pas sur le principe. Par contre, il aimerait savoir si nous avons une somme précise en tête. Est-ce le cas ?

Louise fit face à Sokolov. Elle y avait réfléchi avant leur rencontre avec Abramov, mais elles avaient été congédiées avant qu'elle ait pu aborder ce point. Elle lui donna la somme.

Il n'y eut pas la moindre réaction. Il se borna à cligner des yeux. Et puis il dit, en anglais :

— Vous comprenez, bien sûr, qu'un effort commun nécessiterait un financement commun.

Il la laissa digérer cette idée.

Louise blêmit dans son for intérieur, mais conserva sa façade optimiste. Sokolov avait-il appris, d'une manière ou d'une autre, qu'Hamilton avait déjà rejeté sa demande ? Pourrait-elle faire des progrès avec Hamilton s'il savait – ou, plus précisément, si ses chefs à Washington savaient – que la légation soviétique apporterait un financement égal au leur ?

— Bien sûr, répliqua-t-elle. Max Hamilton nous a déjà promis son soutien.

À l'époque du lycée, elle se rappelait avoir soutenu face à sa mère que tous les mensonges étaient mauvais. Comment fonctionnerait la société, avait-elle demandé, si personne ne savait qui disait la vérité, et quand ? Sa mère lui avait pris la main, ce qu'elle faisait rarement, et l'avait regardée dans les yeux.

— Tu es trop jeune pour comprendre les pieux mensonges, lui avait-elle dit. Ils peuvent être maniés honorablement, mais seulement par des personnes mûres.

Louise espéra que son mensonge et son niveau de maturité actuels rentraient dans cette case-là. Dès qu'elle eut dit à Sokolov qu'elle avait l'appui d'Hamilton, ce qui impliquait que l'argent était garanti, elle éprouva le même sentiment que le jour où elle avait escaladé le Suicide Rock surplombant le lac Wolfarth, émergé des peupliers de Virginie et débouché sur le bord de la falaise, les yeux baissés sur ses amies qui la contemplaient toutes en se demandant – comme elle – si elle aurait ou non le courage de sauter.

Sokolov la dévisagea. On aurait dit qu'il sondait son regard. Elle eut l'impression de tomber de la falaise. À présent, il était trop tard pour reculer. Il allait falloir trouver l'argent.

— D'accord, dit-il. Je vais voir ce qui est possible.

Victoire.

Sokolov parla vite à Natalya, qui hocha la tête et sourit.

— J'ai dit à Natalya qu'il n'y avait aucun problème, affirma-t-il.

— Je vous en suis très reconnaissante.

— Bon, maintenant tout ça est derrière nous, déclara-t-il en souriant. J'ai cru comprendre que votre quête de logement n'était pas très concluante.

— Comment l'avez-vous su ?

— Je vous en prie, madame Koski, disons que je l'ai appris… comment le dites-vous… par le bouche-à-oreille.

Il eut un nouveau sourire, mais c'était celui de quelqu'un qui connaît un secret.

Elle en eut la chair de poule.

— Eh bien, le bouche-à-oreille a raison. Notre hôtel me rend folle. Ça fait plus d'un mois qu'on y est.

— Trouver un logement convenable est toujours difficile, affirma-t-il d'une voix égale.

Louise hocha la tête en souriant et regretta qu'il ne soit pas un peu plus compatissant.

— Et maintenant, reprit Sokolov en consultant sa montre, je suis vraiment navré, mais j'ai un rendez-vous dans quelques minutes. Ce fut un plaisir de vous rencontrer.

Il se tourna vers Natalya.

— Toutes les deux.

Et se retourna vers Louise.

— Peut-être pourrions-nous nous revoir, que vous me disiez comment se passent vos recherches.

— Bien sûr.

Il adressa alors quelques paroles en russe à Natalya, qui eut un bref hochement de tête.

— Madame Koski, dit-il en guise d'adieu.

Il leva un doigt en l'air. Un jeune homme surgit de nulle part, manifestement là pour raccompagner les deux femmes à la sortie.

Une fois que Louise et Natalya furent reparties, Sokolov regagna son bureau, cala les coudes sur sa table de travail et enfouit le visage dans ses mains, submergé par l'envie. Il aurait pu pleurer en regardant ces deux femmes au déjeuner, mais voilà des années qu'il avait dépassé le stade des larmes. La dernière fois qu'il avait pleuré, c'était pour la mort de sa femme et de leurs deux petites filles. Il était en poste sur la frontière polonaise quand ils avaient essuyé l'attaque allemande. Son épouse et sa famille se trouvaient dans la maison de ses parents, en Ukraine. Il les avait cherchées pendant un an mais, en juin 1942, sans aucune trace d'elles, il savait qu'il ne les retrouverait jamais.

Ce jour-là de juin, il avait pleuré. Depuis, il faisait son travail avec une volonté farouche, c'est-à-dire protéger son pays et le Parti de toute menace. Il avait torturé des prisonniers allemands et tout Allemand ou sympathisant allemand qu'il estimait détenir des renseignements susceptibles de les aider à détruire leurs ennemis germaniques. Il avait torturé des compatriotes russes pour s'assurer qu'eux n'étaient pas des ennemis. Il les avait tous envoyés à la mort pour s'assurer que d'autres ne deviendraient pas des ennemis s'ils l'envisageaient. Mais ce soupçon, que certains puissent *envisager* de trahir le Parti, était partagé par de nombreux autres – ce qui était devenu en soi une motivation effrayante et supplémentaire. Plus ils s'approchaient de Berlin et de la fin de la guerre, plus l'intention de démasquer les ennemis du Parti s'était estompée au profit de celle de démasquer les *potentiels* ennemis du Parti. Il devait constamment prouver sa loyauté. Aussi se fixait-il l'objectif d'un certain nombre d'arrestations et de condamnations par mois. C'était la seule manière de s'assurer qu'un autre officier du NKVD ne l'accuserait pas, lui, d'être un ennemi. Si un quelconque innocent souffrait sous la torture ou était exécuté à tort… Eh bien, nombreux étaient les innocents qui souffraient des affres des combats, des blessures, qui perdaient la vie… tout cela pour défendre l'idéal qui le protégeait du suicide : préserver la Révolution, le Parti et, par-dessus tout, la Mère Russie.

Il avait traversé plusieurs années de guerre violente, avait assisté à des atrocités et aux conséquences des atrocités commises dans les deux camps. Il avait vu les restes à peine humains des survivants de trois camps de concentration allemands. Il avait vu des prisonniers russes en larmes, enfin libérés de leurs travaux forcés dans des camps de prisonniers de guerre, des hommes qu'il avait dû torturer pour s'assurer de leur loyauté, et dont la plupart avaient été envoyés au goulag dans le seul but de s'en assurer. Pour Sokolov, le viol systématique des femmes allemandes et la condamnation brutale des prisonniers allemands aux travaux forcés étaient une juste – et clémente – punition pour avoir été les partisans fascistes d'un régime qui avait tué plus de vingt millions de ses compatriotes et sa propre famille. Sokolov avait traversé tout cela depuis le dernier jour où il avait pleuré, en juin 1942 ; il avait largement dépassé le stade des larmes.

Pourtant, ces deux femmes, si empressées de bien faire, l'une aussi superbe et exotique qu'une héroïne de Modeste Moussorgski, l'autre le genre de femme sur les genoux de laquelle on avait envie de poser la tête, les yeux levés vers un ciel d'été après avoir partagé un pique-nique, l'emplissaient d'une envie si terrible qu'il n'était pas certain de pouvoir un jour relever la tête de ses mains et faire face à son existence. Cette envie était évidemment teintée d'excitation sexuelle, mais il savait que c'était surtout le désir de combler le sombre abîme du désespoir qui reposait sous la fine couche de glace sur laquelle il patinait. L'une et l'autre femme étaient mariées à des soldats aveugles et satisfaits d'eux-mêmes qui ne les méritaient pas. Les gens comme lui faisaient le sale boulot consistant à assurer la sécurité de l'État, tout cela pour que les gens comme Bobrov les regardent de haut. Comme si l'armée ne commettait pas plus de viols que le NKVD, comme si tuer un ennemi de l'État en uniforme était moralement supérieur à tuer un ennemi de l'État en civil.

Et c'était à eux que les deux femmes s'étaient données, pas à lui.

Il manqua se ruer hors de son bureau pour s'extraire de ce vide et, oui, de cet auto-apitoiement. Il rit tout haut de lui-même et alla se planter devant la fenêtre pour scruter l'obscurité. Il imagina la terre au-delà des bâtiments, semblable à celle de chez lui au sud de Moscou – elle ondulait doucement avant de s'aplatir franchement, sans jamais dépasser plus d'une centaine de mètres de dénivelé. Il y avait de nombreux lacs à l'extérieur d'Helsinki. Il se rappela celui qui s'étendait au sud de son village. Lui et ses amis avaient pour habitude d'y nager lors des chaudes journées d'été et de patiner dessus l'hiver. La dernière fois qu'il l'avait vu, trois chars d'assaut brûlés, un allemand et deux russes, jonchaient la rive.

Il reporta son attention sur son bureau. On y trouvait les dossiers habituels, des compilations d'activités susceptibles d'être considérées comme nuisibles à l'État. Il allait devoir découvrir une menace bientôt s'il ne voulait pas qu'on se méfie de lui, telle était la pression constante de ce travail. Il songea qu'il devrait commencer à consigner les visites entre Natalya Bobrova et Louise Koski. Il serait facile de leur donner un air suspect. L'idée ne lui plaisait pas. Il les appréciait l'une et l'autre, et elles avaient l'air honnête, même si l'Américaine semblait un peu innocente. Cela dit, pensa-t-il, peut-être que cette innocence était une couverture. Il soupira, sachant qu'il allait devoir rendre compte des visites, dans le cas où l'une des femmes ou les deux finissaient par éveiller les soupçons. S'il ne montrait pas qu'il s'en était méfié, alors ce serait lui qui s'attirerait des soupçons.

Il s'avachit de nouveau sur son siège et prit un dossier au hasard. Il ne l'ouvrit pas.

Vendredi 17 janvier 1947

Appartement de Natalya

Le vendredi soir venu, congé habituel de Fanya, Natalya proposa à Louise de venir chez elle continuer à travailler à leur entreprise commune.

En arrivant à l'appartement de son amie, Louise fut surprise de trouver la jeune fille encore là.

— Je croyais que c'était son soir de congé ? s'étonna-t-elle pendant que Natalya lui prenait son manteau.

— C'est le cas, répondit celle-ci en jetant un coup d'œil au séjour, où Fanya lisait dans un fauteuil. Elle savait que tu venais.

— Je me sens flattée.

— Il n'y a pas de quoi, lui renvoya Natalya d'une voix douce.

Elle guida Louise vers le séjour. Fanya se leva poliment, hocha la tête, et se rassit sans sourire ni rien dire au-delà de « bonjour ». Elle retourna à sa lecture.

Louise décocha un regard à Natalya, qui haussa les épaules comme s'il n'y avait rien d'inhabituel.

Par terre aux pieds de Fanya, Alina et Grisha jouaient avec une batterie de cuisine. Il y avait une petite girafe en peluche dotée de roues, et une poupée de chiffon abandonnée par terre près du canapé.

Louise s'accroupit en tirant sa jupe sur ses cuisses.

— Bonjour, Grisha. Bonjour, Alina, dit-elle avec un sourire chaleureux.

Elle troqua rapidement son « hello » américain contre un *privet.*

Grisha jeta un regard à sa mère, qui rayonnait. Natalya l'encouragea avec un sourire et un hochement de tête. Et se tourna vers Louise.

— Pour l'instant, il ne parle pas beaucoup.

Alina, elle, observait Louise en silence, comme si elle essayait encore de s'assurer que celle-ci ne présentait aucun danger. Elle avait les yeux incroyables de sa mère.

— Oh là là, lui lança Louise en français. Toi, tu vas en briser, des cœurs !

Alina, qui n'avait pas compris, regarda sa mère. Natalya éclata de rire.

— Très certainement, et le sien aussi au passage.

Louise leva les yeux vers Natalya. Elle se demanda si elle-même avait eu le cœur brisé dans sa jeunesse. Elle eut envie de le lui demander, mais craignit que ce ne soit trop personnel. Elle se contenta donc de demander où se trouvait Mikhail.

— Il travaille. Comme toujours.

— Sur quoi en ce moment ?

Au regard que lui lança Natalya, elle regretta d'avoir posé cette question.

— Je suis navrée. Je ne voulais pas être indiscrète. C'est juste que je suis… Oh, et puis mince ! J'ai *goofed.*

Elle avait employé le mot anglais, ne sachant comment le dire en français.

Natalya sourit.

— *Goofed* ?

— J'ai commis une erreur stupide, expliqua Louise, avant d'ajouter : Sans le vouloir.

— Toutes les erreurs sont commises sans le vouloir, non ?

— Je suppose que oui, reconnut Louise.

Ça semblait tellement bête.

Natalya cherchait-elle la dispute ? Pourquoi ? Louise voulait seulement qu'elles soient amies. Elle savait que Natalya voulait la même chose. Soudain, elle envia ses amies dont les maris avaient reçu des affectations militaires ordinaires comme en Allemagne ou au Japon, où elles n'avaient pas à marcher sur les œufs de la diplomatie.

Natalya la regardait d'un air un peu triste, de ces yeux lumineux couleur café au lait.

Histoire de combler le silence gênant, Louise s'assit par terre en tailleur un peu plus près des enfants. Elle leur tendit les bras à tous les deux. Grisha regarda sa mère et, voyant qu'elle souriait et l'incitait à poursuivre d'un hochement de tête, il rampa vers Louise, qui le prit vivement dans ses bras pour l'installer sur ses genoux. Refusant de s'avouer vaincue, Alina se dépêcha de s'installer à côté de lui. Louise les avait à présent tous les deux dans ses bras, serrés l'un contre l'autre. Elle respira un grand coup pour humer l'odeur de leurs cheveux.

Rompant l'étreinte de Louise, Alina rampa vers Fanya, qui était assise sur le canapé, et se mit à cogner sur une casserole à l'aide d'une cuillère. Sa *nyanya* fit comme si de rien n'était. Natalya s'installa sur le divan à côté de la jeune fille et se pencha pour échanger avec Alina. Fanya, elle, continuait à lire.

Tout en se demandant quel genre de nounou était cette Fanya, Louise se mit à jouer avec les petites mains de Grisha.

Au bout de quelques minutes, Natalya se leva.

— Je crois qu'il est l'heure de les mettre au lit.

— Je peux t'aider ? S'il te plaît, dis oui !

Natalya eut un petit rire.

— Quoi ? demanda Louise.

— J'avais oublié que donner le bain à mes enfants était une joie, pas une corvée. C'est trop facile. (Elle marqua une pause.) De l'oublier. Pas la corvée.

Natalya donna leur bain aux deux enfants et les prépara au coucher pendant que Louise suivait le mouvement, tout en l'assistant ponctuellement quand elle le pouvait.

— Mais Fanya ne t'aide pas à les mettre au lit ? demanda-t-elle à un moment donné.

— Je te l'ai déjà dit. C'est son soir de congé.

— Ah, lança Louise en digérant ses paroles. Mais pourquoi…

Elle fut interrompue par un geste vif de Natalya que Fanya ne put voir, le signe universel indiquant « stop ». Cette jeune nounou un peu maladroite et grassouillette effrayait Natalya, là, sous son propre toit.

Elles finirent de mettre les enfants au lit et allèrent s'asseoir à la table de la cuisine pour élaborer leur plan. Natalya avait sorti une bouteille de vodka et d'orangeade. Louise fut d'abord horrifiée mais, tenant à rester polie, accepta le verre. Natalya semblait très fière d'être en mesure de lui offrir ce cocktail.

— Comment appelles-tu cette boisson ? demanda Louise.

S'étant attendue à un nom russe, elle fut surprise quand Natalya répondit, elle-même étonnée :

— C'est un screwdriver. Tu ne connais pas ? Il me semble que ce sont vos pilotes qui l'ont inventée pendant la guerre.

Louise secoua la tête.

— Bon, déclara-t-elle, mon mari m'a toujours dit que l'Army Air Corps faisait preuve d'une merveilleuse inventivité quand il s'agissait de… euh… confort matériel.

Plusieurs screwdriver plus tard, leur plan d'action, qui revenait essentiellement à trouver de l'argent, était abouti, même si les deux femmes pouffaient de plus en plus comme des écolières. Natalya, qui était à Helsinki depuis quelques mois de plus que Louise, contribua beaucoup au plan. Comme bon nombre de Finlandais plus âgés parlaient russe, vestige de la russification avant que la Finlande n'acquière son indépendance trente années plus tôt, Natalya se chargerait de la collecte de fonds finlandais, pendant que Louise se focaliserait sur la communauté d'expatriés européens occidentaux qui parlaient essentiellement anglais.

Une fois la planification manifestement terminée et toutes ses inhibitions envolées, Louise lança :

— Alors ! Tu t'es fait briser le cœur, pas vrai ? Vas-y. Raconte-moi.

Les lèvres pincées pour réprimer un sourire, Natalya fit « non » de la tête.

— Allez, quoi, insista Louise.

— D'accord, dit Natalya.

Louise se rassit.

— Quand j'avais seize ans, j'ai passé l'été, comme beaucoup de lycéens, à travailler dans une ferme collective. Les patates ! Même aujourd'hui, je n'arrive toujours pas à en manger.

Louise l'encouragea d'un geste.

— Il était drôle. Intelligent.

— Et ?

— Oui. Il était beau.

Natalya semblait contempler son souvenir.

— Une belle tignasse blonde. Le genre d'épaules et de bras qui donnent un sentiment de sécurité.

— Et donc ! Tu l'as embrassé.

— Oui. Mon premier baiser.

— Et…

— Et quoi ?

— Que lui est-il arrivé ?

Natalya hésita.

— Ils sont venus le chercher, dit-elle doucement.

Louise cligna des yeux.

— Qui ça ?

Natalya la regarda avec incrédulité, puis se ressaisit vite. Elle montra d'un hochement de tête le séjour où Fanya était assise.

— Mais pourquoi ? Enfin, il devait bien y avoir un chef d'accusation !

— Uniquement en cas de procès. Et il n'y en a pas eu.

— Et tu n'as plus jamais entendu parler de lui ?

Les lèvres serrées, Natalya fit signe que non.

— Je comprends que tu aies eu le cœur brisé.

— Tu n'imagines même pas, répliqua Natalya.

Louise ne put que garder le silence, inondée par la compréhension soudaine de ce qu'on devait ressentir en vivant dans un monde où « ils » pouvaient venir vous prendre votre premier amour à tout moment.

— Oui, reprit Natalya en rompant le silence. J'avais le cœur brisé. Mais, que ce soit en amour ou dans la vie en général, tout Russe de plus de trois ans a eu le cœur brisé à un moment ou à un autre.

Quand Natalya raccompagna Louise jusqu'à la porte du rez-de-chaussée, elles restèrent un instant seules dans l'escalier. Encore un peu éméchée, Louise se jeta à l'eau et posa la question qui l'avait taraudée toute la soirée.

— Fanya ne parle pas français, si ? Alors, pourquoi m'avoir dit de me taire ?

Natalya, elle aussi, avait un peu trop bu.

— Non, répondit-elle d'une voix basse et patiente. Je ne pense pas qu'elle parle français. Mais on ne peut pas en être sûres, alors il faut faire attention. (Elle haussa les épaules.) Elle n'en a pas besoin. Ce n'est pas son travail.

— C'est quoi, au juste, son travail ? Son « autre » travail, précisa Louise.

Natalya eut un sourire mélancolique.

— Elle suit nos conversations avec nos invités. C'est habituel.

— Habituel ?

— Oui. La Révolution est encore récente. Il importe de débusquer toute opposition.

— Tu ne peux pas vraiment croire à ça.

— Louise, dit Natalya avec lenteur et prudence, nous croyons ce que nous devons croire.

Samedi 18 janvier 1947

Nouvel appartement de Louise et Arnie

Le lendemain, samedi, on apporta un message à la chambre d'hôtel de Louise et d'Arnie. Parce qu'il travaillait soixante heures par semaine, celui-ci n'était pas là. Louise donna un pourboire au messager et décacheta vivement l'enveloppe. C'était un message de Natalya. Elle avait entendu dire qu'un couple quittait son appartement.

Louise serra le mot sur son cœur et esquissa un petit pas de danse en songeant combien il était agréable d'avoir une nouvelle amie qui veillait sur elle et Arnie.

Elle dévala les marches jusqu'au hall d'entrée pour appeler Natalya au travail, comme celle-ci le lui demandait dans son message.

Une heure plus tard, elles se retrouvèrent dans ce même hall. Natalya fumait, les joues rougies par le froid. Manifestement, elle était venue de son lieu de travail à pied.

— Oh, Natalya ! cria presque Louise d'une voix perçante. Je ne te remercierai jamais assez. Tu es une faiseuse de miracles. Nous t'en sommes très reconnaissants.

— D'abord, assurons-nous que l'appartement te plaît, lui renvoya Natalya en ayant un petit sourire timide face aux louanges enthousiastes de Louise.

— Mais comment as-tu fait pour le savoir ? Quelqu'un d'autre est au courant ?

— J'ai une amie qui s'occupe de toute la paperasse d'usage du personnel. Elle a eu vent d'une mutation.

Elle sourit encore timidement, le regard brièvement posé sur le sol et non sur Louise.

— Elle me l'a fait savoir, et je lui ai demandé de le garder pour elle un ou deux jours, ajouta-t-elle avec un petit rire. Savoir, c'est pouvoir, tu sais.

Louise n'aurait su dire si c'était d'elle que parlait Natalya, ou de son amie. À vrai dire, elle s'en fichait.

— On pourrait le voir tout de suite ? demanda-t-elle.

Natalya sourit et fit « oui » de la tête.

Les deux femmes empruntèrent le trottoir verglacé bras dessus, bras dessous. Louise n'avait pris personne par le coude depuis le collège, à part Arnie. Ça faisait du bien. Ici, c'était accepté.

Vingt minutes plus tard, elles arrivèrent devant un superbe immeuble collectif en vieille pierre. Natalya ouvrit la grande porte ouvragée et fit entrer Louise dans un petit espace d'accueil équipé de deux fauteuils rembourrés séparés par une table basse sur laquelle trônait l'éternel cendrier. En attendant que l'ascenseur descende à leur niveau, elle chuchota :

— Mon amie m'a dit qu'ils déménageaient demain. Une mutation soudaine à Moscou. Je crois qu'on l'a su presque en même temps qu'eux.

Elle eut un sourire conspirateur. Louise le lui rendit.

En atteignant le quatrième étage tout en haut, l'ascenseur s'ouvrit sur un couloir aux murs nus. Quatre portes se faisaient face, deux à gauche et deux à droite. Louise comprit que, s'ils l'obtenaient, ils auraient un appartement d'angle. Elle attendit avec impatience pendant que Natalya toquait. Une femme ouvrit et, les yeux baissés, les laissa entrer. Louise eut l'impression qu'on les attendait. Peut-être avait-elle été prévenue par Natalya, ou par cette fameuse amie au bureau. De toute évidence, les locataires s'en allaient ; il y avait des caisses et des cartons partout.

Natalya parlait en russe avec la femme. Celle-ci, le regard fuyant, marmonna quelque chose. Puis elle jeta un rapide coup d'œil à Louise, prit son manteau et son écharpe et partit.

— Elle aurait pu rester, protesta la jeune femme.

— Tu as besoin de passer un peu de temps seule dans les lieux, souligna Natalya. Ça ne lui pose aucun problème.

Louise déambula, regarda par les fenêtres et aperçut le port.

— Qui habite l'immeuble ?

— Essentiellement des gens de la Commission de contrôle. Deux familles de la légation logent ici. Celle-ci retourne à Moscou.

— On dirait qu'on ne leur a pas laissé beaucoup de temps.

— C'est la procédure habituelle, lui renvoya doucement Natalya.

Louise inspecta la salle de bains. Lorsqu'elle revint, Natalya la questionna du regard.

— J'adore, déclara Louise. Je ne sais pas comment je pourrais te…

— C'est ce qu'on fait entre amies, l'interrompit Natalya.

Louise hocha la tête, reconnaissante à la fois d'avoir été mise au courant pour l'appartement et pour ce brusque aveu d'amitié.

— Évidemment, je tiens à ce qu'Arnie le voie.

Elle savait que c'était une formalité. En tant que bonne épouse de militaire, choisir l'appartement relevait de sa responsabilité. Arnie s'en moquerait tant qu'il lui plaisait, à elle.

— Évidemment.

— Je peux le faire venir ce soir ?

Natalya lui adressa ce haussement d'épaules qui voulait tout et rien dire.

— Pourquoi pas ? Ils partent demain. Leurs valises sont plus ou moins bouclées. L'usage veut qu'ils restent temporairement à la légation. Alors, il sera vide quand Arnie aura fini le travail.

— Oh, je l'adore !

Louise refit un tour rapide des lieux. Tant pis pour Arnie. Si elle l'aimait, il l'aimerait aussi. Et elle l'aimait.

— On le prend. Que devons-nous faire ?

— Il faudra vous adresser à la gardienne de l'immeuble. C'est elle qui aura le bail et les clés.

Natalya lui tendit une feuille portant un nom finlandais et un numéro de téléphone.

— Mon amie a les noms de toutes les gardiennes d'immeuble.

Encore ce haussement d'épaules.

— Ça fait partie de son travail.

Louise ne perdit pas de temps pour contacter la gardienne. Quand Arnie rentra ce soir-là, elle l'emmena précipitamment à l'appartement. Les cartons de déménagement avaient disparu. Le logement était vide, le séjour allumé par une unique ampoule au plafond.

Arnie fit un tour rapide, regarda par toutes les fenêtres et n'entra même pas dans la salle de bains.

— Ça m'a l'air d'aller, affirma-t-il. Il y a un bail ?

Louise le sortit fièrement de son sac à main.

— Six mois minimum, une année si on veut bloquer le prix un peu plus longtemps.

Arnie sourit et hocha la tête d'un air appréciateur.

— Tu es une perle rare.

Radieuse, elle le regarda étudier le bail. Il était écrit en finnois. Lorsqu'il parvint à la dernière page, il sourit.

— On dirait qu'on a déjà accepté de rester un an.

Louise le dévisagea de plus près pour déchiffrer son humeur.

— Ça te dit de fêter ça ? proposa-t-il.

Elle tapa dans ses mains avant de le serrer dans ses bras.

Hamilton donna son accord pour que Pulkkinen aide Louise à emménager le lundi après-midi, vu qu'Arnie était censé rester toute la journée au quartier général de l'armée finlandaise. Pulkkinen était aussi obligeant et impassible qu'à son habitude. Une fois la dernière caisse déposée dans le nouvel appartement, Louise lui proposa une tasse de café préparé sur leur nouvelle cuisinière, l'un des avantages qu'il y avait à être avec la légation américaine. Ce n'était pas seulement pour le remercier : elle était également résolue à en apprendre plus sur lui.

Elle posa une tasse devant le jeune homme, s'en servit une à son tour et s'assit en face de lui.

— Alors, Pulkkinen, lança-t-elle. Je ne connais même pas votre prénom.

— Toivo.

— Ça veut dire quelque chose en anglais ?

— Espoir.

Par chance, elle était habituée à mener des conversations avec la famille d'Arnie. Réussir à obtenir des réponses de plus d'un mot prenait du temps.

— Où avez-vous grandi ?

— Kaustinen.

— C'est où, ça ?

Pulkkinen cligna des yeux.

— Au nord.

Deux mots.

— Au nord ?

Elle laissa sa question en suspens.

— Vers Kokkola.

— C'est de là que vient la famille d'Arnie !

— Je sais.

— Vous le savez ?

Là encore, il y eut cette légère hésitation, comme la fois où il avait employé le mot « réticence », à croire qu'il avait laissé échapper un détail qu'il aurait dû taire.

— Nous autres chauffeurs sommes tenus informés, se hâta-t-il d'ajouter.

Quand Arnie revint du travail à vingt heures, l'appartement était jonché de caisses d'emballage éventrées en provenance des États-Unis. Louise était épuisée. Mais elle était parvenue à descendre au port chercher un poisson, qu'elle avait fait frire sur la petite cuisinière électrique. C'était leur premier repas à la maison depuis qu'ils avaient quitté l'Amérique.

Plus tard, dans leurs draps familiers, ils firent l'amour pour la première fois dans leur nouveau chez-eux.

Arnie était presque endormi quand Louise replia les jambes qu'elle avait appuyées contre le mur. Il n'y avait pas de tête de lit.

— Tu crois que Pulkkinen est un espion ?

— Oui.

Elle cala le dos contre le mur.

— Vraiment ?

— Oui. Seulement, on ne sait pas pour qui.

— Arnie ! s'exclama-t-elle en lui secouant légèrement l'épaule. Parle.

— Il est jeune. Peut-être que c'est sa première mission. Qu'il commet des erreurs.

— Il n'a pas l'air d'un communiste.

— De quoi a l'air un communiste, Louise ?

— Oh, tu sais. Un peu louche.

— Louche, répéta Arnie en la regardant, incrédule. Louise, ma tante, Aino, est communiste.

— Ah oui, c'est vrai. Je l'oublie tout le temps.

— C'est qu'elle n'a pas l'air louche, elle.

Elle se sentit freinée dans son élan. Il n'empêche, il était assez grisant d'imaginer que Pulkkinen puisse être un véritable espion.

— Du coup, tu crois qu'il travaille pour les Russes ?

— Comme je te l'ai dit, il y a de fortes chances.

— Il y a d'autres possibilités ?

— La Valtiollinen poliisi, la police secrète finlandaise. Les rangs supérieurs de la Valpo grouillent de sympathisants russes.

Il marqua une pause.

— Ça pourrait être les Anglais.

— Arnie ! Les Anglais ?

— Nous, on les espionne.

— Vraiment ? Mais Arnie, ce sont nos alliés !

— Les Russes l'étaient, eux aussi.

— Vraiment ?

Calée sur un coude, elle le regarda droit dans les yeux.

— Vraiment, lui renvoya Arnie, mais avec un soupçon de sourire.

— Tu te fiches de moi.

— D'accord. Il est peu probable qu'il travaille pour les Anglais. Et puis, ils n'auraient sûrement pas le budget nécessaire.

— Ouf ! C'est déjà assez dur comme ça de ne pas savoir qui est qui par ici.

Elle sombra dans le silence. Et avant qu'il ait pu s'endormir, elle demanda :

— Tu en penses quoi, toi ?

— De quoi ?

— De l'appartement, gémit-elle.

— Il est génial. Je l'adore.

— Tant mieux. Moi aussi.

— Comment tu as fait pour le trouver ?

— Natalya en a entendu parler et m'a envoyé un message.

Arnie se raidit. Il se tourna vers elle, tout à fait réveillé à présent.

— Natalya ? Comment elle l'a su ?

— Elle a une amie qui travaille dans les bureaux.

— Une amie, répéta Arnie d'une voix neutre.

— Elle voit passer toute la paperasse pour pas mal de choses… du genre, qui va se faire muter.

Arnie lui tira sur l'oreille pour l'approcher de sa bouche – un peu brutalement, trouva-t-elle – et chuchota :

— Tu es dingue ou quoi ?

L'espace d'un instant, cette réaction la stupéfia. Puis, son estomac se noua, et des soupçons mêlés de peur l'assaillirent. Pourquoi cette femme les avait-elle attendues et s'était-elle montrée aussi… aussi accommodante ? Rétrospectivement, elle avait paru un peu effrayée. De Natalya ? Non, impossible. Mais peut-être que si, après tout. Louise se rendit compte qu'elle connaissait à peine Natalya. Elle eut un peu le tournis. Son intuition lui soufflait que c'était une amie, mais pouvait-elle se fier à son intuition dans un monde rempli de tromperies et de désinformation ?

Arnie porta son index à ses lèvres.

— C'est très gentil de sa part, dit-il à voix haute. Je pense que tu t'es sans doute trouvé une amie.

Nu, il quitta le lit et se mit à inspecter la chambre. Il était agenouillé près du radiateur à vapeur sous la fenêtre quand, soudain, il se leva en montrant le plancher du doigt. Et lui fit signe de s'approcher. Il désigna ce qui ressemblait à un boulon fixé au sol et leva la main vers elle pour lui dire d'attendre.

Il gagna la penderie, en sortit une de ses cartes de visite, revint et glissa la carte entre le sol et la tête du boulon. De toute évidence, c'était un faux.

Il lui décocha un regard féroce.

— Je suis désolée, articula-t-elle en silence, les joues dans les mains.

Arnie lui fit signe de regagner le lit.

— Si on mangeait un bout ? lança-t-il d'une voix normale. Tu sais comment je suis après… Tu sais.

Ses yeux lançaient des éclairs.

Elle se ressaisit le temps de répondre :

— D'accord. Des œufs, ça t'irait ?

Elle prépara des œufs brouillés et fit griller du pain dans le petit four électrique, sans rien dire. Elle se sentait bête. Elle se demanda s'il serait possible de rompre le bail.

Elle posa les œufs devant lui et s'assit. Après quelques bouchées, il se mit à écrire dans les marges du journal posé sur la table, et le poussa vers elle.

Il y en a sûrement d'autres, disait son mot.

Elle écrivit : *Tu veux qu'on résilie le bail ? Je suis vraiment désolée.*

Arnie griffonna de nouveau sur le journal. *Il y a de quoi.*

Il laissa ses mots faire leur effet, puis ajouta : *Ça pourrait servir à transmettre des fausses informations.*

Louise tendit le bras pour lui toucher la main, et articula encore en silence : « Je suis désolée. »

Il écarta sa main.

Elle aurait aimé qu'un gros animal vienne la dévorer.

Lundi 20 janvier 1947

Légation soviétique

Le lundi matin, Julia, la secrétaire de Sokolov, s'arrêta devant le bureau de Natalya.

— Le camarade Sokolov souhaiterait vous voir.

Natalya sentit son cœur chuter dans sa poitrine, mais afficha un grand sourire.

— Tout de suite ?

— Il a dit « quand cela vous conviendra ».

Natalya se leva, se tapota les cheveux et rajusta sa jupe. Julia s'éloignait déjà. « Quand cela vous conviendra » signifiait « tout de suite ».

Quand la secrétaire la fit entrer dans le bureau de Sokolov, celui-ci parcourait ce que Natalya estima être le dossier d'un membre du personnel.

— La camarade Bobrova est arrivée, annonça Julia avant de repartir, laissant Natalya plantée là.

Sokolov leva le visage sans sourire. D'un geste vif, il lui fit signe de s'asseoir et continua à feuilleter le dossier.

Natalya s'assit et patienta, les mains sur les genoux.

Sokolov referma le dossier et le posa nonchalamment plus près de Natalya, où elle put le voir.

— Les états de service de votre mari pendant la guerre sont remarquables, affirma-t-il en souriant. Nous ne voyons pas passer beaucoup de héros de l'Union soviétique.

Une fois encore, cette petite sensation de peur en chute libre. Ils étaient à Helsinki depuis plusieurs mois, aussi Sokolov ne consultait-il pas ce dossier dans le seul but d'apprendre à les connaître.

— Oui, répondit-elle avec un sourire éclatant. Je suis très fière de lui.

— Vous avez raison, approuva-t-il.

En voyant son sourire, elle songea à celui qu'affichait Galena Szmyonova à l'école en récupérant les kopeks hebdomadaires que Natalya devait débourser pour faire taire sa camarade au sujet de ses parents aristocratiques.

— Je vois qu'il a fraternisé avec des soldats américains pendant la guerre.

La peur alla crescendo. Bien sûr, il avait rencontré le colonel Koski en Autriche. Mais ce n'était pas de la fraternisation. Si ?

— C'est vrai qu'il a rejoint des soldats américains, nos alliés, quand l'Armée rouge cernait les Allemands, dit-elle prudemment. Ce n'est pas un secret qu'il y a fait la rencontre du colonel Koski.

— Et ils se sont saoulés.

Que répondre à cela ? Chaque combattant de l'Armée rouge recevait cent grammes de vodka par jour. S'ils s'étaient distingués, on leur en donnait deux cents. La moitié de la population masculine avait été dans l'Armée rouge et la moitié de ceux-là étaient parvenus à traverser la guerre grâce au serpent vert : la vodka.

— Pourquoi deux soldats n'auraient-ils pas fêté notre victoire contre le fascisme ? demanda-t-elle innocemment.

Contre toute attente, Sokolov eut un petit rire.

— Vous êtes forte, dit-il, avant d'ajouter : Vendredi soir, Louise Koski était dans votre appartement de dix-neuf heures environ jusqu'à vingt et une heures.

Encore ce coup au cœur.

— Oui, camarade Sokolov. Nous avons travaillé sur le projet commun d'orphelinat.

Sokolov se carra le dos dans son siège.

— Oui, oui. Bien sûr.

À l'entendre, on aurait cru qu'il venait juste de se le rappeler. Alors qu'elle savait pertinemment que Fanya l'informait sur tout.

— Nous avançons bien, ajouta-t-elle.

— Tant mieux. Je suis ravi de l'entendre. Les orphelins finlandais nous tiennent à cœur, bien sûr, même si un grand nombre de nos propres enfants sont eux-mêmes orphelins. Après tout, nous sommes tous dans le même bateau. Les orphelins sont des enfants avant tout, ni des Russes ni des Finlandais. Ils ne savent rien des frontières nationales. Et ils n'en sauront plus jamais rien une fois que le capitalisme aura disparu, ajouta-t-il rapidement.

Natalya sourit. Elle savait que Sokolov ne faisait que débiter l'un des nombreux clichés du Parti. Il plantait le décor pour la suite. Et elle savait quelle devait être sa réaction.

— Je suis ravie que vous m'ayez donné l'occasion d'apporter une contribution aussi significative.

Sokolov sourit. Et se pencha en avant. Ils connaissaient tous les deux ce petit jeu. Cela faisait partie de cette vie privilégiée.

— Camarade Bobrova, reprit-il. Vous et votre époux avez d'excellents dossiers. Vous avez été de bons et loyaux camarades tous les deux, et vous recommander à vos supérieurs ne nous pose aucun problème.

Il jeta un bref coup d'œil aux dossiers. Elle devinait ce qui viendrait après – et en eut la confirmation.

— Malgré tout, j'aimerais que vous nous rendiez un service.

— Bien sûr, tout ce que vous voudrez.

Il fronça légèrement les sourcils, comme pour réfléchir, comme pour laisser croire que ce qu'il s'apprêtait à dire, il n'y avait pas pensé avant cet instant précis. C'était le jeu. Tout le monde y jouait.

— Cette Louise Koski…, commença-t-il lentement.

Natalya hocha la tête, attendant la suite.

— Elle est, comment dire, irréfléchie ?

Elle acquiesça de nouveau, entra dans la conspiration. Elle savait qu'il allait lui demander de soutirer des informations à Louise. Elle le craignait depuis qu'ils avaient déjeuné ensemble. *Irréfléchie*, songea-t-elle avec un petit sourire. Le camarade Sokolov confondait naïveté avec stupidité. C'était une erreur fréquente chez les puissants, particulièrement à l'égard des femmes. Certes, Louise Koski était naïve, mais plus Natalya apprenait à la connaître, plus elle comprenait que l'Américaine était loin d'être faible ou stupide. C'était même tout le contraire.

— Que souhaiteriez-vous que je découvre, camarade ?

Jouons le jeu.

— Des histoires de femme. Vous savez. Parlez de vos maris. Ce qu'ils aiment. Ce qu'ils n'aiment pas. (Il marqua une pause.) Quelles sont leurs faiblesses.

Elle hocha la tête.

— Le colonel Koski est-il plus finlandais qu'américain ? Ou est-ce le contraire ? (Il hocha lentement la tête.) Il s'agit là d'un problème que nous ne connaissons pas. Si on est russe, on est russe. Nous n'avons pas l'équivalent, comme eux, d'Américano-Japonais ou d'Américano-Allemands.

— C'est tout, camarade Sokolov ? Des détails que connaît une épouse ?

— Essentiellement.

Il pinça les lèvres, faisant encore mine de réfléchir.

— Sur quoi il travaille. Qui ils voient lorsqu'ils sortent en couple. De quoi il se plaint. Des rumeurs de légation. Qui est nouveau. Qui est bien vu.

Il s'interrompit puis, pour qu'elle comprenne l'importance de l'affaire, il ajouta :

— Nous voulons savoir s'ils sont réellement mariés. Elle pourrait être une agente se servant de la couverture d'une épouse américaine naïve pour se rapprocher des autres épouses. (Il la regarda de ses yeux curieusement morts.) Des épouses comme vous.

Un petit haut-le-cœur lui signala qu'elle était en terrain miné. Elle avait peur. Elle n'osa pas le montrer. Non seulement elle paraîtrait faible, mais il pourrait également croire qu'elle s'était laissé abuser, et qu'elle présentait donc elle-même une menace pour la sécurité.

— Bien sûr, camarade Sokolov. J'étais pleinement consciente de cette éventualité. Tout ce projet d'orphelinat américano-soviétique m'a toujours paru un peu tiré par les cheveux.

Elle s'écouta le dire mais, au fond de son cœur, elle ne pouvait pas croire que Louise soit une espionne. Cela étant, c'était justement ce qu'une bonne espionne aurait voulu qu'elle croie.

Sokolov émit un grognement évasif et se mit à ranger les dossiers sur son bureau. Natalya comprit qu'il lui signifiait qu'il était temps de partir. Alors qu'elle se levait, il lança :

— Sans doute vaudrait-il mieux que vous gardiez cette conversation pour vous.

— Bien sûr.

— Votre mari non plus n'a pas à le savoir.

Elle déglutit.

— Bien sûr.

— Je veillerai à ce que cela n'interfère pas avec vos engagements professionnels au Service économique.

— Merci, c'est très gentil à vous.

Au tour de Natalya de froncer les sourcils, de réfléchir intensément.

— Mais quand les femmes parlent de leurs maris, dit-elle, elles échangent des informations. Sans ça, il n'y a aucune confiance. Que devrais-je lui confier ?

Sokolov eut un petit rire.

— Ma chère Natalya !

Elle remarqua qu'il avait abandonné le « camarade Bobrova ».

— Vous n'aurez qu'à inventer.

Natalya regagna son bureau, un peu soulagée. Comme on pouvait être accusé de tout et n'importe quoi, on ne savait jamais vraiment pourquoi on était convoqué. Elle aurait dû éprouver de la fierté à l'idée d'être en mesure d'aider le Parti, elle en avait conscience. C'était une chance. Pourtant, elle ne pouvait s'empêcher de se sentir coupable à l'idée d'espionner Louise, qu'elle commençait à considérer comme une amie. Elle s'était déjà sentie partagée quand Julia, la secrétaire de Sokolov, l'avait informée que l'appartement serait bientôt disponible. *Mais c'est la vie*, se dit-elle. *Après tout, nous ne sommes pas des enfants.* Le plus préoccupant était de décider si, oui ou non, elle devait désobéir à Sokolov et en parler à Mikhail. La vieille question obsédante de savoir qui avait dénoncé son père, ou si lui avait dénoncé sa mère – ou si quelqu'un d'autre les avait dénoncés tous les deux – revint à la surface. Elle la repoussa de nouveau. Tout de même, son mari devait savoir ce qu'elle faisait – il n'empêche, elle était horrifiée d'avoir pensé si spontanément que Mikhail puisse la dénoncer si elle allait à l'encontre des ordres de Sokolov.

Lundi soir, 20 janvier 1947

Appartement des Koski

Il avait fallu un temps considérable à Louise pour trouver du saumon, le plat préféré d'Arnie. Elle parvint à acheter une espèce d'eau douce qui avait été pêchée dans l'un des grands lacs. Il était plus petit que le saumon chinook qu'Arnie avait connu dans son enfance et dont il chantait les louanges, mais avait la même chair savoureuse et rose foncé.

Quand il rentra, la table était mise, et dans l'appartement flottaient l'arôme et la chaleur d'un bon repas.

Arnie suspendit son lourd manteau dans la penderie et entra dans la petite cuisine. Appuyé contre le montant de porte, il regarda Louise mettre la touche finale à deux assiettes. Elle leva les yeux et sourit.

— Ouah, du saumon ! s'extasia-t-il, avant d'articuler en silence : *Je ne t'en veux pas… plus maintenant.*

Elle fit la grimace, et lui répliqua sans bruit : *Je sais que tu étais en colère.*

Il hocha lentement la tête avant de s'approcher pour l'embrasser. Il enfonça le doigt dans le jus chaud du saumon et le retira aussi sec pour le mettre par réflexe dans sa bouche.

— Ça t'apprendra, lui décocha-t-elle.

Son ton avait été un peu cinglant, pas comme celui de ses plaisanteries habituelles quand Arnie goûtait ses plats avant que, bataille perpétuelle quoique plaisante, elle ne les serve.

— C'est ce qu'on récolte quand on fourre les doigts dans quelque chose sans avoir été prévenu que ça brûlait.

Elle regarda Arnie digérer ses paroles, sachant pertinemment que cette remarque acerbe lui avait échappé parce qu'elle se sentait un peu bête.

Elle finit de faire frire le saumon et, quand ils s'assirent pour manger, elle lui demanda :

— Tu as parlé à Hamilton ?

Attention, articula Arnie en silence, en montrant du doigt l'endroit où ils avaient trouvé le micro caché.

— Au sujet du projet d'orphelinat ? renvoya-t-il.

— Oui.

Louise fit la grimace et hocha la tête pour lui signifier qu'elle avait compris.

— Oui, répondit-il.

Suivi du silence habituel.

— Oui, quoi ?

— Oui, je l'ai fait.

— Arnie, bon Dieu, qu'est-ce qu'il t'a dit ?

Et puis, elle vit qu'il souriait jusqu'aux oreilles.

— Va au diable, Arnie Koski !

Ils rirent de concert.

— L'idée lui plaît, répondit-il à haute voix.

Il s'était levé, et marchait vers le plan de travail tout en parlant. Il y trouva une feuille de papier et se mit à écrire dessus.

— Il a dit que nous devions faire tout notre possible pour que les électeurs finlandais soient favorables aux gouvernements qui nous sont favorables.

Il s'assit et lui montra le mot. *Laissons-le où il est. Histoire de diffuser des fausses informations.*

Non, articula-t-elle en silence. Elle prit alors la feuille et le stylo pour écrire : *On sera prisonniers dans notre propre maison !!!* tout en disant à voix haute :

— Oh, quelle excellente nouvelle.

Arnie leva les yeux au ciel, et griffonna : *On peut bien chuchoter dans la chambre, non ?*

Louise fit « non » de la tête, mais elle avait le sourire aux lèvres.

— Le saumon finlandais te plaît ? demanda-t-elle, tout en écrivant : *C'est ce que tu appelles le langage diplomatique ?*

Arnie enfourna le saumon, émit un grognement d'approbation, et répliqua :

— C'est très bon. Peut-être moins gras que le chinook, mais très goûteux.

Ainsi cette conversation marqua-t-elle le début de ce qui devait devenir pour Arnie et pour Louise l'équivalent de communiquer dans une seconde langue. Les échanges libres et faciles sont toujours les premières victimes quand on perd sa vie privée.

Semaine du 20 au 26 janvier 1947

Helsinki

En plus de se répartir la quête d'argent selon des axes politiques aussi bien que linguistiques, comme elles l'avaient déjà fait précédemment, Louise et Natalya décidèrent aussi que cette dernière s'occuperait des organismes qui étaient soit dominés par le Parti communiste soit bien disposés envers lui, pendant que Louise se concentrerait sur les organisations et individus qui restaient dans le camp capitaliste de l'économie de marché ou, pour le dire plus simplement : les prorusses d'un côté, les proaméricains de l'autre. Si l'une des stratégies les plus évidentes aurait été de soutenir l'idée qu'il n'existait pas d'orphelins communistes ou capitalistes, elles tombèrent d'accord sur un élément clé : mettre les deux camps en compétition pour savoir lequel était le plus généreux. Elles élaborèrent soigneusement des sujets de discussion pour leur faire comprendre que la générosité d'un organisme générerait une publicité positive, mais que cette même publicité s'appliquerait également à d'autres.

Malgré leur préparation méticuleuse, elles n'obtinrent pas les résultats escomptés. Organismes comme individus étaient quasiment fauchés après des années de guerre. Plusieurs personnes dirent en blaguant qu'elles aussi auraient aimé avoir des étrangers qui leur cherchent de l'argent. Natalya obtint quelques petits dons de la part d'organisations ouvrières gauchisantes – même un peu du SKP, le Suomen Kommunistinen Puolue, le Parti communiste de Finlande, légalisé depuis l'armistice de Moscou de 1944. Le Parti était une force puissante. Sous l'étiquette de Ligue démocratique du peuple finlandais, il détenait environ un quart des sièges parlementaires. Louise parvint à récolter quelques sommes par-ci par-là auprès de banquiers, de propriétaires de petites entreprises et même de quelques sociétés commerciales finlandaises plus importantes. Mais le total fut loin d'atteindre leur objectif.

Parfois, les deux femmes démarchaient ensemble, tâchant de communiquer un sentiment d'unité, tout cela pour être déçues toutes les deux. Elles puisaient du réconfort dans un petit café qu'elles avaient découvert par accident près du port, et qui se trouvait aussi à quelques minutes de marche de leurs appartements respectifs. L'une et l'autre étaient passées souvent devant avant de se rendre compte qu'il s'agissait d'un café. Coutume locale typique, la façade donnait l'impression que le commerce qui se trouvait derrière la porte n'était pas ouvert. De toute évidence, les Finlandais n'avaient pas perçu le même signal car, à l'intérieur, ils étaient nombreux à échanger avec une dignité polie, manifestement contents d'être là. Comme Louise le dit un jour à Natalya sur le ton de la plaisanterie :

— Que pourrait-on attendre d'autre de la part d'un peuple dont la porte d'entrée est derrière la maison, côté jardin ?

Elles avaient beau parler français couramment, ce n'était pas leur langue maternelle pour autant, ce qui rendait parfois leurs conversations moins fluides qu'elles ne l'auraient souhaité. L'argot français n'était pas enseigné à l'université de l'Oklahoma. On ne l'apprenait pas non plus dans les dictionnaires et livres de grammaire un peu suspects trouvés par Natalya. Il n'empêche qu'elles « papotaient », comme le disait Louise en recourant à l'argot américain qu'elle enseignait avec une certaine fierté à Natalya, qui se surprit à le retenir facilement.

Louise parlait librement de tout, et Natalya songea que la tâche que lui avait confiée Sokolov en était presque trop facile. L'Amérique était-elle vraiment aussi franche et irréfléchie ? Ou seulement cet Oklahoma que Louise semblait adorer tout en s'en moquant ? Ou était-ce que Louise jouait un rôle ?

Elle chassa ce soupçon, surtout parce que parler aussi librement était très agréable. Dans le salon de thé, loin de Fanya et du guetteur dans l'entrée, Natalya s'étendait sur sa vie avant Helsinki, ses années d'école, sa famille, les espoirs qu'elle nourrissait pour l'avenir. De plus en plus souvent, elles parlaient de leur mari, qu'elles aimaient toutes les deux profondément, pour lesquels elles s'inquiétaient depuis si longtemps – et continuaient de s'inquiéter. Elle se surprit à apprécier Louise de plus en plus, et se sentit d'autant plus coupable à l'idée de devoir recueillir des renseignements pour Sokolov.

Malgré tout, elle s'acquittait de sa tâche, donnant au compte-gouttes quelques informations personnelles sur elle et Mikhail ou un détail inoffensif au sujet du travail de son mari, juste ce qu'il fallait pour que la conversation suive une direction qui lui permettrait de rapporter des éléments utiles à Sokolov. Son sentiment de culpabilité allait crescendo quand Louise lui renvoyait cinq fois plus d'informations.

Natalya rendait consciencieusement compte de presque tout à Sokolov – presque. Il y avait une limite qu'elle refusait de franchir.

— Est-ce qu'il boit ?

— Certainement aux soirées.

— Et chez lui ?

— Je n'en sais rien.

— Débrouillez-vous pour le savoir. Quelles quantités. Est-ce que c'est une faiblesse. Est-ce que c'est un problème.

— Vous voulez dire, est-ce qu'il est alcoolique ?

— Oui.

— Je crois qu'il est plutôt comme un adolescent qui ne tient pas bien l'alcool. Je ne sais vraiment pas quelles sont ses habitudes sur ce point.

— Découvrez-le. Demandez-le à sa femme, lui lança Sokolov, comme s'il s'adressait à une gamine de cinq ans. Que croyez-vous que nous soyons en train de faire, là ?

— Oui. Bien sûr.

— Louise est-elle heureuse en couple ?

Sokolov avait adopté un ton plus professionnel.

— Très.

— Comment le savez-vous ?

— Chaque fois qu'elle se plaint d'Arnie, c'est avec amour. Ça se voit.

— Vous croyez que c'est possible ? De se plaindre à quelqu'un d'autre d'une personne qu'on aime ?

— C'est mon avis sur l'amour conjugal que vous voulez, ou des renseignements ?

Attention, songea Natalya. *Surveille ce que tu dis devant le MGB.*

Par chance, cette repartie cinglante fit sourire Sokolov.

— Les deux, répliqua-t-il. Mais d'abord, des renseignements. De quoi se plaint-elle ? Questionnez-la là-dessus.

Ainsi se déroulaient les échanges avec Sokolov. Parfois avec grand sérieux, parfois sur le ton de la badinerie. Parfois le matin. Parfois quand elle aurait dû rentrer chez elle. Elle vivait dans l'angoisse de ne jamais savoir quand on lui demanderait de fournir un compte-rendu, aussi devait-elle toujours en avoir un de prêt. Et puis, elle n'était pas certaine que Sokolov ait caché des micros dans l'appartement de Louise. Elle supposait que oui, mais si elle lui posait la question, il se rendrait compte qu'elle soupçonnait l'appartement d'être sur écoute et qu'elle adaptait de fait son compte-rendu pour qu'il corresponde à ce qu'elle pensait qu'Arnie et Louise disaient et que Sokolov avait déjà entendu. Mieux valait ne pas le lui demander, et supposer que Sokolov comptait sur plus d'une source d'information. Si jamais elle se trouvait seule dans l'appartement de Louise, elle devrait veiller à poser des questions qui indiqueraient à Sokolov qu'elle faisait ce qu'elle pouvait. D'un autre côté, peut-être qu'il valait mieux ne jamais se rendre dans l'appartement de Louise. Toutes ces pensées se pressaient dans un coin de sa tête pendant qu'elle répondait aux questions de Sokolov. Entrer dans son bureau lui faisait l'effet de monter sur une poutre dressée au-dessus de piques.

Pour Louise, la frustration d'arpenter les rues pour si peu d'argent était compensée par l'intimité qu'elle développait avec Natalya. Elle n'avait jamais connu d'étrangère jusqu'à présent, ni été aussi proche d'une femme aussi intelligente et éduquée que Natalya, qui semblait bien plus raffinée qu'elle, même si c'était la première fois aussi que son amie quittait son pays d'origine. Louise avait toujours été un peu intimidée par les femmes belles et élégantes – et Natalya était assurément la femme la plus belle et la plus élégante qu'il lui avait jamais été donné de rencontrer –, mais cela n'avait pas trop posé de problème dans l'Oklahoma. Là-bas, les amies de sa mère semblaient se plier en quatre pour s'affadir. Les beaux habits étaient pour « les riches », les couleurs vives pour les enfants ou les étrangères. Les idées appartenaient aux « intellectuelles », une catégorie assez suspecte de femmes qui semblaient vivre à New York et à Paris.

Les filles de sa sororité respiraient toutes un naturel cultivé – fraîches et disposes, sans chichis – qui reflétait inconsciemment la mentalité de leurs mères. Elle aussi avait incarné le même personnage. Elle savait qu'elle était du savon Ivory et que Natalya était un parfum musqué, même si elle n'en portait pas.

Louise appréciait aussi Natalya parce qu'elle semblait s'intéresser sincèrement à elle et à l'existence qu'elle menait avec Arnie. C'était un vrai plaisir de lui parler de leurs vies, de partager sa richesse en un sens, mais elle était toujours un peu gênée à l'idée d'avoir l'air de se vanter. Le fait était qu'elle et Arnie avaient grandi dans un environnement sûr et sécurisé, avec de bons parents. Elle était fière d'être américaine et voulait communiquer à Natalya tout ce qu'il y avait de grand et de charmant dans son pays. Elle se sentait seulement triste que Natalya, elle, n'ait pas eu cette chance.

Lundi 27 janvier 1947

Orphelinat – Appartement de Natalya

Le lundi après-midi suivant, après une semaine de démarchage, Louise, Natalya et Kaarina Varila se retrouvèrent à l'orphelinat. Kaarina se confondit en remerciements avec Louise et usa de politesse avec Natalya. Mais toutes les trois étaient déçues par les résultats. L'argent était un mince filet d'eau, les besoins une vaste mer intérieure. Louise avait le sentiment d'avoir échoué. Les trois femmes étaient un peu frustrées. Malgré tout, elles se mirent consciencieusement à rédiger des mots de remerciement. Kaarina tenait à personnaliser chacun d'eux. Elle les écrivit à la main – et, s'il fallait qu'ils soient en français ou en russe, alors Louise ou Natalya les rédigeait, et Kaarina les recopiait de sa propre main avant de signer. Elle trouvait qu'il était important que la personne qui recevait l'argent dise merci – et montre comment il était employé.

Après quelques mots de remerciement, Louise ne put s'empêcher de demander :

— Kaarina, je ne vois pas d'argent alloué à des articles comme des livres ou même des jouets. Moi, quand j'enseignais à des CP…

Kaarina l'interrompit.

— Je n'ai pas besoin d'entendre comment ça se passait quand tu enseignais en Amérique.

— Je ne voulais pas établir de comparaison, protesta Louise, un peu rebutée. C'est seulement que ces enfants n'ont probablement pas été à l'école, depuis plusieurs années pour certains.

— Nous disposons d'un excellent système éducatif ici, en Finlande. Je crois que ce dont l'orphelinat a besoin actuellement, c'est de vêtements, de couvertures et d'ustensiles de cuisine.

— Oui, bien sûr, mais ces enfants vont-ils à l'école ?

— Pas encore.

— Ils ne vont pas prendre du retard ?

— C'est ton fameux Dr Spock[1] qui parle ?

— Allez, Kaarina ! C'est la base, tu sais, l'éducation. J'ai enseigné là-bas, en Amérique…

— Là-bas en Amérique, là-bas en Amérique ! Ici, tu es en Finlande, et les enfants ont besoin de bien plus que de livres. (Elle marqua une pause.) Et de jouets.

— Louise, interrompit doucement Natalya. *Que se passe-t-il* ?*

— On parle de la manière dont on va employer l'argent, lui répondit Louise, en français également.

— Peut-être que nous devrions laisser Kaarina en décider.

— Je n'ai rien dit, rien décidé, répondit Louise, consciente de paraître irritable.

Elle savait qu'elle était en rogne. C'était toujours pareil. Ce qu'on appelait les « besoins essentiels » ne comprenait

1. Pédiatre américain populaire dans les années 1950 qui prônait notamment une approche bienveillante en matière d'éducation.

jamais ce qu'il y avait de plus essentiel pour chaque société sur Terre : apprendre aux enfants à réfléchir.

Elle fit part de cette opinion à Kaarina, qui exprima son propre avis à son tour. Et ce fut répété. Alors, Louise se mit en colère.

— Dois-je te rappeler que celui qui paie les violons choisit la musique ? lança-t-elle.

Ses mots restèrent en suspens et elle regretta de s'être emportée.

Natalya se racla la gorge.

— Qu'est-ce que c'est ? demanda-t-elle en français.

— Rien, répliqua Louise dans la même langue.

Kaarina avait plaqué les deux mains sur la table devant elle, les épaules dressées, comme les animaux lorsqu'ils essaient de paraître plus forts avant de se battre.

— Vous autres Américains, avec votre argent ! lança-t-elle. Dommage que vous n'ayez pas de système éducatif qui vous apprenne à ne pas le dilapider aussi bêtement.

— Kaarina, dit Natalya.

Kaarina se retourna vers elle.

— Et je n'ai pas besoin d'entendre l'avis d'une Russe.

Natalya leva une paume en signe de capitulation. Elle recula sur son siège, quittant le champ de bataille.

Kaarina se tourna vers Louise.

— Tu n'as pas l'air de comprendre. Les Finlandais n'écoutent jamais d'autre musique que la leur.

— Ce qui pourrait expliquer le pétrin dans lequel vous êtes actuellement, riposta Louise.

Kaarina et Louise échangèrent un regard. Louise comprit que la fierté de Kaarina l'empêcherait de parler la première. Elle ravala donc la sienne.

— Bien sûr, c'est toi qui décides de la meilleure manière de dépenser cet argent.

Elle vit Kaarina dresser le menton presque imperceptiblement en signe de victoire. Elle se rendit compte qu'elle venait d'apprendre une des règles fondamentales de la diplomatie – et elle était très dure à suivre.

Natalya et Louise quittèrent l'orphelinat ensemble dans l'obscurité vers l'heure du dîner, en agrippant les pans de leurs manteaux pour se protéger du vent constant. Louise expira, de manière un peu théâtrale, et son souffle forma un nuage éclairé par la faible lueur des réverbères.

— Ç'a été un peu mouvementé, lança-t-elle.

Elle traduisit la dispute à Natalya.

— On est toutes un peu frustrées de ne pas avoir reçu autant d'argent qu'on l'espérait, souligna Natalya.

— Oui. J'imagine. Quoi qu'il en soit, il faut qu'on trouve mieux.

— Bien sûr, mais quoi ?

Louise s'illumina.

— Viens chez moi, suggéra-t-elle. J'ai une bouteille de bourbon détaxé. Si on en boit suffisamment, va savoir ce qu'on finira par trouver ! Et après ce qui vient de se passer, j'ai besoin d'un verre.

— Qu'est-ce que ce bourbon ?

— Une sorte de vodka fabriquée avec du maïs.

Natalya fit la grimace avant de dire, comme pour s'excuser :

— Il vaudrait sans doute mieux que ce soit toi qui viennes chez moi.

— Tu n'as pas envie de goûter au bourbon ?

— Non, ce n'est pas ça. Nous sommes plus…, hésita-t-elle, plus à l'aise quand nous recevons chez nous. Si tu passais boire le thé ?

Louise haussa les épaules.

— D'accord.

Fanya avait déjà donné à manger aux enfants. Mikhail était encore au travail. Après de brèves retrouvailles avec Alina et Grisha, Natalya se rendit dans la cuisine pour préparer le thé, suivie de près par sa petite fille, qui se cramponnait à sa jupe. Grisha, debout une main posée sur la table basse, se lança à la poursuite de sa sœur. Trouvant son avancée trop lente, il finit par se laisser tomber par terre pour ramper rapidement vers la cuisine. Fanya se leva pour suivre les enfants, mais Louise arriva la première. Elle fit virevolter Grisha devant son visage, surprise une fois encore de constater combien le garçon était robuste – et lourd. Elle l'attira contre elle pour sentir sa chaleur.

Natalya sortit avec une assiette de petits chaussons fourrés en forme de bateaux et une théière, suivie d'Alina qui, debout juste devant la porte de la cuisine, observait Louise et son petit frère. Comprenant que la scène devait paraître un peu curieuse, Louise desserra son étreinte. Natalya posa la théière et les petits pains sur la table et lui adressa un sourire compréhensif avant de regagner la cuisine. Alina resta sur le seuil, sans rien dire. Louise s'assit avec Grisha sur les genoux et joua avec ses mains pendant que le thé infusait. Natalya revint, servit une tasse à Louise, et lui reprit Grisha.

— Mange, dit-elle en montrant les petits chaussons du menton. Je t'en prie.

Louise en prit un et s'aperçut qu'il était garni d'une préparation étonnamment sucrée à la cerise, pas tout à fait de la gelée ni tout à fait de la confiture.

— Qu'est-ce que c'est ? demanda-t-elle. C'est délicieux.

— Un *pirozhki*, fourré au *varenye* à la cerise.

— Dieu du ciel ! lança Louise, la bouche pleine.

Natalya sourit de plaisir.

Louise aida Natalya à mettre les enfants au lit, puis elles regagnèrent la cuisine. Il n'y avait presque plus rien dans la théière et il ne restait plus de *pirozhki*. Louise contempla les récipients vides avec une certaine mélancolie. Natalya, elle, sourit. Ayant jeté un coup d'œil dans le séjour et constaté que Fanya s'était retirée dans sa chambre, elle s'approcha d'un placard, tendit le bras vers les hauteurs et en descendit une bouteille de vodka. Puis elle posa sur la table une bouteille d'eau de Seltz et deux verres à côté, et sortit d'une petite glacière une assiette de cornichons et des poissons minuscules que Louise ne parvint pas à identifier.

Bientôt, la vodka aidant, les deux femmes abordèrent des sujets plus profonds. Lorsqu'elles s'étaient vues avec leurs maris, elles avaient brièvement évoqué ce qu'elles avaient fait avant la guerre, mais sans entrer dans les détails. À présent leur venaient davantage de révélations hésitantes qui s'épanouirent en des récits plus profonds et personnels. L'une et l'autre s'évertuaient à être sincères, mais Louise estima que Natalya se retenait, tout en incitant Louise à en révéler plus sur elle-même. Elle en déduisit que ce devait être à cause de la présence intermittente de Fanya.

De son côté, Natalya ne put s'empêcher de remarquer que l'Américaine émettait des commentaires au sujet d'une vie qui aurait été invraisemblable à quiconque n'aurait pas été un haut fonctionnaire, alors que le père de Louise n'évoluait même pas dans cette sphère-là. Sa famille semblait posséder une voiture. Elle raconta même qu'elle avait sa propre chambre ! Et sa mère avait du temps pour jouer aux cartes et conduire la voiture, toute seule. Et elle se rendait dans une plus grande ville où elle achetait des habits et d'autres articles. Et ils avaient trois chiens. Trois.

Quand Louise précisa que tous ses amis étaient dans des situations similaires à la sienne, Natalya n'y crut pas un seul instant, mais décida d'être bienveillante et de la laisser poursuivre. Une amie, quelle qu'elle soit, avait forcément ses défauts – et, visiblement, celui de Louise était d'exagérer les bons côtés de son enfance. Natalya décida de ne même pas se donner la peine d'en rendre compte à Sokolov.

Louise fit allusion malgré tout à une période qu'elle appela la Dépression, quand sa famille n'avait pas pu acheter de nouvelles chaussures pour l'école, comme elle le faisait d'habitude, et qu'elle avait dû travailler dans la scierie familiale parce que son père avait renvoyé deux de ses ouvriers. Natalya savait qu'une des nombreuses failles du système capitaliste était ses affreux cycles économiques – failles que la planification soviétique avait éliminées. Louise parlait de la Dépression comme s'il s'agissait d'une catastrophe majeure. Mais Natalya, elle, avait connu la famine de 1932-1933, qui avait tué six à huit millions d'Ukrainiens et, en ce qui la concernait, ce que Louise décrivait là n'était qu'un petit accident de parcours.

Mikhail entra, vit Louise et laissa son large visage se fendre d'un sourire. Puis il s'inclina légèrement. Natalya se leva pour l'embrasser. Son anglais n'allait pas au-delà de *« Hello. Good day »*. Il adressa quelques mots en russe à Natalya, s'inclina une fois encore, et disparut dans la chambre des enfants.

— Misha te demande de bien vouloir le pardonner. Le général Kristall est en visite de Moscou. Impossible d'y couper.

Natalya eut un petit rire.

— C'est le patron du patron de Misha. Ce n'est pas vraiment comme ça qu'il s'appelle. « Kristall », c'est le nom de code de la Halle aux vins d'État n° 1 de Moscou. Ils ne fabriquent pas de vin, mais cette vodka que tu bois. Misha ne rentrera pas avant le matin, ajouta-t-elle en souriant. Et demain, il aura très mal à la tête.

— Nous avons des généraux dans le genre. Dans notre armée aussi, on boit beaucoup.

— Toutes les armées ont des généraux dans le genre, affirma Natalya. Mais je crois que « boire beaucoup » n'a pas le même sens pour un Russe que pour un Américain.

Natalya sourit, avant de demander :

— Et ton Arnie, est-ce qu'il boit ?

Louise trouva sa question un peu culottée, mais se rappela que ce qui était personnel dans certaines cultures pouvait ne pas l'être dans d'autres.

— Presque jamais. La soirée du Nouvel An était une exception, ajouta-t-elle hâtivement. Sa mère a dit à tous ses enfants de ne jamais rien boire. Selon elle, il s'agit d'une faiblesse propre aux Finlandais.

— Alors, reprit Natalya, Arnie a-t-il montré des signes de cette… faiblesse ? lança-t-elle en insistant légèrement sur ce dernier mot.

— Non, non, répondit Louise.

Elle se demandait ce qui prenait à Natalya de lui poser ce genre de questions. Cela la mettait mal à l'aise. Natalya semblait réticente à révéler sa propre vie privée, mais posait parfois bien volontiers des questions très directes sur celle de Louise et d'Arnie. Savait-elle qu'ils étaient sur écoute ? Mais elle n'avait pas envie de se méfier de Natalya. Elle se rappela sa propre mère lui disant plus d'une fois que, si on veut se faire des amis, il ne faut pas les vouloir sans défauts. Ces personnes-là n'existent pas. Mais espionner un ami allait au-delà du simple défaut. Elle ne pouvait pas se contenter de le demander à Natalya car, si celle-ci l'espionnait, elle répondrait par la négative. Et, si elle ne l'espionnait pas, elle répondrait aussi par « non ». De toute évidence, la confiance ne pouvait pas reposer sur des mots.

Mikhail sortit de la chambre des enfants pour disparaître dans ce qui était sûrement une autre chambre. Il en émergea avec une paire de skis. Le visage de Louise s'éclaira.

— Oh, les gars ! dit-elle en anglais, avant de repasser au français pour s'adresser à Natalya. Cette course de ski qu'ils ont organisée…

Elle ne termina pas sa phrase. Natalya lui avait posé une main sur le bras et hochait imperceptiblement la tête. Elle montra la porte fermée de la chambre de Fanya.

Louise se ressaisit vite.

— Mikhail part faire du ski ?

— Dans le cadre de son travail, il doit se rendre dans le Nord pour vérifier la largeur des ponts, les conditions de circulation des routes, ce genre de choses. Pour les chars d'assaut, précisa Natalya. Il prend ses skis au cas où il en aurait besoin. (Elle s'esclaffa.) Il sait qu'il n'aura aucune envie de monter dessus demain après une nuit avec le général Kristall.

Louise rit elle aussi, entrant dans la petite manigance de Natalya, mais elle perçut une lueur de peur dans son regard. Elle se réjouit qu'en Amérique, on puisse dire tout ce qu'on voulait sans crainte des représailles. On pouvait compter sur le gouvernement et la presse pour toujours dire la vérité. En Amérique, un fait était un fait. Point final.

Mercredi 29 janvier 1947

Gare ferroviaire d'Helsinki

Le mercredi matin venu, Louise accompagna Arnie jusqu'à la gare où il allait prendre le train pour Rovaniemi, une ville située presque précisément sur le cercle polaire, à tout juste quatre-vingts kilomètres de la Suède et cent de la Russie. Rovaniemi avait été rasée par l'incendie d'un train de munitions allemand lors des combats entre la Finlande et l'Allemagne à l'automne 1944. Ironie de la chose, c'étaient des commandos finlandais qui avaient fait sauter ce train en pourchassant des Allemands en retraite. Rien que quelques mois plus tôt, ces mêmes commandos se battaient aux côtés des Allemands pour empêcher l'Union soviétique d'entrer en Finlande. L'une des exigences de l'accord de paix de 1944 avait été que la Finlande chasse toutes les troupes allemandes de son territoire. Ce qui impliquait de combattre ceux qui avaient été des compagnons d'armes à peine quelques semaines plus tôt. C'était plus dur pour les soldats que pour les hommes politiques.

La locomotive était presque cachée par la vapeur qui se condensait dans l'air glacial. Louise se recroquevilla contre Arnie, en essayant d'extraire autant de sa chaleur que possible à travers la laine rugueuse de sa tenue de ski de fond. Ses skis et son sac à dos reposaient à leurs pieds.

Elle entendit ce qu'elle supposa être le « en voiture ! » finnois. Arnie, pressé comme toujours de partir, souleva son sac. Elle l'aida à le hisser sur ses épaules en essayant de contenir la sensation tenace qu'il s'agissait peut-être de la dernière fois qu'elle le touchait, et en s'émerveillant du fait qu'il comptait le porter sur près de cinq cents kilomètres. Elle peina à le tenir pendant qu'il s'évertuait à enfiler les sangles.

Il fit rebondir le sac sur son dos pour le caler, puis se tourna vers elle.

— Si on n'a pas atteint Kuopio d'ici mercredi 12, envoie des équipes de secours.

— N'y pense même pas, dit-elle gravement.

— On y sera lundi, affirma-t-il en levant les yeux vers le ciel. Enfin… s'il n'y a pas de gros pépins côté météo.

— Et tu seras le premier arrivé, déclara-t-elle.

Elle renversa la tête en arrière pour accueillir son baiser. Il l'enlaça maladroitement et l'embrassa brièvement. Elle ne pouvait pas l'étreindre à son tour à cause du sac, elle se contenta de lui palper une dernière fois les épaules.

Il fit mine de prendre ses skis, mais elle l'arrêta.

— Encore un, pour le vainqueur.

Elle savait que s'embrasser en public le mettait mal à l'aise, mais ça l'amusait de le taquiner. Elle savait aussi qu'il ne protesterait pas. Elle le tint par la nuque pour l'attirer à elle, pour le tenir serré. La dernière fois qu'ils s'étaient embrassés à la gare, c'était à Tacoma, Washington, lorsqu'il avait pris le bateau pour l'Europe après une brève permission. Elle avait eu peur que ce baiser-là soit leur dernier.

Le train siffla, et Arnie s'écarta.

Elle le regarda s'éloigner le long du quai et se remémora la première fois qu'elle lui avait dit au revoir, à la gare de Norman, en Oklahoma. Ils s'étaient rencontrés lorsqu'elle était étudiante en deuxième année, le 24 octobre 1936, le week-end du grand match contre l'équipe du Nebraska, classée huitième et rivale traditionnelle des Sooners. Le garçon qui était censé l'y amener ce soir-là avait attrapé la grippe. Une étudiante de sa sororité l'avait sauvée en demandant à son petit ami, qui était à Fort Sill, d'amener un ami. C'était Arnie.

Il avait été évident dès la première minute que cet homme mince aux cheveux sombres dans lesquels elle avait envie d'enfouir les doigts n'était pas un grand bavard. Mais à la fin du week-end, il fut également manifeste qu'il savait mener des conversations profondes, avec juste le nombre de mots qu'il fallait. Quand elle et son amie avaient raccompagné leurs deux soldats jusqu'au train, elle était restée debout à le regarder disparaître jusqu'à ce que son amie la prenne par le bras et lui dise :

— On ne peut pas attendre ici jusqu'à leur retour.

Arnie s'était rendu en stop jusqu'à Norman à chacune de ses permissions, histoire d'économiser le prix du billet de train. Mais leur idylle d'étudiants avait volé en éclats au bout d'un an, en mars 1938, quand l'armée avait promu Arnie au poste de lieutenant et l'avait transféré à Fort Lewis, État de Washington.

Louise avait décroché son diplôme en juin 1939 et s'était mise à enseigner à une classe de CP à l'école primaire Lincoln Grade School de Tulsa. Quand Arnie lui avait demandé de venir dans l'Ouest aux vacances de Noël, Louise avait bravé la volonté de ses parents et pris le train jusqu'à Tacoma.

Elle sourit au souvenir de ces adieux-là.

Et voilà que, tout en sautillant contre le froid et en agrippant le devant de son manteau, elle se retrouvait encore à regarder Arnie monter dans un train.

— Allez Arnie ! Allez l'Amérique ! cria-t-elle.

Il se retourna, leva les yeux au ciel, et disparut.

— Que Dieu te garde, murmura-t-elle.

Le train s'ébranla en crachant de la vapeur. Elle continua de regarder jusqu'à ce que la fumée de la chaudière se soit dispersée dans l'air. Alors elle tourna les talons pour prendre le chemin du retour jusqu'à l'appartement vide. Elle se sentait très seule.

Elle quittait la gare lorsque les larmes se mirent à couler en laissant des traces mouillées qui gelèrent sur son visage. Ce matin-là, elle avait eu ses règles. Les passants croiraient qu'elle pleurait le départ d'un être cher. Elle se demanda combien de fois elle-même s'était trompée sur la véritable cause des larmes d'une femme.

Jeudi 30 janvier 1947

Appartement des Bobrov

Mikhail partit le lendemain. Si les deux hommes savaient leurs couvertures solides, ils avaient convenu de ne pas être vus partant ensemble et de faire en sorte que leurs itinéraires restent vagues.

Afin de s'assurer que le départ de Mikhail n'attire pas l'attention, Natalya décida de lui dire au revoir dans leur appartement. Elle était rongée par l'inquiétude. Et d'un, elle craignait que le MGB apprenne que son mari avait menti sur ses raisons de partir dans le Nord. Ils finissaient toujours par savoir. Voilà pourquoi mentir sur ce qu'on faisait n'était jamais aussi stratégique qu'essayer de donner une bonne raison socialiste pour le faire. Elle avait veillé à ce que Fanya l'entende parler à Mikhail de la visite imminente qu'il allait faire à un régiment d'entraînement aux chars de combat, à une centaine de kilomètres au nord d'Helsinki. Évidemment, Fanya ne manquerait pas de relayer cette information au MGB. Il était même probable qu'elle le rapporte directement à Sokolov. Alors le MGB supposerait que cette histoire de régiment d'entraînement n'était qu'une couverture et que Natalya cachait la « vraie » raison de son départ vers le nord, à savoir repérer les routes, ponts et terrains d'aviation éventuels. Elle en était certaine, cette histoire de voies d'invasion avait déjà été rapportée au MGB via leurs espions dans le GRU, le service de renseignement militaire. Que Fanya relate une « fausse » histoire conforterait sûrement le MGB dans l'idée que Mikhail se rendait effectivement dans le Nord pour des motifs valables de renseignement militaire. Et c'était là que reposait le véritable mensonge. Elle essaya de ne pas songer aux poupées russes imbriquées dans les poupées russes de ce tissu de faux-semblants. Il fallait le faire, c'est tout. Ainsi allait la vie.

Ce qu'elle craignait plus que la découverte de la course de Mikhail ? La rigueur de l'hiver finlandais. Le petit orteil manquant de Mikhail l'attestait. Il avait beau boire et fumer autant que pendant la guerre, il était désormais plus âgé et faisait un travail sédentaire en continuant à croire qu'il avait encore vingt ans. Elle savait que les règles exigeaient qu'il skie seul. S'il se passait quelque chose, il mourrait donc seul.

À cette peur s'ajoutait celle que cette course soit rendue publique. Alors le MGB saurait avec certitude que Mikhail avait menti sur les raisons de son départ. Le gouvernement avait le droit de mentir ; c'était pour le bien du Peuple. Mais le Peuple, non : c'était mauvais pour le gouvernement. Mikhail devrait être châtié. En plus de quoi, s'il perdait en public, la presse capitaliste finlandaise ferait toute une histoire du fait qu'un héros de l'Union soviétique avait perdu face à un Américain. Le Parti comme l'État seraient plongés dans la honte. Ce serait encore pire que de leur avoir menti.

Au diable la spontanéité, même l'intrépidité sans retenue de Misha ! C'étaient des traits qu'elle adorait chez lui, mais ils pouvaient aussi détruire leurs vies.

Natalya prit la tête de Mikhail dans ses mains, savoura la sensation de ses cheveux épais, la puissance des muscles dans son cou.

— Misha, dit-elle en l'attirant plus près pour planter son regard dans le sien. N'y va pas.

Il la serra contre lui. Tout en regardant derrière elle, vers l'avenir, il répliqua :

— Ne t'inquiète pas, Natashenka. Ne t'inquiète pas, répéta-t-il en l'écartant avec douceur. Tu n'as qu'à imaginer que ce sont les Jeux olympiques.

— Si on n'y participe pas, c'est pour des bonnes raisons. Comme ça, on ne perd jamais.

— Eh bien, à l'avenir on devrait y participer. Nous devons montrer en quoi un peuple socialiste est meilleur que les autres. Sur tous les plans.

Elle retint un sifflement.

— Misha, arrête ces inepties, chuchota-t-elle. On pourrait te perdre.

Il se mit à rassembler ses affaires, un peu agacé à présent.

— Pour l'amour du ciel, ce n'est qu'une course de ski !

Il lui décocha son petit sourire en coin – encore une fichue raison pour laquelle elle le trouvait séduisant.

— Et je vais gagner.

À la porte, elle le gratifia d'un long baiser, en sentit la pression sur ses lèvres, essaya de la graver dans sa mémoire. Aucun des deux ne supportait de se séparer sans un signe de leur lien le plus profond.

Mikhail ayant disparu en bas de la cage d'escalier, elle retourna à l'intérieur. Fanya était assise sur le divan dans le séjour. Elle leva les yeux et sourit. Natalya eut envie de gifler son visage hautain, mais elle étouffa sa colère et sa peur. Mikhail s'en sortirait. Il s'en sortait toujours.

Vendredi 31 janvier 1947

Rovaniemi, Finlande

Arnie et Mikhail avaient choisi Rovaniemi comme point de départ de leur course car il s'agissait d'une bonne couverture pour leur absence d'Helsinki. Rovaniemi était un centre routier et ferroviaire situé sur une voie d'invasion directe depuis la Russie vers la Suède et la Norvège, et inversement. Tout plan militaire devait inclure des renseignements tels que l'emplacement de ponts majeurs et leur capacité de charge maximale, l'emplacement de terrains d'aviation existants et les types d'appareils qu'ils pouvaient accueillir, ainsi qu'une reconnaissance approfondie des itinéraires de fuite possibles pour les pilotes d'appareils abattus. Au sein des légations soviétique et américaine, tous trouveraient parfaitement logique que leurs attachés militaires souhaitent s'y rendre à ski.

Les Allemands avaient mis à profit l'incendie qu'avaient déclenché les commandos finlandais en faisant sauter le train de munitions. Ils l'avaient laissé ravager Rovaniemi pour se venger de la Finlande, qui avait changé de camp et s'était alliée aux Russes. La majeure partie de Rovaniemi était construite en bois. Même si on avait déblayé les décombres dans les rues, la ville n'était plus qu'une ruine calcinée. Des cheminées isolées de pierre et de brique se dressaient au milieu des cendres telles des tombes austères. Des lambeaux d'habits, complètement gelés, dépassaient de bouts de bois carbonisés et de la neige croûtée à côté d'ustensiles de cuisine ou de bols cassés. Tout ce qui pouvait être utile avait été glané depuis longtemps par les habitants, qui avaient fui en masse vers la Suède juste avant que la ville ne se change en cendres. Ce voyage difficile avait vu mourir deux cent soixante-dix-neuf personnes. Deux cents autres avaient péri en essayant de revenir, tuées par les mines terrestres posées par les Allemands. Beaucoup vivaient dans des celliers en attendant mieux. Arnie ne put s'empêcher de s'enorgueillir de ses racines finlandaises car, de toute évidence, ces indomptables Finlandais étaient revenus à Rovaniemi pour la reconstruire.

Il passa son vendredi à repérer prudemment les mines qui n'avaient pas explosé et à dresser une carte des routes, relevant lesquelles étaient assez larges pour y faire circuler des blindés. Il skia jusqu'au réservoir gelé et estima combien de soldats celui-ci pourrait approvisionner en eau, et pendant combien de temps. *Ce qu'il y a de sûr*, songea-t-il, *c'est que les Russes étaient fous de croire qu'ils pourraient faire venir des blindés par ici.* Le paysage, creusé de ruisseaux, de lacs et de marais, ressemblait à un grand huit. Toutes les attaques – et les approvisionnements – devraient passer par l'une des très rares routes. Les voies de ravitaillement s'étireraient sur des kilomètres, entièrement vulnérables aux frappes aériennes – ou aux assauts circulaires de corps d'infanterie se déplaçant à ski dans les bois, soit très précisément ce que les Finlandais avaient infligé aux Russes en 1939.

Il rédigeait déjà son évaluation dans sa tête quand il se présenta à la police municipale. Il leur donna son vrai nom, précisa quelle mission de reconnaissance il effectuait, et décréta qu'il serait dans le coin une nuit ou deux avant de partir. Il fut rassuré de constater qu'ils se rangeaient catégoriquement dans le camp anticommuniste, contrairement à la Valpo et, peut-être, à Pulkkinen. Après la remarque de Louise sur l'anglais de Pulkkinen, il avait creusé toutes les informations qu'ils avaient sur lui et s'était plus ou moins convaincu que celui-ci travaillait pour la Valpo, et non pour le MGB. Ce dont il était moins sûr, c'était si Pulkkinen était communiste ou pas, comme un trop grand nombre de ses patrons.

Arnie eut beau donner sa véritable identité à la police municipale, il se présenta à la chambre d'hôte sous un nom d'emprunt et se fit passer pour un Finlandais expatrié rentrant chez lui et cherchant des membres de sa famille après la guerre. Il s'agissait de convaincre la police municipale qu'il essayait de dissimuler sa mission secrète aux gens du coin tout en en informant les autorités locales, ce qui les flatterait. Il supposa que Mikhail, qui était censé arriver à bord du train du soir, avait agi de manière similaire. C'était plutôt amusant, toutes ces cachotteries dignes d'un roman d'espionnage.

Le vendredi soir, ils avaient choisi de loger dans la même maison à l'orée de la ville en sachant qu'on ne pouvait y louer qu'une seule chambre. Lorsqu'ils y arrivèrent ensemble « par hasard », ils s'amusèrent beaucoup à faire semblant de rechigner à la partager. Arnie recourut à la même feinte que la veille, et Mikhail joua le rôle d'un jovial apparatchik de la Commission de contrôle alliée sillonnant la campagne pour trouver une part des énormes quantités de matériel expédiées en Russie dans le cadre des paiements de réparation versés par la Finlande. La femme qui louait la chambre lui avait clairement, quoique poliment, fait comprendre qu'elle n'aimait pas les Russes. Une fois à l'intérieur, Mikhail émit un commentaire à ce sujet.

— Vous ravagez leur pays et ils sont fauchés, lui fit remarquer Arnie.

— Mon cher camarade américain, dit Mikhail.

Il s'était déshabillé pour n'être plus qu'en caleçon long et disposait soigneusement les habits qu'il allait mettre d'ici à quelques heures. Ils étaient convenus de partir à trois heures du matin.

— Les Finlandais ont de la chance de ne pas être occupés par l'Armée rouge.

— Parce qu'ils se battraient jusqu'à vous paralyser, comme ils l'ont fait en 1939, lui renvoya Arnie.

— Cette idée, comme la plupart des mythes, ne se fonde que sur une vérité partielle. Ils ont sollicité la paix parce qu'on était sur le point de les écraser.

— Alors, pourquoi ne pas l'avoir fait ?

— Je crois que c'est parce que Staline n'a pas voulu payer un trop lourd tribut en termes de vies humaines… (Il adressa un hochement de tête entendu à Arnie.) malgré le mythe américain répandu, et très inexact, selon lequel nous massacrons nos propres soldats. Nous aurions pu écraser les Finlandais en 1944, mais nous aurions probablement perdu des millions d'hommes en le faisant. Il vaut bien mieux avoir laissé la Finlande libre mais avec l'instruction très claire de se tenir éloignée de l'Occident, ce qui veut dire aucun soldat américain en terre finlandaise. Tu vois, nous n'avons pas peur des Finlandais. Ils sont moins de quatre millions. Ce que nous craignons, c'est que la Finlande s'allie à un pays qui a beaucoup d'habitants, et qui pourrait donc lancer une armée depuis la Finlande et atteindre Leningrad en quelques heures. Que la Finlande soit non alignée ne nous pose pas de problème du moment qu'aucune armée ne nous menace sur ce sol comme vous avec la vôtre en Allemagne. Il est très peu probable que la Norvège laisse entrer des troupes américaines chez elle, même si elle est solidement ancrée dans le camp capitaliste. Et la Suède, ajouta-t-il avec une grimace, a clamé sa neutralité mais a essentiellement collaboré avec les nazis, surtout pour leur vendre de l'acier de haute qualité. Vous ne trouverez pas de grande consolation de leur côté. Alors nous vous tenons éloignés de la Finlande et de la Scandinavie grâce à vos propres idéaux, qui vous défendent de violer la neutralité d'un pays. Belle ironie, non ? (Il s'esclaffa.) Il y a aussi une autre ironie, mais je doute que beaucoup de vous autres Américains la compreniez.

Arnie l'interrogea du regard.

— Les affaires, mon ami. Les capitalistes américains ne prêteront pas d'argent à un pays sous contrôle soviétique. Mais ils en prêteront à la Finlande. Donc, les prêts viennent d'Amérique. Ce sont eux qui, dans la monnaie forte qu'est le dollar, aident la Finlande à effectuer les paiements de réparation que nous lui avons imposés dans le traité de 1944. Ainsi le capital américain aide-t-il à reconstruire l'économie soviétique. Pas mal comme blague, non ? dit-il en riant. Si le camarade Staline était né à New York, il aurait été millionnaire à Wall Street !

Arnie se prêta à sa plaisanterie. Force était d'admettre qu'il n'avait jamais songé à quel point les Soviétiques s'étaient montrés futés dans leur neutralisation de la Finlande. Puis il reprit son sérieux.

— Mais si les États-Unis et l'Union soviétique entraient en guerre, violeriez-vous le territoire finlandais pour attaquer la Norvège ?

— Évidemment. Pour commencer, nous ne nous sommes pas lié bêtement les mains en affirmant que nous allions honorer l'armistice de Moscou de 1944. Un accord qui ne convient ni à un camp ni à l'autre devrait être déchiré. Deuxièmement, la Finlande a fait partie de la Russie jusqu'à la Révolution. Nous serions donc tout à fait en droit de nous rendre en territoire russe.

En écoutant Mikhail lui exposer ainsi les choses, Arnie eut un mauvais pressentiment.

— Cette politique est-elle réellement acceptée ? Au plus haut niveau ?

— Oui.

Arnie réfléchit.

— Et toi, c'est vraiment ce que tu penses ?

— Non, dit Mikhail en riant de nouveau. Sur le plan politique, je vois en quoi il s'agit d'un prétexte utile. Ce qui nous motiverait réellement à violer la neutralité finlandaise, ou la souveraineté de n'importe quel pays, ou n'importe quelle partie de loi internationale, c'est le fait que nous ferions absolument tout pour éviter une nouvelle guerre en terre russe. *Tout*, mon ami.

— Mais nous ne voulons pas vous envahir.

— Non, vous voulez juste nous envoyer des bombes atomiques.

Ni l'un ni l'autre ne parla pendant un certain temps. Mikhail fut le premier à rompre le silence.

— Voilà que nous adoptons la paranoïa hostile de nos chefs. Je repense souvent à notre rencontre sur les bords de l'Enns.

— Moi aussi.

— Bonnes sensations.

— C'était la belle époque. La guerre était presque finie, et on avait gagné.

— Ça te manque ? demanda Mikhail.

Arnie marqua une pause. Il ne lui aurait pas paru correct de dire qu'une telle atrocité lui manquait. Il savait que Mikhail avait probablement vu plus de combats que lui, et qu'il comprendrait donc ce qu'il s'apprêtait à dire. L'heure n'était pas à la mauvaise foi. C'était peut-être la dernière fois qu'ils parlaient à cœur ouvert, vu la direction que prenaient leurs « chefs », comme le disait Mikhail.

— Je me sens terriblement triste, répondit-il. Tous ces gosses morts. Ces amis morts. (Il respira un coup.) Mais j'ai vu Buchenwald.

— Moi, Auschwitz.

— Ça valait le coup de se battre, conclut Arnie.

Mikhail se contenta d'un hochement de tête.

— Il n'empêche que nous n'étions pas des anges, reprit Arnie au bout d'un silence.

— Ça, non, vous n'en étiez pas.

— Quand je dis « nous », je parle de nos deux pays.

— Quand je dis « vous », je parle de l'Amérique. Qui a lancé des bombes incendiaires sur Hambourg en touchant essentiellement des femmes et des enfants ?

— Au moins, nous, nous n'avons pas violé à tour de bras jusqu'à Berlin.

— Mais vous n'avez jamais atteint Berlin ! Vous êtes restés derrière pendant que nous, on faisait le sale boulot.

— Voilà, c'est dit : du sale boulot.

— *Pffff.* Qui a bombardé Dresde ? reprit Mikhail.

— Les Anglais. Et qui a assassiné plus de vingt mille officiers et intellectuels polonais dans la forêt de Katyne avant d'en accuser les Allemands ?

— Et qui a bombardé Tokyo et rasé Hiroshima et Nagasaki avec des bombes atomiques ? En touchant, là encore, surtout des femmes et des enfants ?

— On ne fait pas d'omelette sans casser des œufs, lui renvoya Arnie, avec l'humour noir propre au soldat sur la ligne de front.

Mikhail rit aussitôt, mettant ainsi fin à la menace d'une dispute, et choisit de répondre avec sérieux.

— Des œufs, on en a cassé pas mal, camarade.

Nouveau silence.

— Tu n'as pas répondu à ma question, reprit Mikhail. Est-ce que ça te manque ?

— Je ne me suis jamais senti aussi vivant.

Mikhail hocha la tête.

— C'est vrai qu'on se comprend, tous les deux.

Ils déroulèrent leurs cartes. Arnie en avait une de l'armée finlandaise, Mikhail, de l'Armée rouge. L'un et l'autre savaient lire des cartes topographiques pour l'avoir fait plusieurs fois par jour pendant une bonne partie de la guerre. Ils avaient déjà déterminé leurs trajectoires générales pour la course, et les comparèrent. Ils s'étaient entendus là-bas, à Helsinki, pour que chacun trace son propre chemin, mais ils savaient qu'ils se verraient sûrement fréquemment si la course était serrée, car le relief et les conditions les forceraient à adopter les mêmes choix de parcours. Comme ils avaient décidé de ne pas emprunter de routes – et il y en avait de toute façon très peu aussi loin vers le nord –, cela impliquerait de passer le plus possible par les rivières et des lacs gelés.

— Un dernier point que nous n'avons jamais évoqué, lança Mikhail. On sait tous les deux qu'on a passé plus d'un an à engraisser.

— Et ? demanda prudemment Arnie.

Mikhail fureta dans son sac pour en extraire un tube couvert de caractères allemands. Il le brandit devant Arnie, qui sourit.

— De la pervitine, dit-il. Les Allemands en gobaient comme du pop-corn.

— Oui, approuva Mikhail, qui attendit un instant avant de lui faire signe, les doigts recourbés. Allez !

Arnie sourit et farfouilla dans son propre sac. Il en sortit des comprimés de benzédrine.

— Des Bennies, commenta Mikhail.

— Des requinquants.

— Le chocolat du tankiste.

Ils éclatèrent de rire, mais la question d'Arnie était restée sans réponse.

— Disons que cinq milligrammes de benzédrine équivalent à peu près à trois milligrammes de pervitine, lança enfin Arnie. OK ?

Mikhail acquiesça d'un signe de tête. Et prit le temps de réfléchir.

— Si tu emportais neuf cachets et moi, quinze ? Ça t'en fait à peu près un par jour, si tu choisis de les consommer de cette manière.

Ils tombèrent d'accord, comptèrent leurs cachets et jetèrent le reste.

Ils décidèrent de partir vers l'est de Rovaniemi en skiant sur la glace du fleuve Kemijoki. Comme il était étroit, ils ne se perdraient pas de vue tant qu'ils avanceraient grossièrement à la même allure, afin de conserver de l'énergie pour les jours à venir. Plus tard dans la journée, ils vireraient au sud vers le système lacustre de Näskänselkä-Isoselkä, à l'est de Ranua. Là, ils se sépareraient et entameraient la course à proprement parler, Mikhail sur le côté est et Arnie à l'ouest. De là, ils skieraient vers le sud sur les cours d'eau de Pudasjärvi, puis par voie de terre jusqu'au système lacustre de l'Oulunjärvi, et encore vers le sud sur celui de Kallavesi jusqu'à Kuopio. Cinq cents kilomètres – trois cents miles.

Samedi 1er février 1947

Périphérie de Rovaniemi
1er jour de course

Lorsqu'ils quittèrent la chaleur de la maison six heures plus tard, le froid les frappa de manière vive et brutale – tout comme la beauté du spectacle qui les attendait. Les aurores boréales dansaient en exhibant des rideaux verts et mouvants. La neige, même de nuit, était éclatante à la lueur de la lune croissante.

Arnie avait un tout petit thermomètre attaché à un morceau de bois, souvenir d'une station de ski sur le mont Rainier. La colonne de mercure était tellement courte qu'il la distinguait à peine – il faisait environ -23 °C. Le vent était inexistant et l'immobilité telle qu'aucun des deux hommes n'osait rompre le silence.

Ils avaient convenu de partir à quatre heures. Mikhail leva la montre qu'Arnie lui avait donnée. Son camarade l'imita.

— Une minute, dit Arnie en suivant la deuxième aiguille des yeux, le cœur battant déjà plus vite. Trente secondes.

Mikhail afficha sa propre impatience en remuant ses skis d'un côté et de l'autre.

— Je t'attendrai à Kuopio.

Arnie lui adressa un doigt d'honneur, et rit car son majeur était caché sous sa moufle. Il agita la main entière et Mikhail, qui avait compris le message, rit à son tour. Alors, Arnie entama le compte à rebours.

— *Neljä, kolme, kaksi, yksi. Mene !*

Ils s'élancèrent tous les deux, avançant ensemble à une allure régulière qui leur permettrait de parcourir les nombreux kilomètres qui les attendaient.

Dimanche 2 février 1947

Le Kemijoki
2e jour de course

Le dimanche venu, ils s'étaient perdus de vue. Chacun avait dévié du fleuve Kemijoki pour cheminer par voie de terre, bien plus lentement à présent qu'ils avaient quitté la surface gelée du fleuve et évoluaient dans la forêt. Au sommet d'une petite côte, Arnie aperçut Mikhail vers l'ouest, dans une vallée peu encaissée. Ils étaient à peu près à égalité. Il avait craint d'avoir dormi trop longtemps, enfoui dans un trou creusé dans la neige à l'aide de sa petite pelle pliante, mais ce n'était visiblement pas le cas.

Il consulta son petit thermomètre. Le jour, la température avoisinait -17 °C. Le problème principal n'était pas uniquement le relief, mais la lutte constante pour empêcher la sueur et la condensation de geler à l'intérieur de ses habits, ce qui le priverait de son énergie et pourrait l'entraîner vers l'hypothermie à son insu. Tout en continuant à avancer, il arracha l'emballage d'une barre de ration K et la mangea, suivie d'un morceau de viande de renne séchée.

Dimanche 2 février 1947

Helsinki

Le samedi soir en s'endormant – à la même heure où Arnie creusait son trou dans la neige –, Louise repensa à une remarque que lui avait faite Max Hamilton lorsqu'elle était allée lui demander de l'aide, au sujet d'un événement ou d'une loterie pour lever des fonds. Elle avait rejeté l'idée d'emblée, n'ayant en tête aucune astuce ni gros lot susceptible d'inciter les gens à acheter des billets. Pourquoi pas d'autres manières de récolter de l'argent – du genre, une vente de gâteaux ? Elle rit d'elle-même. Elle y voyait déjà Natalya. Qu'est-ce qui avait marché chez elle, en Amérique ? Il existait différentes sortes de loteries. Pourquoi pas une de ces manifestations où les gens essaient de deviner le nombre de billes dans un bocal ? Ou alors, comme la fois à la scierie où tout le monde avait tenté de deviner l'écart de points d'une rencontre sportive Nebraska-Oklahoma ? Un écart de points pour un gros match… par exemple, l'écart de temps dans une course… la course d'Arnie et Mikhail !

Elle se redressa en position assise, chassa le sommeil. L'orphelinat pourrait vendre des billets, parler de la loterie. Les acheteurs essayeraient de deviner l'écart de temps entre Mikhail et Arnie. Celui qui se rapprocherait le plus du résultat gagnerait une récompense. Récompense qui pourrait provenir d'une portion de l'argent généré par les ventes de billets. Ce serait autofinancé !

L'idée l'enthousiasma tellement que, dès le dimanche matin au saut du lit, elle rédigea un communiqué de presse et passa le reste de la matinée à le taper sur du papier carbone inséré dans la petite machine à écrire portable Raleigh qu'elle possédait depuis l'université. Elle se rendit compte qu'elle allait devoir envoyer ce communiqué aux journaux avant le soir si elle voulait qu'il paraisse dans les éditions du matin.

Elle finit d'écrire et se rendit à l'appartement de Kaarina juste avant midi. Elle avait besoin d'elle pour traduire le communiqué en finnois, et avait également hâte de lui parler de son projet pour l'orphelinat.

Louise s'était attendue à devoir lui vendre un peu l'idée pour l'embarquer, consciente que le concept lui serait probablement étranger et paraîtrait sans doute un peu grossier. Mais elle était douée pour vendre une idée et, puisque le porte-à-porte s'était soldé par un échec, une loterie passerait forcément pour une méthode de levée de fonds plus efficace.

Elle prononça un discours très optimiste et bien pensé, et tendit à Kaarina le communiqué de presse en lui demandant de le traduire en finnois.

Kaarina le lut. Lorsqu'elle eut fini, elle leva la tête et Louise détecta une lueur furtive dans son regard.

— Natalya l'a lu ?

— Pas encore. Je le lui ferai lire cet après-midi avant de l'apporter aux journaux, au cas où elle voudrait apporter des modifications.

Cette réponse suscita un léger grognement, aussitôt suivi d'une autre question :

— Qu'est-ce qui te fait croire que ça va marcher ?

— En Amérique, ça se fait tout le temps.

Kaarina reporta son regard sur le communiqué qu'elle tenait dans sa main.

— Nous ne sommes pas en Amérique, murmura-t-elle. Et si nous ne vendons pas assez de tickets pour couvrir l'argent de la récompense ?

Encore ce pessimisme finlandais, songea Louise.

— Je n'aurai qu'à compléter. Ça ne dérangera pas Arnie. Mais je doute qu'on en arrive là.

Kaarina hocha la tête.

— Comment vendrons-nous les billets ?

Louise fut coupée dans son élan.

— Par les kiosques à journaux, dit-elle. On passera par la même distribution que pour les journaux, ils vendront les billets et récolteront l'argent. Ils pourront déclarer que c'est leur manière à eux de contribuer à la campagne de bienfaisance.

Kaarina prit le temps de la réflexion.

— Nous pourrions récolter beaucoup d'argent pour l'orphelinat, insista Louise.

Avec la famille d'Arnie, l'argument financier marchait toujours.

Kaarina laissa paraître l'ombre d'un sourire.

— On met ça dans les journaux, et… Ça pourrait générer pas mal d'enthousiasme. (Son sourire s'élargit.) Et une belle somme d'argent.

— Oui. Tout à fait.

— Il nous faudra peut-être du temps pour nous préparer à cette… comment tu dis ? loterie, avant d'en parler aux journaux.

Louise se fit pressante.

— Nous pouvons fabriquer tous les billets cet après-midi. Mais si les journaux n'ont pas ce communiqué avant ce soir, nous manquerons les éditions du lundi matin.

Sachant Kaarina séduite par l'idée, Louise se focalisa sur la nécessité d'aller vite.

— Il reste très peu de jours avant la fin de la course. Nous ne pouvons pas nous permettre d'en perdre un seul.

— Alors que devons-nous faire ?

— Simplement imprimer les billets. Tu as un miméographe ?

— Non. Mais il y en a un à l'église.

— Ils ont une machine à écrire avec laquelle découper un pochoir ?

— Pourquoi auraient-ils un miméographe s'ils n'avaient pas de quoi découper un pochoir ?

Louise réprima son agacement d'être traitée comme une petite ignorante.

— On peut aller à l'église tout de suite ?

Kaarina alla chercher son manteau.

Le reste de la journée se passa dans le flou, à s'assurer l'utilisation du miméographe, à concevoir et à fabriquer le pochoir, à produire plusieurs centaines de feuilles portant de multiples billets de loterie, et à les découper et numéroter. Même Kaarina fit preuve d'un enthousiasme qui ne lui ressemblait pas en participant à la conception des billets et des prospectus. Pendant que Louise produisait des pages de tickets qu'elle découpait à l'aide de ciseaux, Kaarina traduisit le communiqué de presse en finnois. Tout fut bouclé juste avant la tombée de la nuit.

— J'apporte le communiqué à Natalya tout de suite, déclara Louise en enfilant son manteau et ses moufles.

— C'est obligé ? demanda Kaarina. Et si on manquait les délais à cause d'un changement quelconque ?

— Il s'agit d'un projet commun américano-soviétique, lui rappela Louise. Il faut la mettre dans la boucle. Ne serait-ce que par courtoisie. Je doute qu'elle y apporte des changements.

Kaarina haussa les épaules.

— Oui, j'imagine. Mais tu l'as dit toi-même : on ne peut pas se permettre de perdre un seul jour.

Au lieu de devoir entraîner Kaarina dans son élan, Louise se retrouvait à la freiner.

— Pas d'inquiétude, affirma-t-elle en tirant son bonnet de laine sur ses cheveux. Attends-moi ici. S'il y a la moindre modification à apporter, je reviens directement. Après, on pourra aller voir les journaux ensemble. J'ai fait ça des tas de fois. Il suffit d'arriver deux ou trois heures avant la mise sous presse. (Elle adressa un sourire enthousiaste à la Finlandaise.) On va récolter beaucoup d'argent quand on aura vendu tous ces billets.

Kaarina la regarda.

— *Yoh*, je crois bien que oui, dit-elle solennellement. Je vais encore en faire d'autres en ton absence. Pour faire encore plus d'argent.

Louise se fendit d'un grand sourire. De toute évidence, Kaarina était conquise.

Pleine d'énergie, Louise se dépêcha de gagner l'appartement de Natalya. Après avoir signé le registre de l'homme à l'entrée, elle gravit presque en bondissant les marches jusqu'à l'étage de l'appartement.

Natalya vint lui ouvrir, l'air perplexe.

— Louise. Qu'est-ce que tu fais là ?

— J'ai une fabuleuse idée pour récolter de l'argent pour l'orphelinat ! annonça-t-elle en se retenant de lui agiter le communiqué de presse sous le nez. Il faut absolument que je t'en parle.

Déroutée, Natalya la fit entrer.

— Kaarina et moi avons travaillé tout l'après-midi pour fabriquer les tickets, expliqua Louise en retirant son manteau. Il faut qu'on fasse parvenir la nouvelle aux journaux avant ce soir, pour que l'article soit publié dès demain matin.

— Des tickets ? demanda Natalya. Ne va pas si vite.

Elle lui prit son manteau, son bonnet et ses moufles. Puis, en montrant d'un signe de tête la feuille que Louise tenait à la main, elle ajouta :

— Et ça, qu'est-ce que c'est ?

— Quelque chose qui va nous rapporter de l'argent, voilà ce que c'est. On va organiser une loterie, annonça-t-elle fièrement.

— C'est quoi, une loterie ?

— On trouve une très grosse récompense. Après, on imprime des billets avec des numéros et des talons qui portent les mêmes numéros. On vend les billets, à un prix très modique. Mais les gens peuvent en acheter autant qu'ils le souhaitent, ce qui leur donne plus de chances de gagner. Parfois, on se contente de mettre tous les billets dans un gros récipient et d'en tirer un, ou alors on fait un concours où il faut deviner quelque chose, chacun écrit sa réponse sur les billets et c'est comme ça qu'on peut gagner.

Natalya hocha la tête sans rien dire.

— Mais pour vraiment récolter de l'argent, il faut vendre beaucoup de billets, et pour y arriver on a besoin d'un coup de publicité qu'on puisse diffuser, dans les journaux par exemple.

— Et donc… en quoi consiste notre récompense ? Et comment on va payer pour l'avoir ?

— C'est ce qu'il y a de si génial dans mon idée. On vend les billets et on se sert d'une partie de cet argent pour constituer la récompense. L'orphelinat n'a rien à avancer.

Natalya parut sceptique.

— Ça se fait tout le temps en Amérique, lui assura Louise.

— À t'entendre, on croirait qu'on obtient quelque chose en échange de rien.

— C'est là tout l'intérêt !

Natalya médita.

— Alors, quel est ce coup de publicité ?

— À chaque billet qu'on achète, on devine l'écart de temps entre Arnie et Mikhail à l'issue de leur course. Réfléchis-y.

Surexcitée, Louise parlait vite.

— Deux héros de guerre, amis et alliés, récoltent de l'argent pour un projet commun américano-soviétique d'orphelinat. Tous les jours, chaque fois que quelqu'un les apercevra, les journaux pourront publier des articles disant qui mène et de combien.

Natalya étouffa un cri.

— Non. Tu ne dois pas faire ça.

Ses mains s'étaient levées vers son visage pour couvrir sa bouche, et elle écarquillait les yeux sous le choc.

— Quelqu'un a vu ce communiqué ?

Louise fut abasourdie par cette réaction. Son excitation déclina rapidement pour donner lieu à l'impression désagréable d'avoir mal agi.

— Seulement Kaarina, répondit-elle. Pourquoi ? Qu'est-ce qui ne va pas ?

Natalya hocha la tête d'un air incrédule. Puis, comme si elle s'adressait à une enfant, elle dit :

— Misha est un héros de l'Union soviétique. À ton avis, qu'en pensera le camarade Staline ou le camarade Beria si un héros de l'Union soviétique est battu par un Américain capitaliste mou et dégénéré ?

— Tu sais bien qu'Arnie n'est pas…

Natalya l'interrompit.

— Évidemment, je sais qu'Arnie n'est pas comme ça. Mais c'est l'image que notre gouvernement veut transmettre à notre peuple, et particulièrement à nos nouveaux alliés d'Europe de l'Est. Si tu envoies cette, cette… (Elle pointa son doigt sur le communiqué de presse comme pour l'accuser, elle, Louise.) Cette « publicité » aux journaux finlandais, ça ne sera plus une course entre Arnie et Misha, mais entre mon pays et l'Occident capitaliste. Même les journaux prosoviétiques le présenteront ainsi.

— Alors…, dit Louise, en se retenant de dire « Et alors ? ».

Elle se rendait compte que Natalya n'était pas seulement contrariée, mais terrorisée.

— Si Misha perd… devant le monde entier, reprit celle-ci, d'une voix rendue douce par la peur, ce sera Staline qui sera humilié. Au mieux, Misha sera torturé et envoyé au goulag pour avoir collaboré avec ton mari en plus de toutes sortes d'autres délits. Le plus probable étant qu'ils le tuent… après l'avoir torturé.

Elle la laissa digérer ses propos.

— Moi, je serai envoyée au goulag en tant qu'épouse de traître et mes enfants seront élevés par l'État… et à jamais salis car ce seront des enfants de traîtres.

Louise s'aperçut que Natalya tremblait.

— Tu n'as pas idée de ce qu'ils peuvent faire, ajouta celle-ci dans un chuchotement.

La jeune femme se sentit bête. À croire qu'elle venait de s'éveiller d'un rêve pour pénétrer dans une réalité jusque-là invisible. Dans son enthousiasme naïf pour sa brillante idée, dans son désir de se faire bien voir de Kaarina, Louise avait commis une terrible erreur en ne voyant pas le monde par les yeux de femmes telles que Natalya et Kaarina. Leur réalité était bien plus effrayante que l'univers protégé qu'elle avait pris pour la norme avant de venir en Finlande.

— J'ai été idiote, dit-elle, à voix basse. Je suis vraiment désolée. Évidemment, je ne vais pas porter ça aux journaux. Nous n'aurons qu'à trouver autre chose.

Natalya avait sombré dans le silence, un silence pesant.

— Par chance, il n'y a pas eu de mal de fait, dit-elle alors doucement, avant de sourire. Une tasse de thé ?

Quand Louise regagna l'église, la nuit était tombée. Kaarina avait dû rentrer chez elle. Sans doute était-elle restée trop longtemps à prendre le thé. De toute façon, il n'y avait pas urgence. Ce projet d'une loterie s'appuyant sur la course d'Arnie et Mikhail avait été abandonné. Soudain lasse, elle marcha jusqu'à l'appartement. Et se consola en se disant qu'au moins, tous les billets de loterie étaient faits. Elle alla se coucher en se creusant la tête pour trouver un autre moyen de lever des fonds à l'aide d'une loterie. Le lit lui parut froid. Arnie lui manquait.

Lundi matin, 3 février 1947

Helsinki

Louise se réveilla en entendant cogner à la porte. Après avoir enfilé sa robe de chambre à tâtons, à demi réveillée comme toujours au lever, elle se posta derrière le battant et demanda qui était là.

— Natalya.

La réponse était sèche et froide.

Louise ouvrit la porte. Natalya lui fourra sous le nez un exemplaire du *Helsingin Sanomat*, le plus important quotidien finlandais.

— Comment as-tu pu ? Comment as-tu pu ? (Natalya tremblait de rage.) Tu m'as menti !

Déroutée, Louise recula d'un petit pas pour lire le gros titre. Il était en finnois, mais elle comprit parfaitement l'un des mots : *AMERIKKALAINEN*. Abasourdie, elle parcourut rapidement le reste de l'article. Son finnois avait beau être rudimentaire, elle comprit qu'on y parlait de la loterie et de la course d'Arnie.

— Mais enfin, ce n'est pas moi. Je… (Son trouble se dissipa.) Oh mon Dieu, Natalya ! Kaarina a dû transmettre le communiqué aux journaux. Je lui avais demandé de le traduire. Je lui ai dit que je reviendrais avec des modifications avant que nous ne l'apportions à la presse toutes les deux. Elle n'était plus là quand je suis revenue. Je ne me serais jamais doutée qu'elle irait seule.

— Bien sûr, quelle surprise ! lui renvoya Natalya, sarcastique. Ça lui rapporte de l'argent pour l'orphelinat, et elle déteste les Russes. (Elle lui agita le journal sous le nez.) C'est un journal capitaliste, siffla-t-elle. Dans ceux de notre camp, ce sera mon Misha le héros. Ton Arnie sera présenté comme un pion du capitalisme, gras et en mauvaise santé. Notre camp présentera les choses sous cet angle sans le moindre problème, contrairement au vôtre, qui doit rester dans nos petits papiers s'il ne veut pas risquer la colère de Staline.

— Notre camp ? Natalya, je n'ai pas de camp dans cette histoire.

— Que tu es bête ! On n'est jamais neutre, seulement trop lâche pour se choisir un camp. (Elle lui tourna le dos pour jeter le journal sur la table.) Si Misha perd, c'est comme si tu nous avais tués.

Elle s'assit sur le divan, le visage enfoui dans ses mains.

Louise regarda le journal posé là, comme une citation en justice.

— On va stopper ça, décréta-t-elle. On va leur demander de retirer l'article.

— Trop tard.

Natalya leva le visage, les larmes aux yeux, tremblant de peur.

— Natalya, ce n'est pas moi qui ai fait ça.

— C'est toi qui l'as écrit !

Elle ramassa le journal, le froissa et le jeta par terre avec rage. Puis elle tourna les talons et sortit de l'appartement.

Une demi-heure plus tard, Louise se trouvait à l'orphelinat. Elle présenta le journal à Kaarina.

— Comment as-tu pu agir ainsi dans mon dos ? lui demanda-t-elle.

Kaarina cligna des yeux.

— Je n'ai pas agi dans ton dos, répliqua-t-elle, impassible. Tu l'as dit toi-même : il fallait absolument l'apporter aux journaux pour les éditions du matin. J'ai attendu. Il se faisait tard.

— Je croyais avoir clairement dit que je reviendrais si Natalya avait des modifications à apporter.

— Tu n'es pas revenue.

— Je n'aurais jamais cru que tu irais trouver la presse sans moi.

Face aux critiques de Louise, Kaarina était devenue parfaitement froide.

— Donc, la directrice de l'orphelinat qui organise la loterie ne devrait pas se donner les moyens de réussir ?

— Si Mikhail perd, les Russes l'emprisonneront, lui et peut-être toute sa famille. Ils pourraient même le tuer.

— Et je suis censée m'inquiéter pour ce que les Russes infligent aux leurs ? rétorqua Kaarina.

— Oui, tu le devrais. Ces « leurs » sont le mari de Natalya… et sa famille !

— Hmpf, lança Kaarina en balayant le commentaire de Louise. Tu as fini ?

Louise fut surprise de constater à quel point Kaarina était insensible à sa colère.

— Non ! dit-elle. As-tu apporté ce communiqué à d'autres journaux ?

— *Yoh.*

— Combien ?

— Tous.

— Mon Dieu ! Si Arnie gagne… Oh, mon Dieu !

Louise regagna son appartement au pas de course pour se changer, se maquiller et se recoiffer. Une demi-heure plus tard, elle patientait devant le bureau du rédacteur en chef du *Helsingin Sanoma*.

La secrétaire ne parlait qu'un anglais rudimentaire. Toutefois, en montrant le communiqué de presse et la carte d'Arnie avec l'élégant en-tête de la légation américaine, Louise eut droit à un sourire compréhensif, et la femme disparut dans un bureau.

Elle revint en levant cinq doigts. Louise sourit pour montrer qu'elle avait compris qu'elle devait attendre cinq minutes. Elle rangea le communiqué dans son sac à main, se redressa et posa son sac sur les genoux.

Peu après, un homme d'une cinquantaine d'années à l'allure distinguée arriva. Le sourire aux lèvres, il marcha vers elle en claudiquant et lui fit signe d'entrer dans son bureau.

— Je suis le rédacteur en chef, Aapo Kari.

Il parlait anglais, Louise retint un soupir de soulagement. Une fois dans son bureau, il lui tira une chaise face à sa table, tout cela sans un mot. Louise distinguait à peine les contours d'une prothèse grossière sous son pantalon à plis parfaitement repassé. Sa jambe droite avait été amputée sous le genou.

— Il y a eu une terrible erreur, déclara-t-elle dès qu'elle se fut installée.

— Une erreur ?

Elle sortit un exemplaire de sa version anglaise du communiqué de presse.

— Je suppose que c'est vous ou quelqu'un d'autre qui avez reçu la traduction finnoise de ce texte et publié l'article.

Kari lui fit signe de lui donner le communiqué.

— C'est moi, avoua-t-il après y avoir jeté un coup d'œil. Kaarina Varila me l'a apporté avec plusieurs centaines de tickets. C'est un bon sujet. Une bonne idée. On peut acheter un billet pour deux marks, ce qui permet de prédire l'écart de temps séparant le vainqueur du perdant. Celui qui se rapproche le plus du résultat remporte mille marks. Soit environ trois cents dollars américains.

Il émit un sifflement.

— Ça fait un paquet d'argent, reprit-il. Plus d'un mois de salaire pour la plupart des gens.

— Oui. Mais nous devons l'annuler.

Kari garda le silence.

— Pourquoi ? demanda-t-il enfin.

— À la lecture de votre article, cette course sera interprétée comme un symbole de la rivalité entre communisme et démocratie, pas comme deux amis qui ne cherchent qu'à s'amuser.

— Oui, très certainement. Et en quoi est-ce un problème ? *A priori*, ça devrait faire vendre beaucoup de tickets de loterie.

— C'est un problème car je sais de source sûre que si le colonel Bobrov, le skieur soviétique, perd publiquement cette course, cela plongera l'Union soviétique dans la honte, et cela entraînera des… (Elle s'interrompit pour trouver les mots justes.) Des mesures punitives.

— Oui, probablement. La Sibérie, s'il a de la chance. Le plus probable sera qu'on l'accuse d'avoir pactisé avec l'ennemi pour humilier l'Union soviétique, et qu'on l'exécute.

— Alors vous allez retirer l'article ? Et ne pas parler de la course ?

Mais Kari avait reporté son attention sur le communiqué de presse. Il leva les yeux vers elle.

— Vous dites que *nous* devons annuler la loterie. Donc, Kaarina sait que vous souhaitez retirer l'article ?

— Non, admit Louise en baissant la tête.

— Au moins, vous êtes sincère, constata Kari. En plus d'être un peu impétueuse. (Il sourit, pour qu'elle sache qu'il n'avait rien contre elle.) Vous êtes consciente que c'est un journal que je gère, reprit-il, pas une œuvre de bienfaisance.

— Oui. Bien sûr. Mais…

Il l'interrompit.

— Quoi qu'il arrive, nous parlerons de cette course dans les actualités, surtout que vous avez déjà approché certains de nos confrères. Et puis… n'oublions pas tous ces billets de loterie qui sont déjà dans nos kiosques.

Il la regardait sans cligner des yeux. Elle resta assise là, muette, sentant le sol se dérober sous ses pieds.

— Madame Koski, si vous me permettez de vous expliquer…

— Bien sûr.

— À titre personnel, je ne suis pas un amateur de l'Union soviétique. Ni des communistes.

Il baissa le bras pour cogner sur sa jambe artificielle.

— Je suis navrée, marmonna Louise. Bien sûr, je comprends.

— Je ne demanderais pas mieux que d'écrire tous les jours des articles explicites exaltant les valeurs de la démocratie et attaquant les horreurs du système soviétique. Cependant, nous autres Finlandais nous trouvons malheureusement au milieu d'une bataille entre Est et Ouest dont l'enjeu est la loyauté de la Finlande. Si nous nous rangeons du côté des Américains, l'Union soviétique nous envahira et nous perdrons notre liberté. Si nous rejoignons l'Union soviétique, nous renoncerons aux aides et investissements américains et perdrons également notre liberté.

Louise ne dit rien.

Kari l'observait ; sous ce regard vif et impassible, elle se sentit un peu mal à l'aise.

— Je peux peut-être vous l'expliquer un peu mieux. Mon journal doit être aussi neutre que mon pays, ce qui impliquera de relater cette affaire de manière équitable, rien qu'une course entre amis, probablement à la rubrique sportive. La manière dont ce récit sera interprété, je le crains, dépasse la sphère de nos compétences.

— Mais tout de même, si vous ne publiez rien du tout, la course sera oubliée et Mikhail, le colonel Bobrov, sera moins menacé.

— Vous oubliez que cette histoire a déjà été reprise par d'autres journaux.

— Bien sûr.

— Ma nation est divisée, madame Koski. De même que, j'en ai bien peur, le reste du monde le sera dans très peu de temps. Comme vous le savez sûrement, la Finlande a connu une guerre civile sanglante entre communistes et non-communistes il y a moins de trente ans. De terribles atrocités ont été commises dans les deux camps. Pour environ la moitié de ce pays, c'est encore dans les mémoires. Nombre de mes compatriotes sont toujours d'ardents communistes. Beaucoup d'entre eux sont partis du côté soviétique pendant la guerre. Nombre de ceux-là en sont revenus depuis et, avec l'appui de l'Union soviétique, occupent des postes de pouvoir au sein de notre gouvernement. Certains membres de ce gouvernement essaient de les en chasser, mais c'est un jeu très délicat et dangereux. Il y a toujours des Russes qui… rôdent en coulisses, dirons-nous.

— Enfin… Je sais qu'il y a des tensions, mais vous pourriez laisser l'affaire s'éteindre d'elle-même ! Il s'agit d'une course entre amis… rien que du sport, pas de la politique.

— On pourrait dire la même chose des Jeux olympiques, lui fit remarquer Kari.

Louise lui concéda ce point d'un hochement de tête.

— Pardonnez-moi, madame Koski, je suis finlandais. Comme vous devez le savoir, nous sommes assez enclins au franc-parler.

— Je suis moi-même mariée à un Finlandais, lui rappela Louise.

Kari sourit, avant de poursuivre.

— À la suite de votre communiqué de presse, je peux vous assurer qu'à l'instant même, plusieurs journaux se demandent comment relater cette course pour exalter les vertus du communisme. Quant à ce journal-ci, votre communiqué nous offre la parfaite occasion de nous en prendre aux Russes sans rien dire de cette lutte pour obtenir la loyauté de la Finlande ou même, pourrait-on dire, son âme. C'est certainement ainsi que le verront nos lecteurs.

Il laissa ses mots faire leur effet, avant d'ajouter :

— Et les Russes aussi.

Louise n'avait rien à répondre à cela. Elle envisagea de se mettre à genoux, mais se contenta de se pencher au-dessus de la table.

— Je comprends tout ce que vous me dites, affirma-t-elle. Tout cela est vrai, mais n'a rien à voir avec la vie des Bobrov. Je vous en supplie, pourriez-vous oublier cette affaire ?

— Navré, mais non. Le sujet a été repris par des journaux concurrents. Il y a des chances pour que nous ayons déjà vendu un certain nombre de billets. Nous avons promis de l'argent à plusieurs… Comment appelle-t-on ces gens qui travaillent pour nous, mais pas à plein temps ?

— Des correspondants.

— Oui. Nous nous sommes engagés auprès de plusieurs correspondants dans le Nord qui vivent près du parcours probable de la course. Je leur ai demandé de voir s'ils pouvaient déterminer qui était en tête.

— Vous ne pourriez pas simplement choisir de ne pas publier l'article qu'ils vous rendront ?

— *Yoh*, lança Kari en la dévisageant solennellement. Je le pourrais, mais je ne le ferai pas.

Louise fut consternée par son manque de compassion.

— Vous n'éprouvez donc aucune responsabilité morale envers cet homme et sa famille ?

S'ensuivit un de ces silences gênants pour un Américain mais qui, pour un Finlandais, font simplement partie d'une conversation normale. Le visage de Kari était devenu aussi froid et féroce que la nuit polaire.

— Madame Koski, reprit-il très posément pour s'assurer qu'elle reste suspendue à ses lèvres. Mon *journal* doit veiller à ne pas offenser les Russes. *Personnellement*, je ne m'impose pas ces restrictions. Je hais les Russes. Ils ont tué mon frère. (Il se frappa doucement la cuisse droite avec le poing.) Ils m'ont pris ma jambe. Ils nous ont bombardés. Ils ont volé une partie de nos terres et sont en train de détruire le reste pour nous saigner à blanc de trois cents millions de dollars de ce qu'ils appellent des « réparations de guerre ». C'est nous qui devons payer ces « réparations » pour une guerre qu'eux ont commencée. Vous croyez que j'en ai quelque chose à foutre, de la manière dont ces salauds vont interpréter cette course de ski ?

Le cliché du flegme finlandais s'avéra brièvement n'être rien de plus que ça, un cliché.

Au bout d'un moment, Kari finit par se maîtriser.

— Je vous présente mes excuses, dit-il.

— Mais monsieur Kari, ces « salauds » sont un mari et une femme avec deux enfants en bas âge.

— Ont-ils pensé aux maris, aux femmes et aux enfants finlandais lorsqu'ils nous ont envahis ?

— Mais les Bobrov ne sont que quatre. Ce ne sont pas eux qui ont envahi la Finlande.

— Le colonel Bobrov a combattu en Carélie, sur le front du lac Ladoga avec leur 8e armée en 1937 et 1940. Je me suis renseigné. Alors oui, le colonel Bobrov nous a envahis.

Deuxième partie

Lundi 3 février 1947

Système lacustre du Näskänselkä-Isoselkä
3e jour de course

Le troisième jour de la course, Mikhail et Arnie skiaient sur un ensemble allongé et généralement orienté vers le sud de lacs et de ruisseaux reliés les uns aux autres à l'est de la municipalité de Ranua appelé « le système lacustre Näskänselkä-Isoselkä ». Ils atteignaient un petit lac, avançaient vite sur la glace, puis ils le quittaient et devaient cheminer péniblement à travers la neige, les arbres et les broussailles jusqu'à trouver soit le lit d'un cours d'eau, soit un autre petit lac. Incapable de voir au-delà d'un jet de pierre, aucun des deux ne pouvait distinguer l'autre. Mais chacun savait sans même le voir où se trouvait son adversaire. Ils étaient de force égale en technique comme en endurance. Pour gagner, ce serait donc une question de cœur – et des risques que chacun était prêt à prendre.

Lundi soir, 3 février 1947

Helsinki

Rongée par la culpabilité, secouée et démoralisée, Louise regagna son appartement dans la nuit qui tombait. Certes, elle n'avait pas apporté le communiqué de presse aux journaux, mais c'était elle qui l'avait écrit. Elle était responsable, et devait faire quelque chose pour redresser son tort. Manquant de rentrer dans une femme qui marchait vers elle sur le trottoir, elle marmonna des excuses et s'éloigna en trébuchant. Une bourrasque froide la frappa et elle croisa les bras, tâchant de retenir un peu de chaleur. Elle s'aperçut qu'elle était en colère. En colère contre les briefings superficiels du département d'État qui supposaient qu'elle n'avait besoin de savoir rien d'autre que bien se comporter en soirée. En colère contre le système éducatif de l'Oklahoma, qui l'avait isolée de tout récit historique autre que celui de son propre pays. En colère contre les États-Unis, qui l'avaient abritée de la réalité dure et brutale que Natalya devait affronter au quotidien. L'horreur de la vie au sein du système soviétique n'était plus une simple description tirée d'un manuel. Désormais, cette réalité la saisissait d'effroi.

Elle faillit se faire écraser par une voiture en traversant la rue. Comment avait-elle pu passer à côté des subtilités que tous les autres semblaient à même de décrypter ? Elle ne cessait de se repasser en boucle les nombreuses conversations des jours passés dont elle n'avait pas relevé le sens implicite.

Tu n'as rien compris, Louise, se dit-elle. Ignare et naïve petite Américaine, bienvenue dans le monde en dehors de l'Oklahoma.

Son premier réflexe fut d'en parler à Arnie. Quelque folle que soit la situation, quel que soit son état émotionnel, Arnie était capable de tout mettre de côté pour réfléchir et agir. Il trouvait toujours quoi faire. Il était toujours là pour l'aider. Mais Arnie était parti. Quelque part entre Rovaniemi et Kuopio. Personne ne savait où au juste. Elle eut envie de se marteler le front avec les poings, mais elle portait un épais bonnet en laine et des moufles. Elle voulut apaiser sa panique en se raisonnant, mais un démon intérieur faisait « non » avec son doigt et refusait de la libérer de ses sentiments de honte et de culpabilité. Comment avait-elle pu ne pas voir les signes ? Les fois où la voix de Kaarina changeait de ton et de volume, les regards brefs, presque furtifs. Natalya elle-même avait-elle fait allusion aux problèmes qui surgiraient si la course était rendue publique ? Louise se rendit compte qu'elle avait tout vu et tout entendu comme si elle était encore dans l'Oklahoma, comme si le reste du monde était pareil à chez elle. Une vérité brutale s'imposa alors à elle : la naïveté n'était pas une excuse, mais un défaut. Et un défaut qui portait tort aux gens.

Voyant un banc vide à un arrêt de bus, elle s'y assit, et sentit le froid traverser sa jupe et ses bas en laine. Elle baissa la tête et porta ses moufles à son visage, les sentit lui gratter les joues, fut secouée de sanglots.

La sensation de la morve gelée sous son nez la ramena au présent. Ses pleurs l'avaient calmée.

Elle se rappela la fois où elle avait perdu un nombre considérable de commandes de bois de charpente parce qu'elle avait été assez étourdie pour ne pas les classer convenablement. Elle pensait les avoir confondues avec de vieux papiers qu'elle avait jetés dans le poêle à bois du bureau. Ces commandes représentaient une grosse source de revenus. Après plusieurs heures d'une fouille frénétique, elle était allée voir son père en larmes et avait avoué. Il était en colère, mais calme. Il lui avait bien fait comprendre combien d'argent était en jeu et ce que ça impliquait. Une fois lui avoir laissé le temps de saisir le sens de ses paroles, il lui avait dit :

— « Comme on fait son lit, on se couche. » Je n'ai jamais aimé cette formule. On devrait plutôt dire : Comme on fait *mal* son lit, on se lève et, bordel, on le refait.

Alors il lui avait montré le téléphone du doigt avant de sortir du bureau en la laissant tremblante. Après trois journées passées à enchaîner les coups de fil, à la suite de quoi elle avait dû puiser dans son argent de poche pendant plusieurs mois pour payer les frais d'appels longue distance, elle avait refait le lit.

Elle se leva du banc et serra son manteau autour d'elle pour se réconforter. Ce lit, on pouvait le refaire. Il *fallait* le refaire.

Se secouant mentalement, elle se mit à réfléchir. L'affaire n'était plus un secret. Impossible de réparer ça. Elle envisagea brièvement de rédiger un autre communiqué disant que la course avait été annulée. Mais le mensonge serait vite découvert, et ne ferait qu'empirer les choses.

Une fois enfin chez elle, Louise s'effondra sur son lit en pleurant et martela les draps de coups de pied et de poing avec toute la force de sa frustration et de son impuissance. Puis, la tempête passée, elle fit soigneusement infuser du thé et s'assit pour réfléchir. Les journaux n'allaient pas faire machine arrière. Comme la course serait mise en avant, il aurait été absurde d'annuler la loterie. Il fallait être réaliste. Cela rapporterait forcément une grosse somme d'argent.

Elle resta assise à la table de la cuisine et coucha sur le papier différentes idées pour régler le problème, les barrant les unes après les autres, en buvant tasse de thé sur tasse de thé.

Le premier plan qu'elle rejeta impliquait Sokolov. Il avait paru tellement sympathique, jusqu'au jour où elle avait appris qu'il avait caché un micro dans leur appartement. Il s'était également montré amical avec Natalya et Mikhail. Mais elle comprenait maintenant que rien de ce qui concernait Sokolov – ni non plus la plupart des Russes qu'elle avait rencontrés – n'était nécessairement conforme aux apparences. Natalya savait-elle pour le micro caché ? Elle n'avait plus envie de connaître la réponse à cette question. Même si son amie était au courant, cela ne disait rien sur qui elle était, rien sur leur amitié. Allez savoir quelle pression Sokolov pouvait exercer sur elle comme sur Mikhail.

Le plan n° 2 consistait à obtenir l'asile pour les Bobrov, le problème résidant dans le fait que la légation américaine d'Helsinki n'était pas reconnue internationalement comme une ambassade à part entière, ce qui aurait fait de l'édifice et des terres sur lesquelles il était bâti le territoire souverain des États-Unis et non celui de la Finlande. L'ambassade américaine la plus proche se trouvait à Stockholm, à quatre cents kilomètres de là en bateau ou en ferry, presque hors d'atteinte. Il serait donc peu probable qu'ils puissent s'échapper sans se faire voir de l'un des nombreux sympathisants communistes qui ne seraient que trop heureux d'en informer les Russes. Et puis, rien ne lui disait que Natalya ou Mikhail voudraient fuir leur pays, même s'ils craignaient pour leur vie.

Le plan n° 3 était de s'efforcer d'empêcher les journaux de mettre l'accent sur le côté « États-Unis contre Russie », « liberté contre totalitarisme » de la course. Vu la réaction de Kari, ce plan-là était probablement voué à l'échec. Et tous les journaux n'étant pas publiés à Helsinki, Louise ne pourrait jamais tous les contacter. Vendu à Tampere, le *Kansan Lehti* était fermement procommuniste. La nouvelle de la course ne tarderait pas à gagner toute la Finlande.

Un frisson glacé la parcourut. Et pourquoi pas d'autres journaux dans d'autres pays ? L'affaire ayant éclaté, elle serait sûrement relayée par toutes les agences de presse. C'était comme si Louise avait libéré un virus virulent, qu'il était impossible d'arrêter tant qu'il n'aurait pas suivi son cours. Cette pensée la plongea dans le désespoir.

Bien sûr, elle pouvait se contenter de ne rien faire en espérant que Mikhail l'emporte. Ne rien faire permettrait de continuer à récolter de l'argent pour la loterie, ce qui aiderait les orphelins et satisferait Kaarina. L'ennui ? Elle savait à quel point Arnie était bon skieur. Dans la plupart des sports, les chances commencent à décliner dès trente ans passés. Mais dans les sports d'endurance, comme l'alpinisme, un autre élément entre en action : la force de caractère, qui grandit au fil de la vie d'un homme. L'association des forces déclinantes et du cran qui augmente atteint son apogée aux alentours de trente-cinq ans.

Elle et Arnie étaient les seuls à savoir vraiment à quel point il avait été fort, même avant tout cet entraînement avec la 10e division de montagne. Sans la guerre, Arnie aurait été un sérieux candidat pour intégrer l'équipe olympique américaine. Bien sûr, Mikhail avait skié toute la guerre durant. Rien qu'en le regardant, elle avait remarqué qu'il avait le port d'un grand sportif. Sa force et sa fluidité se voyaient jusque dans sa manière de boire et de parler avec Arnie. Ces deux-là faisaient la paire.

L'un et l'autre avaient la trentaine, et n'effectuant plus que du travail de bureau depuis la guerre, aucun d'eux ne serait aussi bon qu'à l'époque où ils combattaient. Cela dit, Arnie faisait de l'exercice chaque matin avant d'aller au travail. Risquer la vie de toute une famille en misant sur la victoire de Mikhail ne semblait donc pas une bonne idée. Et elle savait aussi qu'Arnie était d'une autre trempe. On lui avait inculqué ce qu'il appelait le *sisu* depuis sa petite enfance. Il réaliserait l'une des plus belles prouesses de sa vie. La seule défaillance physique susceptible de l'empêcher de donner le meilleur de lui-même serait la mort.

Après beaucoup trop de tasses de thé – à réfléchir, à rejeter, à réfléchir encore –, elle se rendit compte qu'un seul choix réaliste se présentait à elle. Il fallait qu'elle trouve Arnie et le persuade de perdre la course. Mais comment ?

Lundi soir, 3 février 1947

Système lacustre Näskänselkä-Isoselkä
3e jour de course

À l'heure où Louise rentrait à pied, Arnie creusait une tranchée dans la neige. Trois des règles de survie les plus importantes en hiver sont de rester au sec, de se mettre à l'abri du vent et de bien se nourrir. Creuser une tranchée de nuit respectait la règle imposant de s'abriter du vent. Le soleil s'était couché depuis plusieurs heures et la température continuait à chuter, lui donnant l'impression que sa chaleur corporelle était aspirée dans un néant noir.

Toute la journée durant, il avait cheminé vers le sud, skiant vite et bien sur les lacs et les rivières du système Näskänselkä-Isoselkä. Il avait joué au jeu du compromis entre vitesse et sécurité. La vitesse exige des efforts, ce qui fait transpirer. Alors la sueur trempe les habits, les sous-vêtements et tout le reste. Les couches supérieures se mettent à geler, ce qui refroidit les couches inférieures. Une fois que les vêtements froids ont aspiré la chaleur du corps, le skieur meurt d'hypothermie.

Mais Arnie savait que la stratégie gagnante consistait à fournir des efforts réguliers afin de maintenir une chaleur corporelle constante sans se surmener pour autant. S'il commettait une erreur parce qu'il allait trop fort trop vite, il pourrait tomber et se casser un os, et mourrait assurément d'hypothermie. S'il ralentissait pour cesser de transpirer, il se laisserait distancer par Mikhail. Alors il transpirait. Impossible de garder ses sous-vêtements au sec. Il comptait sur une énergie génératrice de chaleur et sur ses efforts physiques pour lui éviter l'hypothermie en journée. Ce qui impliquait de faire sécher ses habits la nuit dans son sac de couchage.

Toute cette situation lui insufflait un sentiment de satisfaction et d'accomplissement. Une fois encore, il vivait uniquement dans l'instant présent, avec la mort derrière lui. Il se sentait à sa place.

Trois jours durant, il avait entraperçu Mikhail. De toute évidence, ils étaient sur un pied d'égalité en termes de vitesse, de compétence et d'endurance – ce qui donnerait un léger avantage à celui qui dormirait moins longtemps. Il ne faisait jamais tout à fait noir quand le ciel était dégagé car, le 5 février, la lune continuait à croître. Toutefois, vers seize heures, des nuages s'étaient amoncelés en même temps que le soleil se couchait. Le crépuscule s'en trouvant accentué, à dix-huit heures, il faisait déjà nuit. Il avait emporté une lampe torche militaire à angle droit avec sa lentille rouge standard pour conserver une vision nocturne, mais de peur de gaspiller les piles, il ne s'en servait qu'occasionnellement pour lire la carte. Il avait ralenti jusqu'à ramper dans l'obscurité et avancer à tâtons. Dès les premières lueurs du matin, quand viendraient cinq heures, il savait que selon la couverture nuageuse, il franchirait en quelques minutes seulement la distance qu'il avait mis des heures à parcourir dans le noir. Le problème étant que si Mikhail choisissait d'avancer la nuit pendant qu'Arnie dormait, cela pourrait suffire à lui faire perdre la course.

D'un autre côté, aucun d'eux ne pourrait rester sans dormir plus de deux ou trois jours, car alors ils risquaient de skier plus lentement ou de prendre une mauvaise décision pouvant s'avérer fatale. Il finit par supposer que Mikhail effectuait les mêmes calculs et, donc, s'arrêterait en même temps que lui. Aussi, quand vint la troisième nuit, Arnie s'était-il habitué à skier jusqu'à vingt-deux heures à peu près, avant de se constituer un abri et de dormir jusqu'à deux heures. Il avait été conforté dans cette décision en apercevant Mikhail plusieurs fois ce jour-là. Comme il avait passé une bonne partie de la guerre à ne dormir que quatre heures, par tranches de deux heures, ce n'était pas une grande épreuve. Mais à l'époque, il y avait toujours des moments et des endroits où il pouvait grappiller une quinzaine de minutes de sommeil en sécurité. Il y avait toujours eu quelqu'un dans le coin pour monter la garde. À présent, une sieste pouvait lui coûter la course. Évidemment, ne pas dormir assez pouvait aussi lui coûter la course. Avec son esprit pragmatique d'ingénieur – hérité de son père, un superbe bûcheron, et donc un superbe ingénieur improvisé –, Arnie prenait plaisir à jouer avec ces compromis. Plaisir qui était relevé par deux épices supplémentaires : ne pas perdre la course, et ne pas perdre la vie.

Une fois qu'il eut fini de creuser la tranchée de nuit dans la neige, il sortit sa hachette et se confectionna un petit cadre de branches qu'il remplit de rameaux de pin pour empêcher sa chaleur corporelle de se dissiper trop vite. Il enfila des habits secs, fourra ceux qu'il avait portés et qui étaient trempés de sueur dans le sac de couchage pour qu'ils sèchent, et s'endormit presque aussitôt.

Quelque chose l'avait réveillé. Il aurait pu s'agir d'un animal, ou du vent qui changeait de direction – ou même de la pression atmosphérique qui se modifiait. Dans cet état où tous ses sens étaient exacerbés, il avait vivement conscience de ce qui l'entourait, contrairement à la vie « normale » que l'on mène entre quatre murs ou sur quatre roues, celle coupée d'une nature dont tout le monde fait pourtant partie, si seulement on prenait la peine de s'en souvenir.

Il consulta sa montre. Il n'était que minuit trente. Une fois encore, calculer les compromis : partir de bonne heure en risquant de s'effondrer et de tomber de sommeil plus tard, ou dormir une heure et demie de plus tout de suite mais s'exposer à prendre du retard. Un dilemme qui pouvait certes être résolu par le savoir et l'expérience mais qui, en réalité, se réduisait à l'instinct de la vie sauvage. Ceux qui en avaient, survivaient.

Tout en se roulant en boule dans le sac de couchage, il se demanda si Louise dormait. Il songea aux nombreuses fois où il s'était réveillé et l'avait trouvée en train de lire, la tête calée sur l'oreiller. Il tendait le bras, lui caressait la cuisse, et elle souriait. Et il se réveillait deux heures plus tard et elle lisait encore. Lorsqu'il se levait pour aller au travail, elle dormait souvent d'un sommeil si profond qu'il lui arrivait de franchir la porte sans l'avoir réveillée. Si, toutefois, elle se levait, elle lui préparait toujours le petit déjeuner. Il la regardait brouiller des œufs d'un air ensommeillé, une tasse de café à la main, avec sa silhouette qui se profilait à peine sous sa robe de chambre. L'été, elle portait parfois l'ensemble nuisette-robe de chambre qu'elle avait mis pour leur lune de miel. L'hiver, c'était la robe de chambre en soie qu'il lui avait achetée pour Noël en 1940. Un an plus tard, les États-Unis étaient entrés en guerre et toute la soie partait dans les parachutes.

Il roula sur l'autre flanc en rentrant la tête à l'intérieur du sac de couchage, ne laissant rien qu'un petit trou pour le nez. En grelottant légèrement – pas au point de s'en inquiéter, il ne tarderait pas à se réchauffer –, il retourna en esprit à une autre époque où il s'était retrouvé couché dans la neige.

Il avait demandé à Louise de venir à Fort Lewis pendant ses vacances de Noël. Elle l'avait fait. Il avait obtenu une permission et ils étaient allés skier à Paradise sur le mont Rainier, où s'étaient déroulées les épreuves de sélection olympiques de 1936, qu'il avait manquées car il était encore élève officier à West Point. Ils étaient tombés tous les deux dans un gros tas de neige et, leurs skis emmêlés, avaient ri, avant de s'embrasser.

— Je veux rester emmêlé avec toi jusqu'à la fin de ma vie, lui avait-il alors dit.

Elle avait arrêté de rire.

Il se rappelait avoir essayé maladroitement de se redresser, mais ses skis étaient encore attachés par leurs lanières de cuir. Toujours couché dans la neige à côté d'elle, il lui avait pris les mains.

— Je ne peux pas mettre un genou à terre, lui avait-il dit, mais… tu veux bien m'épouser ?

Elle ne s'y attendait manifestement pas, du moins pas ici et maintenant.

— Quels grands romantiques vous faites, vous autres Finlandais, avait-elle fini par lui répondre au bout d'un silence atrocement long.

Enfin elle avait laissé éclater sa joie, comme le soleil se levant au-dessus des cimes.

— Oui !

Elle lui avait sauté dessus, et ils étaient retombés en arrière en battant l'air et en roulant, skis, bras et jambes emmêlés, pendant que Louise criait à nouveau « oui ! » au ciel froid et clair de la chaîne des Cascades.

Arnie s'endormit en souriant.

Mardi matin, 4 février 1947

Bureau de Sokolov

Natalya se présenta au bureau de Sokolov avant sa secrétaire, Julia. Quand celle-ci finit par arriver, Natalya la supplia de voir le colonel au plus tôt. Julia haussa les épaules et montra d'un signe de tête une chaise vide à côté de la porte du bureau. S'ensuivirent vingt minutes de tension nerveuse avant qu'il n'arrive. Il portait une serviette et avait plusieurs journaux calés sous le bras.

Elle se leva.

— Madame Bobrova, la salua Sokolov. Je ne suis absolument pas surpris de vous voir.

Pas de « camarade » ce matin, songea-t-elle.

Sokolov se tourna vers sa secrétaire.

— Une deuxième tasse pour Mme Bobrova.

Pendant que Julia allait lui chercher son thé du matin, Sokolov fit signe à Natalya de le précéder dans son bureau.

— Asseyez-vous, dit-il.

Elle obéit.

Il jeta devant elle la même édition du *Helsingin Sanomat* qu'elle avait montrée à Louise. Puis, sans rien dire, il posa deux autres journaux à côté, l'un favorable à l'Union soviétique et l'autre non.

— Je suppose que vous les avez vus.

Natalya hocha la tête.

— Oui, camarade, en effet.

— Comme vous le savez sûrement, une partie de mon travail consiste à m'assurer que la presse reste intègre.

— Oui, camarade.

— En Russie, cette intégrité est assurée. Mais ici, nous devons maintenir l'illusion d'une stricte neutralité. Si nous ne pouvons garantir un journalisme intègre, comme chez nous, nous pouvons, disons… prendre certaines mesures incitatives auprès du gouvernement finlandais pour qu'il veille, lui, à ce que ses journaux le soient.

Ils savaient l'un comme l'autre que la définition soviétique de l'intégrité impliquait de se conformer à présenter non pas des faits, mais une pensée politique adéquate.

— Oui, camarade.

Qu'aurait-elle pu dire d'autre ?

Sokolov l'étudia.

— Votre héros de mari a commis une belle idiotie.

— Oui, camarade, dit-elle en baissant les yeux sur ses genoux en signe de contrition.

— Quand avez-vous eu vent de cette histoire ?

Elle passa en revue plusieurs réponses et leurs conséquences potentielles. Si elle disait la vérité, à savoir qu'elle l'avait appris lors de la soirée de la légation, il voudrait savoir pourquoi elle ne lui en avait rien dit. Ce qui signifierait qu'elle avait gardé un secret. Ce qui pourrait signifier Loubianka. Cela dit, admettre l'avoir su avant la publication de ces articles pouvait mener au même sort. D'un autre côté, si elle mentait et décrétait qu'elle avait tout ignoré de cette affaire, et qu'il la perçait à jour – d'une manière ou d'une autre, ils arrivaient toujours à le savoir –, son sort serait le même. Il n'empêche : le mensonge lui offrirait plus de chances que la vérité. Ainsi fonctionnait le système.

— J'en ai entendu parler hier soir pour la première fois en lisant l'article dans le *Helsingin Sanomat*.

— Oui, je sais, dit-il.

Évidemment qu'il savait.

— Mikhail m'a dit qu'il partait dans le Nord pour voir, comment a-t-il appelé ça… des voies d'accès et de sortie, quelque chose dans le genre.

Sokolov la regarda de ses yeux qu'on aurait cru sculptés dans un glacier.

— C'est ce qu'il nous a dit, à nous tous.

Elle retint un soupir de soulagement. Du moins son récit était-il plausible. N'importe quel mensonge pouvait suffire à vous protéger, mais un mensonge qui s'effondrait à cause d'une incohérence quelconque pouvait vous faire tuer. Le silence aussi était une bonne stratégie, surtout si on ne vous avait pas posé de question. Elle avait l'impression de revivre les derniers jours de sa propre mère, la peur d'entendre frapper à sa porte tard le soir.

Sokolov poussa légèrement les journaux avec le doigt.

— Vous connaissez bien votre mari ? demanda-t-il.

— C'est un patriote. Il a consacré sa vie à servir le Parti.

Sokolov plissa légèrement les yeux, un petit sourire aux lèvres.

— Oui. Bien sûr. Nous sommes tous des patriotes dévoués au Parti.

Il laissa planer un long silence.

— Je vais vous reposer la question, pour la dernière fois. Connaissez-vous bien votre mari ?

Aussi bien que n'importe qui, pensa-t-elle. Elle déglutit.

— Il peut être impulsif, dit-elle.

Cela ne pouvait pas être interprété politiquement. Ou alors si ?

— Oui, se contenta de répondre Sokolov. Je comprends, dit-il en changeant complètement de ton pour adopter celui de la camaraderie. Cette course idiote a commencé comme un acte de fraternité puérile tel qu'on en voit souvent entre soldats.

Il ne retenait ni son sarcasme ni son dédain. Il fureta dans sa serviette.

— Sans ça, reprit-il en posant sur le bureau un carbone de la traduction faite par Kaarina du communiqué de presse de Louise, ça ne serait pas allé plus loin.

Elle n'aurait pu le traduire mot pour mot, mais elle en saisit l'esprit. Même en finnois, il débordait de l'optimisme pétillant de Louise.

— La meilleure interprétation qu'on puisse en donner, pour le bien de votre mari, c'est qu'il s'agit effectivement d'un jeu d'écolier, même si ça pourrait se révéler difficile à croire compte tenu du fait que votre mari a quitté les bancs de l'école depuis plus de quinze ans, qu'il a été commandant dans l'armée et qu'on l'admire pour ses qualités de chef et son jugement éclairé.

Natalya hocha la tête.

— Toutefois, poursuivit Sokolov, il y a une deuxième interprétation.

Il la fit attendre avant de continuer.

— Nous avons lieu de croire que tout était manigancé à l'avance. Le lieutenant-colonel Koski incite votre mari à faire cette course, en prétendant que ce n'est qu'un jeu entre *soldats*, déclara-t-il, toujours avec ce sarcasme non dissimulé. Quand, en réalité, il a remporté des championnats nationaux.

Elle ne pouvait rien faire d'autre que hocher la tête, signifier qu'elle tombait d'accord avec sa théorie.

— Pendant ce temps, sa « femme », enchaîna-t-il en s'assurant qu'elle entendait ses guillemets, très certainement une agente de renseignement comme lui, fait de cette course « innocente » et privée un coup de publicité occidental pour saper la réputation de l'Armée rouge et le mode de vie soviétique. Pensez-vous vraiment que « Louise Koski » (une fois encore, les guillemets) soit aussi naïve qu'elle le laisse entendre ? Pensez-vous qu'elle s'intéresse réellement à un orphelinat finlandais, un orphelinat dans un pays qui s'est battu pour les fascistes ? Pensez-vous donc qu'une véritable amie agirait ainsi ?

Il brandit le communiqué de presse sous son nez.

— En méprisant froidement l'impact que cela pourrait avoir sur ses « amis », comme vous et votre époux ?

Il se laissa aller en arrière dans son fauteuil.

— Quel genre d'amie est-ce là ? Hein ?

Elle savait que ce n'était qu'une question rhétorique, et qu'il ne fallait pas y répondre.

— Tout ce personnage de petite fille des prairies innocente et élevée au grain, poursuivit Sokolov, était la parfaite couverture pour vous tromper, vous et le colonel Bobrov. Je pense que ce projet de bienfaisance pour l'orphelinat n'était qu'un coup monté. Nous enquêtons sur cette « parente » du colonel Koski, Kaarina Varila. Nous savons qu'elle a perdu des fils et un mari à la guerre. Nous gardons à l'œil le plus jeune de ses fils, Pietari. Il est connu pour ses propos et sa haine à l'encontre du Parti. Ça, en plus de quelques dollars américains, a dû suffire à s'assurer de leur coopération à tous les deux dans cette opération qui était, je dois l'admettre, assez futée.

Natalya était dans un état d'extrême agitation. Elle se sentait simultanément trahie, vulnérable et idiote. Comment avait-elle pu être aveugle au point de ne pas voir que Louise s'était jouée d'elle, tout comme le mari de Louise s'était joué de Misha ? Arnie et Louise étaient-ils même mariés ? Il se pouvait que leur couple ne soit qu'une façade. Dire que Louise était une invention, qu'elle était quelqu'un de complètement différent ! Elle avait l'impression de se faire poignarder dans le dos, jeter à terre. *Non*, songea-t-elle en repoussant énergiquement ses doutes. Le colonel ne pouvait pas dire vrai. Elle devait se fier à ce qu'elle voyait et ressentait, pas à ce que lui disaient des gens comme Sokolov. Il n'empêche que cette pensée envahissante persistait. Et si elle n'avait été qu'une idiote ?

Elle s'efforça de garder son sang-froid. Elle savait pertinemment qu'elle vivait dans un monde où les « faits » pouvaient être vrais ou faux, où leur interprétation pouvait être aussi changeante que les dirigeants politiques. Une interprétation qui n'influait pas seulement sur la politique ; cela ébranlait les fondements mêmes de la civilisation, à savoir l'amour, les relations, la famille et l'amitié.

— Pourquoi les Américains voudraient-ils faire une chose pareille ? demanda-t-elle.

— Vous savez sûrement que l'Union soviétique mène une bataille peu discrète pour montrer que notre mode de vie est en tout point supérieur à celui de l'Ouest occidental.

Il avait adopté le ton d'un adulte sermonnant une enfant.

— En effet, camarade, dit Natalya.

— Vous savez sûrement aussi que toute modification de l'attitude collective de nos voisins d'Europe de l'Est envers le mode de pensée occidental représente un danger pour la révolution et pourrait nous empêcher d'atteindre notre objectif de protéger nos frontières en les bordant de nations qui ne sont pas hostiles à la révolution. Voilà pourquoi.

Il était évident que Sokolov n'avait pas fini son sermon, mais attendait simplement qu'elle digère ses propos. Mal à l'aise, elle remua sur son siège.

— Alors, explication n° 1 (il leva un doigt), il ne s'agissait effectivement que d'une folie d'écolier. Explication n° 2 (un autre doigt levé), votre mari a été dupé par une opération de renseignement très futée.

Il baissa la main et, les yeux plissés, lui décocha un regard de cobra.

— Je suis sûr que vous saurez deviner l'explication n° 3.

Natalya ravala une peur froide. Explication n° 3 : Misha est un traître.

Sokolov vit qu'elle avait compris.

— Oui. Il ne faudrait pas beaucoup d'imagination pour penser que votre héros de mari a pu tremper dans cette affaire.

— Non, camarade ! Je vous le jure. Il aime la Russie. Et le Parti. Nous ne savions rien de tout ça. Sur la vie de mes enfants, l'implora-t-elle.

Les yeux de Sokolov étaient morts. Il la fit mariner un instant, laissant les mots « la vie de mes enfants » suspendus dans l'air comme un nœud coulant.

— Et Louise Koski serait réellement une innocente fleur des prairies ?

Il haussa les sourcils, indiquant clairement ce qu'il croyait lui-même, ou du moins ce qu'il voulait qu'elle croie qu'il croyait. Encore ces poupées russes.

Les pensées se bousculaient dans la tête de Natalya à mesure qu'elle formait et rejetait diverses réponses et explications possibles. Si Misha n'était pas en train de se faire duper par une opération américaine, alors ces juges invisibles, l'État, le Parti, qui soupesaient sa vie et celle de sa femme, devaient en conclure qu'il était soit un imbécile imprudent, soit un traître. Il était très peu probable qu'ils optent pour l'explication de l'imprudence, car cela aurait voulu dire qu'un héros de l'Union soviétique était irresponsable et dangereux, et que ceux qui l'avaient choisi comme attaché militaire étaient eux-mêmes négligents. La seule manière pour elle d'éliminer l'accusation de trahison contre elle et Misha était d'accuser Louise d'être une espionne. Mais rien n'indiquait qu'elle en était une. Quelle preuve pourrait-elle présenter pour convaincre Sokolov et ses supérieurs que Louise, le Coca-Cola personnifié, était une Mata Hari américaine ? Aucune. Mais il fallait bien qu'elle dise quelque chose. Sokolov était assis là, comme une araignée dans sa toile. Il se pencha en avant.

— Nous savons tous les deux que votre mari n'est pas un imbécile.

Pourtant si ! eut-elle envie de hurler. Non, pas un imbécile, mais un soldat dont les actes pourraient paraître idiots aux yeux de ceux qui n'en étaient pas. La voilà, l'explication. Lui et Arnie Koski faisaient la course pour l'honneur de leurs armées respectives et pour mettre leur cœur à l'épreuve. Comment un quelconque homme politique ou bureaucrate tel que Sokolov pourrait-il le comprendre ? Elle se rendit compte qu'il s'était retenu de traiter Mikhail de traître. S'il l'avait dit à haute voix, le sort de son mari aurait été scellé. Dans le système soviétique, être seulement soupçonné de traîtrise était un crime passible de mort.

Elle sentait son cœur battre dans sa gorge et dut se faire violence pour dire calmement :

— Sans doute s'est-on joué de nous.

— Ah, dit Sokolov. Sans doute que c'est de vous seule qu'on s'est joué.

Puis il changea complètement de comportement.

— Camarade Bobrova, dit-il posément, je sais que vous devez craindre pour le bien-être de votre mari. Est-ce le cas ?

— Oui, camarade.

— Vous avez raison de vous inquiéter.

Il soupira, puis se mit à organiser les journaux en silence. Lorsqu'il eut fini, il posa les communiqués de presse sur le dessus de la pile soignée et leva les yeux vers elle. Son expression passa de la condamnation à un soutien cordial factice, l'habituel « nous sommes tous des camarades » du bureaucrate soviétique.

— Je ne veux pas qu'il arrive quoi que ce soit à votre mari. C'est, après tout, un héros de l'Union soviétique.

À sa manière de prononcer le mot « héros », elle imagina quelqu'un qui se pinçait le nez devant un poisson mort.

— Pour l'instant, nous allons essayer de faire en sorte que l'affaire reste locale, dit-il. Si nous parvenons à l'écarter des grands journaux occidentaux, les dégâts infligés au socialisme seront limités. Il sera alors peu probable que nous devions prendre des mesures pour nous assurer que cette histoire ne figure pas dans les journaux de nos voisins d'Europe de l'Est. Évidemment, je vais devoir en rendre compte à mon supérieur immédiat à Moscou. Toutefois, si le sujet reste localisé, il sera inutile d'aller plus haut dans la hiérarchie. (Il leva une main, comme pour dire « le ciel m'en préserve ».) Je vais faire de mon mieux.

— Merci, camarade Sokolov.

— Vous feriez mieux de prier pour que votre mari gagne.

— Mais dans le cas contraire, camarade Sokolov…

Le seul fait d'énoncer cette possibilité tout haut la réduisit au silence.

— Vous devez me croire, reprit-elle. Il n'entreprendrait jamais intentionnellement une activité pouvant nuire à l'État soviétique.

— Camarade Bobrova, dit-il doucement. Nous allons bien sûr enquêter et tirer cette affaire au clair. Mais vous devez comprendre que ce que nous trouverons sur votre mari n'aura que peu de conséquences. (Il marqua une pause, avant d'ajouter :) Hormis sur la nature de son châtiment.

Natalya se mordit la lèvre. Sokolov se pencha vers elle.

— Perdre cette course, à présent que le prestige soviétique est en jeu, aura d'immenses conséquences.

— Camarade, vous êtes quelqu'un d'important, dit-elle en se penchant pour poser la main sur son bureau. Vous devez bien être en mesure de faire quelque chose pour éviter à Mikhail d'être injustement puni pour, comme vous le dites vous-même, un jeu d'écolier.

Elle se força à sourire malgré sa nausée, sachant que son geste de supplication serait très certainement perçu comme une proposition.

— Que puis-je faire pour prouver son… notre innocence ?

Il sourit, les yeux baissés sur sa main. Elle vit l'araignée descendre le long des fils de sa toile.

— Je suis sûr qu'il y a quelque chose à faire, camarade, dit Sokolov. Et qui sait ? Il pourrait gagner. Il paraît qu'il est bon skieur.

— Camarade Sokolov. Je suis sûre qu'il gagnera. Les Américains seront ridiculisés en public, seront vus comme mous et trop dorlotés. Ce sera une réussite publicitaire.

Sokolov sourit.

— Si vous en êtes si sûre que ça, que faites-vous ici ?

Natalya lui adressa un pâle sourire.

— C'est que vous avez demandé à me voir, camarade Sokolov.

Elle retira sa main pour la poser sur ses genoux et l'agripper avec l'autre.

Sokolov hocha la tête, un sourire suffisant aux lèvres. Si l'araignée avait eu une main au bout d'une de ses huit pattes, elle aurait tapoté Natalya sur la tête avec condescendance. Il consulta sa montre.

— Nous allons devoir en discuter davantage, peut-être faire quelques projets. Je suis très occupé ce matin. Jusqu'à ce soir, d'ailleurs.

Il cessa très brièvement de la dévisager pour poser son regard sur les genoux de la jeune femme, avant de le relever vers son visage.

— Peut-être pourrions-nous nous retrouver plus tard. Trouver un arrangement.

Malgré l'angoisse qui s'empara de son corps tout entier, Natalya n'hésita pas. Elle était une femme russe. Elle était capable de regarder la réalité en face. Le même ensemble de compétences qui plaisait tant à l'homme qu'elle aimait pourrait également tenir lieu de monnaie pour obtenir sa protection. Elle inclina la tête et adressa un sourire chaleureux à Sokolov, tout en faisant en sorte que ses yeux débordent de reconnaissance.

— Bien sûr, camarade Sokolov. Je vous saurai gré pour tout le temps que vous accorderez à cette affaire.

Le courage revêt de multiples formes.

Mardi 4 février 1947

Sud du système lacustre Näskänselkä-Isoselkä
4e jour de course

Arnie comme Mikhail étaient tous les deux proches de l'épuisement. Ayant quitté la glace depuis des heures, ils devaient à présent se frayer un passage à travers la neige au prix d'efforts déprimants et d'une lenteur frustrante. Extirper un ski de sa gangue neigeuse et le poser sur de la neige fraîche, plus d'un pied sous la surface, pour avancer péniblement. Le ski de devant qui rompt la croûte et s'enfonce en laissant l'autre derrière, encore enfoui à la suite de l'effort précédent. Les muscles des cuisses qui frémissent de fatigue. On soulève le ski arrière, en mettant plus de poids sur celui de devant, qui lui s'enfonce davantage dans la neige. Alors on perd l'équilibre, et ne le retrouve qu'au prix d'un nouvel effort. On plante les bâtons plus profondément, et cela requiert encore un effort pour les dégager. Et on patauge encore. Et encore. Et encore.

Arnie était contrarié. Il avait aperçu Mikhail à environ un kilomètre, et semblait légèrement en tête. Le terrain qui, en été, aurait été bourbeux et marécageux, était à présent complètement gelé. Presque toute son expérience en matière de ski de fond s'était déroulée en montagne.

Lorsqu'il regarda les surfaces plates et gelées du marécage devant lui avec ses touffes de plantes dressées au-dessus de la glace, elles lui parurent presque aussi solides que la surface glacée d'un lac ou d'une rivière. Il poussa sur ses bâtons, se réjouissant d'avancer de nouveau rapidement en couvrant autant de distance que possible avant d'être arrêté par l'obscurité et l'épuisement. Il prit son premier cachet de benzédrine.

Mikhail aussi avait atteint le même terrain bourbeux et marécageux. Mais lui avait skié sur un sol similaire en Finlande, en Biélorussie et en Pologne. Il savait que la matière organique au fond des marécages générait une chaleur constante, et que celle-ci devait s'échapper d'une façon ou d'une autre. L'hiver, elle passe par ce que les Finlandais du coin appellent les « yeux du marais ». Pendant la guerre d'Hiver de 1939-1940, alors qu'il franchissait un marécage très similaire à ceux qu'il traversait actuellement, il avait vu disparaître son ami Ivanov. Il y avait eu un cri, un craquement, et Ivanov avait été emporté par la lourdeur de son matériel. Les Finlandais n'avaient de cesse de les attaquer sur les flancs, de sorte qu'après avoir passé à peine quelques minutes étendu de tout son long sur la glace en enfonçant vainement des branches d'arbre dans l'espoir que son camarade en attrape une et se libère, il avait dû prendre la décision de repartir. Peut-être que le corps d'Ivanov y reposait encore, à l'état de squelette, enveloppé dans les sangles de son fusil. Il essaya de chasser cette image, mais ce souvenir lui rappela que cette année, l'hiver s'était fait attendre. Et que la neige a beau venir tardivement, lorsqu'elle tombe, elle est lourde et drue, et laisse moins de chance à la glace de se former.

En plus de quoi, lui et Arnie progressaient régulièrement vers le sud. Chaque kilomètre parcouru augmentait les risques de tomber sur des zones où la neige recouvrait simplement l'eau ou une très fine couche de glace, formant ainsi un dangereux pont de neige.

Il se mit à modifier sa trajectoire lorsqu'il croisa des marécages, se déplaçant plus près de la terre ferme en cas d'ennui. C'était plus sûr, mais plus lent.

Mardi après-midi, 4 février 1947

Légation soviétique

Pendant qu'Arnie et Mikhail avançaient lentement à travers la neige profonde, que l'Américain franchissait les marécages et que le Russe les évitait, au service économique de la légation, Natalya faisait semblant de travailler. Elle passait laborieusement en revue les dossiers fiscaux du gouvernement finlandais pour trouver des entreprises ayant pu exploiter, ou exploitant actuellement des équipements susceptibles d'être plus utiles chez elle, en Russie. À cause de son finnois rudimentaire, elle ne progressait pas vite.

Aux prises avec l'anxiété, elle se demandait où était Mikhail, s'il gagnait, et se demandait si Fanya s'était contentée d'enfermer ses enfants dans leur chambre avant de sortir faire des courses. Elle balaya cette pensée en se disant qu'il ne s'agissait que d'une inquiétude propre aux mères lorsqu'elles sont séparées de leurs enfants. Sous-jacentes à cette angoisse, il y avait son appréhension à l'idée de ce qu'elle avait promis à Sokolov, et sa rage lorsqu'elle songeait au pouvoir absolu dont jouissait cette ordure.

Quand les journaux de l'après-midi atterrirent sur la grande table commune près de la porte du service économique, l'angoisse et la colère se muèrent en terreur froide. Tous les quotidiens finlandais contenaient un article sur la course. L'un d'eux avait même publié une estimation de leur trajectoire.

Des collègues lui sortirent quelques blagues sur Mikhail. Certains se demandèrent à voix haute ce qu'il cherchait vraiment à faire, échafaudant des théories du complot abracadabrantes. Natalya en avait l'habitude. Dans l'histoire récente, nombre d'entre elles s'étaient avérées fondées. Elle savait que ce genre de théories permettait de trouver du sens dans ce qui n'en avait pas. Pour les gens ordinaires, il semblait tout bonnement impossible que leurs dirigeants politiques puissent être aussi stupides, intéressés ou cupides que leurs actes le laissaient entendre. Il y avait forcément une explication derrière, sinon il aurait fallu admettre que son sort était entre les mains d'individus stupides, intéressés ou cupides. Et qui aurait été prêt à le croire, et à l'accepter ? Alors, on gardait l'espoir et la volonté de continuer à mener une vie difficile en croyant toutes les théories du complot à même d'expliquer les décisions des chefs, mis à part le mal et la bêtise à l'état pur.

En faisant la queue pour la pause thé d'après-midi, Natalya observa les deux femmes finlandaises qui servaient tout le monde. Elles parlaient en russe, elle en déduisit qu'elles avaient fait partie des nombreux communistes finlandais à avoir fui pour se réfugier en Union soviétique quand la guerre d'Hiver avait éclaté. Elles en récoltaient à présent les fruits avec un poste confortable au sein du gouvernement soviétique.

— Nous sommes toutes du côté de votre mari, affirma l'une d'elles en servant son thé à Natalya.

Celle-ci sourit et hocha la tête.

— Nous pensons que l'Américain ne finira même pas la course. Leurs élites sont trop molles. Elles ne font qu'exploiter le dur labeur des Noirs et des travailleurs affamés.

Elle sourit, montrant des dents ternies par le thé et deux trous visibles là où on lui en avait arraché.

— Leurs soldats sont allés à la guerre dans des chars d'assaut construits par Cadillac. Ils bombardent les civils en restant les bras croisés. Ils ont passé leur temps à boire et à violer des femmes sans jamais s'éloigner de plus de quelques centaines de kilomètres de la côte française, pendant que nos soldats combattaient et saignaient sur plusieurs milliers de kilomètres, pendant que c'étaient eux qui mouraient.

Natalya acquiesça d'un signe de tête en tendant la main vers les morceaux de sucre. Encore un avantage de travailler dans la légation.

— Oui, dit-elle en souriant à la femme. Je sais. Quand vous dites « nos soldats », reprit-elle prudemment, ne sachant trop sur quel pied danser politiquement, je suppose que vous parlez de ceux de l'Union soviétique.

La tête de la femme partit légèrement en arrière.

— Je parlais de l'Armée rouge. De l'armée du Peuple. Du peuple du monde entier.

— Oui, bien sûr. Oui, je vois. Oui, notre armée… du Peuple.

En regagnant son bureau avec sa tasse de thé, Natalya médita sur le concept de « nous » et de « peuple ». Il ne s'agissait de rien de plus que ça, des concepts ; ce n'étaient pas des faits, pas la réalité. Elle, Mikhail et ses enfants, voilà la réalité. Qu'étaient donc « l'État »,

« le Parti » ou, d'ailleurs, « le communisme » ou « le capitalisme » ? Comment pouvait-on aimer quoi que ce soit d'autre qu'un être humain ? Pourquoi mourir pour quoi que ce soit d'autre qu'un être humain qu'on aime ? Toute sa vie, du moins depuis l'orphelinat, elle avait entendu parler du Parti et du Peuple. Et voilà qu'elle était prise d'un vague malaise à cause de tout ça. Peut-être lui avait-on survendu ces concepts. Évidemment, elle n'avait pas à ressentir ces choses-là. Elle s'efforça de chasser ces pensées.

Elle leva sa tasse, la fixa, sentit qu'elle lui réchauffait la main. Ce thé était la réalité. Elle en but une gorgée, mais même avec deux morceaux de sucre, il était amer. La course était manifestement entre *nous* et *eux*, pas entre Misha et Arnie. Ce qui, avant, n'avait été qu'une peur floue, était à présent une réalité.

Mardi soir, 4 février 1947

Orphelinat

Ce soir-là, Kaarina, Natalya et Louise se retrouvèrent à l'orphelinat.

La nouvelle de la course et de la loterie s'était étendue aux églises, où la cote penchait surtout pour Arnie. Elle se répandait dans les syndicats, où les paris semblaient répartis à peu près équitablement entre Arnie et Mikhail. Elle gagnait des organisations dominées par le Parti communiste de Finlande, où Mikhail se faisait le champion du Peuple et d'un avenir libéré de la religion et de l'impérialisme. Quand Louise réclama les chiffres, Kaarina Varila lui annonça, souriante, que les ventes des tickets de loterie atteignaient presque le double de ce qu'elles avaient espéré. Si elle avait été américaine, elle aurait tapé dans ses mains et débouché le champagne.

Louise, elle, accueillit la nouvelle avec des sentiments contradictoires. D'un côté, l'argent affluait. De l'autre, elle voyait que pour Natalya, plus la loterie aurait du succès, plus les gens sauraient pour la course, ce qui ne serait qu'un pas de plus vers le châtiment que son mari et ses enfants endureraient si Mikhail perdait. Avec le regard du lapin pris dans les phares d'une voiture, la jeune femme se mordillait ponctuellement la lèvre inférieure. Louise eut envie de tendre la main pardessus la table pour la toucher, mais craignit que ce ne soit déplacé. Au lieu de ça, elle lui chuchota en français :

— Tout ira bien. Nous trouverons Arnie et le convaincrons de perdre la course.

Natalya darda son regard sur Louise, puis sur Kaarina, et de nouveau sur Louise.

— Mais nous ne savons pas où il est, chuchota-t-elle d'un ton féroce.

Kaarina regarda Louise avec perplexité, car elle ne comprenait pas le français.

— Nous en parlerons sur le chemin du retour, répondit vivement Louise, ne souhaitant pas être grossière.

Natalya hocha la tête et recula sur son siège en se tenant le haut des bras, comme pour se réconforter.

Louise hésita, avant d'expliquer à Kaarina :

— Natalya est très inquiète de ce qui arrivera à sa famille si Mikhail perd. (Elle décocha un regard à son amie, qui ne comprenait pas l'anglais.) Je m'en veux terriblement, ajouta-t-elle.

— Tu n'es absolument pas responsable des actes d'un gouvernement totalitaire.

— Mais je ne pensais pas que…

Le visage de Kaarina était un masque impénétrable.

— Ça fait beaucoup d'argent. Beaucoup d'orphelins qui seront mieux lotis. De ça, tu es responsable.

— Mais c'est une victoire à la Pyrrhus.

— Non. C'en est une vraie.

Natalya regarda Kaarina puis Louise. Elle voulait que quelqu'un lui explique ce qui se passait.

— Mais tout de même, nous devons tenir compte de Natalya et de sa famille dans cette affaire, insista Louise. C'est ma faute.

— Et tu veux soulager ta conscience.

À cette remarque, Louise se figea. Son regard s'enflamma.

— C'est plus que ça. Tu le sais bien.

Kaarina soupira.

— Oui. C'est devenu l'Amérique et la liberté contre le totalitarisme soviétique. Qu'ils soient rouges ou blancs, les Finlandais partout dans le pays encourageront leur camp. Mais tu l'as dit toi-même, la controverse aide à lever des fonds. Plus nous inciterons de gens à acheter des tickets, plus nous obtiendrons d'argent pour les orphelins. Tu devrais peut-être te dire que certains sacrifices en valent la peine.

— Pour tout l'or du monde, je ne voudrais pas être responsable d'avoir sacrifié une famille, lui renvoya Louise avec fermeté mais douceur.

Un Finlandais n'aurait éprouvé aucun besoin de parler, et Kaarina ne réagit pas. Louise finit par rompre le silence.

— Nous devons trouver Arnie et le convaincre de perdre la course.

— Même les journaux ignorent où il est, souligna Kaarina.

— Arnie m'a confié un vague itinéraire. Et si je le donnais à ton fils, Pietari ? Il a été soldat skieur. Il doit avoir des amis. Si on en envoie suffisamment là-bas, je suis sûre qu'ils finiront par le trouver.

— Qu'est-ce qu'elle dit ? demanda Natalya à Louise en français.

— Elle réfléchissait simplement à voix haute au moyen de trouver Arnie et Mikhail.

Natalya se tut, espérant manifestement que Kaarina et Louise élaborent une sorte de plan.

Louise se retourna vers Kaarina.

— Qu'en penses-tu ?

— Pour Pietari ? (Kaarina hocha la tête.) Louise, tu vois Mikhail et Natalya comme un mari et une femme, comme des amis. Que sais-tu vraiment d'eux ? Combien d'orphelins Mikhail a-t-il faits ? Combien de femmes allemandes a-t-il violées ? Combien de Finlandaises ? N'oublie pas que c'étaient les soldats allemands, pas les Russes, qui étaient nos fidèles alliés.

— Mikhail ne violerait jamais une femme.

— Tu n'en sais rien. Natalya et moi avons traversé une guerre. Toi, tu savais simplement qu'elle faisait rage. Ce sont deux expériences bien différentes.

Louise avait l'impression de patauger dans la boue.

— De quoi vous parlez, toutes les deux ? demanda encore Natalya.

Louise eut envie de lui crier : « Elle hait ton pays et elle n'en a rien à faire si ton mari est envoyé en Sibérie ou de ce qui peut vous arriver, à toi ou à tes enfants ! »

Le cours de ses pensées s'interrompit lorsqu'elle aperçut des larmes dans les yeux de son amie.

— Oh, Natalya, dit-elle.

Elle vit que Kaarina, elle aussi, était émue.

— Nous pourrions peut-être trouver d'autres manières de faire parvenir un message à Arnie sans passer par Pietari et ses amis, reprit Louise à l'adresse de la Finlandaise. En nous adressant, par exemple, à n'importe quel journaliste traitant l'affaire.

— Pourquoi les journalistes qui soutiennent l'Américain transmettraient-ils ce message ? Ceux qui sont du côté du Russe considéreraient une course perdue volontairement comme potentiellement humiliante pour leur cause, surtout vu que les journalistes pro-occidentaux porteraient tous des messages demandant à Arnie de perdre. Ils s'en serviraient pour discréditer la victoire de Mikhail, même s'il finissait par gagner à la régulière.

— Et pourquoi pas un avion ? L'United States Army Air Corps en a partout en Europe.

— Bien sûr, mais pas ici.

Louise eut envie de hurler face à toutes les objections que Kaarina ne cessait de soulever – objections auxquelles elle n'avait pas de réponse. C'était comme de parler avec la mère d'Arnie. S'agissait-il d'une sorte de gène finlandais ?

— Et si on embauchait un pilote d'ici pour trouver Arnie et lui jeter un message ?

— Il prendrait ton argent en te disant qu'il va le faire, rétorqua Kaarina. Rien ne te garantit qu'il le fera vraiment, même s'il finit par le trouver. Rovaniemi est très éloignée de Kuopio, et une bonne partie de cette distance est couverte de forêt.

Louise sentit qu'elle s'enfonçait encore plus profondément dans la boue.

Elle fit une dernière tentative.

— Kaarina, je sais que tu as perdu des fils et ton mari. Je sais que les Russes ont ravagé ce pays. Que des millions de gens ont souffert. Il n'empêche que si nous voulons nous libérer un jour de la haine et la torpeur qu'inspirent l'horreur et tous ces morts, il faudra bien que quelqu'un commence à accorder plus de valeur aux vies humaines individuelles qu'à l'histoire et à la politique.

Kaarina l'étudia. Et grogna.

— Peut-être.

Louise éprouva une lueur d'espoir. À présent, elle allait devoir s'adresser directement à Pietari.

Dès qu'elles furent dehors, Natalya prit Louise par le bras pour l'arrêter.

— De quoi vous parliez, toutes les deux ?

— On se demandait comment faire pour transmettre un message à Arnie lui demandant de perdre la course.

— Qu'est-ce qui te dit qu'il fera ce que tu lui demandes, même dans le cas très peu probable où tu parviendrais à lui faire passer ce mot ? Tu crois vraiment qu'un soldat professionnel choisira de se déshonorer, lui ou même l'armée américaine, sous prétexte qu'une famille russe sera peut-être envoyée au goulag ?

— Pour ta famille, oui, je sais qu'il le fera, affirma Louise.

— Dans ta tête, à toi, lui renvoya Natalya. Dans celle d'Arnie et de Mikhail, c'est l'honneur qui les fait vivre. Tu crois qu'ils servent leur pays pour la paie et les conditions de travail faciles ?

— Où veux-tu en venir ?

— Demander à Arnie de perdre, de ne pas se battre jusqu'au bout, reviendrait à lui demander de déshonorer chaque membre de son unité qu'il a regardé mourir.

— Natalya, je sais qu'Arnie est un soldat, comme Mikhail, mais je te promets qu'il le fera.

Natalya lui adressa le haussement d'épaules propre aux Russes. Le haussement d'épaules du « qui sait ? ». Le haussement d'épaules qui dit les années d'endurance face aux épreuves et aux gouvernements répressifs. Le haussement d'épaules du « Je m'en fiche. Ça me dépasse, qu'est-ce qu'on peut y faire ? » Le haussement d'épaules du « Je suis russe. Je le subirai comme nous le faisons depuis des siècles ».

Louise, elle, n'avait pas ce genre de haussement d'épaules-là.

Mercredi matin, 5 février 1947

Cours d'eau de Pudasjärvi
5e jour de course

Quelques heures avant l'aube, Mikhail avait déjà quitté son terrier et avançait vite. Il éprouvait un bonheur satisfaisant, presque hypnotique. La neige étouffait tous les bruits mis à part celui de ses skis. Elle reflétait les rayons de la pleine lune. Par beau temps, même par nuit noire, la neige au sol apporte suffisamment de lumière pour se déplacer efficacement. Avec la pleine lune, c'était comme de skier en plein jour.

Il était dans une bulle scintillante et silencieuse, et son corps était au mieux de sa forme. Il avait l'esprit vide de toute distraction. Au-delà de la politique. Disparue, la constante angoisse latente de ne pas obtenir les résultats escomptés – celle qui pouvait mener au coup tant redouté frappé à la porte en pleine nuit.

Il se déplaçait de nouveau sur la glace, se dirigeait vers le sud sur les cours d'eau de Pudasjärvi. À quelqu'un qui lui aurait demandé s'il s'amusait, il aurait répondu que ce qu'il ressentait était bien trop gratifiant pour un mot – ou une émotion – aussi frivole que l'amusement.

Il tomba sur les traces de ski d'Arnie. Ce n'était pas bon signe, car cela signifiait que son adversaire le devançait. Il s'agenouilla brièvement pour étudier le bord des empreintes et déterminer à quand elles remontaient. Il estima qu'il ne devait pas avoir plus d'une demi-heure de retard. Il accéléra.

Il avançait vite et bien, tirant parti des petits lacs, de leur glace solide, sans neige, celle qui permettait de skier facilement. Entre deux lacs, il devait se frayer péniblement un chemin sur un sol enneigé plus difficile. S'il lui arrivait de rencontrer des marécages, il les évitait.

En quittant l'un de ces derniers, il remarqua que les traces d'Arnie se dirigeaient tout droit vers un marécage adjacent. Qu'Arnie coupe directement par là expliquait probablement son avance. Il eut un sourire amer. Il faut connaître son adversaire. Enfin, non : il ne pourrait jamais considérer Arnie comme un ennemi, même s'ils risquaient de s'affronter un jour. Pour Mikhail, Arnie était un Finlandais typique : taciturne et fougueux. C'était cette fougue finlandaise qui devait l'inciter à prendre le risque de traverser des marécages comme il le faisait. Ou alors, son ignorance américaine. Il pouvait également s'agir de l'arme à double tranchant du soldat américain qu'était le « *can do* » – « c'est possible ». Quitte à enfreindre quelques règles. Mais, dans le cas d'Arnie, c'était plutôt quitte à prendre plus de risques que nécessaire. Mikhail savait qu'il réfléchissait par stéréotypes, ce qui pouvait constituer une grossière erreur lorsqu'il s'agissait de réaliser une estimation intelligente de l'adversaire. D'un autre côté, ce n'était pas pour rien que les stéréotypes existaient. C'est vrai que les Allemands sont méticuleux. Et aussi militaristes. Il ne doutait pas que l'armée allemande avait été la meilleure pendant la guerre. Ils s'étaient battus avec le handicap d'un chef politique fou et le mélange habituel de généraux incompétents et de ressources extrêmement limitées contre les plus grandes puissances de la planète, et les avaient pourtant tenues à distance pendant des années. N'importe quelle autre armée se serait effondrée bien avant eux.

Avec un petit rire, il dévia légèrement pour longer le marécage. Arnie était un Américain dans toute sa splendeur. Mikhail l'aimait beaucoup et le respectait énormément en tant que soldat. Comme adversaire dans une course de ski, c'était un athlète coriace et très compétent. Mais il aimait aussi prendre des risques, et ne connaissait sans doute pas le terrain de la Finlande en hiver. Alors, Mikhail songea à la devise du Special Air Service britannique : *Who dares wins.* Qui ose, gagne. Si on n'ose pas assez, on perd ; si on ose trop, on meurt. Il crispa les mâchoires et accéléra la cadence.

Mercredi matin, 5 février 1947

Légation soviétique

Quand elle arriva à la légation ce matin-là pour travailler, Natalya fut surprise de voir un vieil ami de Mikhail qui avait servi avec lui au GRU, le service de renseignement russe, pendant la guerre. L'homme posa son petit sac de voyage et tendit les bras pour la serrer contre lui et l'embrasser sur les deux joues.

— Grigori, que fais-tu là ? lui demanda-t-elle.

Il haussa les épaules.

— Je sais pas. C'est les ordres. J'ai quitté Leningrad il y a quelques heures. On m'a dit de me présenter chez un certain camarade colonel Sokolov. Tu le connais ?

Incapable de parler, Natalya ne put qu'afficher un sourire crispé et hocher la tête.

— Qu'est-ce qu'il y a ?

— Rien. Rien.

— Mikhail est par là ? Ça me ferait plaisir de le voir.

— Non. Il est…

Elle hésita. Que savait-il ? Lui demandait-il si Mikhail était là pour dissimuler la vraie raison de sa présence ? Comment devait-elle répondre ? Était-il même vraiment un ami ?

— Il fait des recherches dans le Nord sur les voies d'invasion vers et depuis la Suède et la Norvège, lui répondit-elle

Il rit.

— Connaissant Mikhail, il est là-haut à rêvasser au charme romantique de l'Arctique en contemplant les rennes.

Elle sourit. C'est ce qu'on fait de sa peur quand on ne peut pas montrer sa faiblesse.

Ce matin-là, elle quitta souvent son bureau pour aller prendre du thé en essayant de comprendre ce qui se passait au service du MGB de la légation. D'autres officiers arrivaient. C'était inhabituel. En termes de bureaucratie, le MGB et l'armée étaient généralement rivaux. Elle essaya de trouver des raisons qui n'impliquaient pas Mikhail et qui expliqueraient que l'armée, dont l'ami de Mikhail qui travaillait dans le renseignement militaire, avait été sommée de prendre l'avion pour venir de Leningrad. Et encore d'autres officiers du MGB arrivèrent, des officiers qu'elle n'avait jamais vus. La peur diffuse se concentra dans son ventre.

Les officiers se rassemblèrent tous dans une salle de conférences. Dont on ferma la porte. Devant laquelle un garde du MGB se posta. Cette réunion n'avait rien d'ordinaire.

Une heure plus tard, elle était déjà terminée.

Natalya avait patienté. Elle gagna précipitamment le couloir où elle allait pouvoir intercepter Grigori. En la voyant, il eut un hochement de tête presque imperceptible. Son regard se porta sur le côté du bâtiment qui faisait face à Itäinen Puistotie, la route qui traversait le parc à l'est. Elle réprima une bouffée de panique.

Quelques minutes plus tard, après avoir dit à ses collègues qu'elle avait besoin de sortir fumer, elle le retrouva près d'un arbre, appuyé à la palissade métallique dans le coin sud-ouest de la propriété. Ils se trouvaient proches d'un grand parc dont, l'été venu, la pelouse et les arbres faisaient une ombre parfaite pour pique-niquer. À présent, les arbres n'étaient que de sombres structures, dont les silhouettes tranchaient sur le sol couvert de neige et se dressaient telles des sentinelles solitaires veillant sur le temps jadis.

Grigori la serra très fort dans ses bras et l'embrassa sur les deux joues. Ensuite, il lui proposa une Lucky Strike, qu'il fit jaillir en frappant le fond d'un mini-paquet en carton de ration C couleur kaki provenant de l'armée américaine. Elle la prit en lui adressant un sourire complice et refusa ostensiblement de lui demander comment il se l'était procurée. Il la lui alluma avant de s'en allumer une à son tour. Deux gardes postés devant la légation les voyaient distinctement, mais ils auraient pu passer pour de vieux amis qui fument ensemble.

Natalya se força à afficher un sourire heureux et remua la tête et les bras comme si elle était ravie de parler avec un vieux copain.

— C'était au sujet de Mikhail ? demanda-t-elle doucement.

Grigori fit « oui » de la tête.

— Il est en danger ?

— Je ne crois pas, dit-il. Mais il a des ennuis. Essaie de ne pas t'inquiéter, ajouta-t-il en la regardant gentiment.

Elle tira nerveusement sur sa cigarette.

— Facile à dire.

— Cette réunion visait à informer, pas à coordonner des actions.

— C'est-à-dire ?

Il soupira.

— L'armée a maintenant été officiellement *informée* que les activités d'un de ses officiers supérieurs du renseignement ont été remarquées par le MGB. Toute mesure sera évidemment prise en accord avec les protocoles mis en place entre l'ancien NKVD et l'armée pendant la guerre.

— Les protocoles, répéta-t-elle.

— Les protocoles pour les fois où un officier se trouve soupçonné d'espionnage.

Natalya tressaillit. Ils savaient tous les deux qu'on ne pouvait rien faire contre ce genre de soupçon. Une fois qu'on était soupçonné, on était inévitablement reconnu coupable.

Tout en jetant un bref regard aux gardes, Grigori se pencha imperceptiblement vers elle.

— Je suis navré, Natalya. Je ne peux rien dire de plus.

Il écrasa sa cigarette sur le trottoir et ajouta :

— Nous savons tous les deux que, disons… l'exubérance de Mikhail lui a valu quelques pépins avec le NKVD pendant la guerre. Il a réussi à se tirer de ceux-là. Il a des amis puissants dans l'Armée rouge.

— Mais c'était pendant la guerre, tu l'as dit toi-même, souligna Natalya, quand Staline avait autant besoin de l'armée que du NKVD. Peut-être que les amis de Misha ne sont plus aussi puissants aujourd'hui.

— Il faut que tu saches que nous le respectons tous beaucoup. Même au sein du MGB.

Il la prit par les épaules et la regarda droit dans les yeux.

— Nous allons faire de notre mieux.

Alors il l'embrassa encore sur les deux joues avant de s'éloigner dans la rue, en l'abandonnant à sa solitude.

Mercredi matin, 5 février 1947

Légation américaine

Au même instant, Louise pénétrait dans le bureau de Max Hamilton. Retrouver Arnie par le biais de Pietari Varila et ses amis était concevable, mais loin d'être gagné d'avance. Il lui fallait déployer le plus de moyens possible. Elle était sûre qu'une fois qu'elle lui aurait expliqué à quel point c'était important, Max Hamilton accepterait de l'aider.

Après avoir échangé des banalités avec la secrétaire, Helmi, et l'habituelle discussion de trois phrases avec Pulkkinen qui, assis avec un journal, attendait qu'on lui confie sa prochaine mission, elle patienta jusqu'à ce qu'Helmi la fasse entrer dans le bureau d'Hamilton.

D'un signe de tête, celui-ci lui montra la chaise devant son bureau. Elle s'assit et commença à parler, mais il leva un doigt.

— Avant que vous n'alliez plus loin, Louise, j'aimerais que vous lisiez ce télégramme.

Il poussa la feuille vers elle.

— Il vient d'arriver. Si vous n'aviez pas demandé à me voir (il marqua une pause pour la regarder par-dessus ses lunettes), c'est moi qui vous aurais convoquée.

Il se carra le dos dans son siège.

— Peut-être que vous pourriez m'expliquer un peu la situation.

Le télégramme provenait du département d'État à Washington, DC, plus précisément du Bureau du secrétaire. Dans un langage aride et bureaucratique, on y demandait si le ministre plénipotentiaire de la légation américaine pouvait éclaircir les extraits ci-dessous du *New York Times*, du *Chicago Tribune*, du *Washington Post* et du *Daily Worker*. On y affirmait également qu'une demande de renseignements avait été émise par l'ambassade soviétique à Washington. En plus de celui d'Hamilton dans la liste des adresses, on y trouvait deux noms qu'elle ne connaissait pas mais qui étaient domiciliés au département de la Guerre. Les articles étaient tous similaires, probablement relevés par l'Associated Press ou Reuters. Ils portaient sur l'excellent skieur extrêmement décoré de l'ancienne 10e division de montagne qui était au coude à coude avec un adversaire communiste « quelque part en Finlande ». Tous les articles parlaient d'une course entre l'Amérique et l'Union soviétique, pas entre Arnie et Mikhail. Il n'y avait que vers la fin d'un seul d'entre eux qu'on évoquait une loterie et une tentative de constituer un « fonds de secours international » pour les orphelins finlandais.

Une fois qu'elle eut fini de lire, Louise leva la tête.

— J'ai passé quelques coups de fil, l'informa Hamilton. Et tout ça a commencé par des communiqués de presse ? (Il ne précisa pas « écrits de votre main ».) Comme vous semblez être experte en relations publiques, que dois-je dire à Washington ?

— Que les journaux montent cette histoire en épingle.

— Mon Dieu, Louise, que pensiez-vous qu'il se passerait ?

Il posa une main sur le télégramme. Ce n'aurait pas été dans son genre de claquer sa paume sur la table, mais sa colère était flagrante.

— Ce qu'Arnie a fait était idiot. Ce que vous avez fait était excessivement idiot. Si vous aviez au moins eu la courtoisie…

Il s'interrompit. Sa joue gauche était parcourue d'un léger frémissement.

— Pourquoi ne pas être venue me voir d'abord ? J'aurais pu le présenter comme une affaire de bienfaisance américano-soviétique. Inclure toutes sortes de tristes récits d'orphelins. (Il soupira bruyamment.) Maintenant, nous avons perdu tout contrôle de la ligne narrative.

Il était manifestement encore furieux, mais lui parlait désormais d'un ton plus aimable.

— C'est une catastrophe diplomatique, Louise. Pas ma première, mais il est rare qu'elles atterrissent sur mon bureau du fait de mon propre camp.

Louise se mordilla la lèvre inférieure.

— Au lieu d'alliés œuvrant ensemble pour aider les orphelins de guerre finlandais, poursuivit-il, c'est la démocratie contre le communisme. Pire, c'est la Finlande contre la Russie, et les Russes sont probablement en train de regarder ces mêmes articles en fulminant. (Il récupéra les télégrammes.) Et il n'est pas dans l'intérêt du gouvernement américain que les Soviétiques fulminent.

Louise, qui fixait le bureau, leva les yeux vers lui. Elle eut envie de lui crier : *Moi, j'ai seulement eu l'idée et écrit le communiqué, c'est Kaarina qui a causé tous ces ennuis !* Mais elle se contenta de dire, très doucement :

— Je suis désolée.

Hamilton hocha la tête.

— Je crains qu'on soit au-delà des excuses.

— Je sais. C'est pour ça qu'on doit retrouver Arnie et le convaincre de perdre la course.

— Quoi ? Vous croyez que perdre la course va arranger les choses à Washington ? Louise, nous n'aimons pas que nos alliés soviétiques fulminent, mais nous aimons encore moins perdre face à eux, quel que soit le concours.

— Si Mikhail Bobrov perd, j'ai peur qu'ils punissent toute sa famille.

— C'est assurément une inquiétude légitime, mais pourquoi serait-ce la mienne ?

À cet instant, elle perdit le contrôle.

— Mais ils pourraient le tuer ! Natalya et les enfants seraient…

— Je vous arrête tout de suite. Certes, l'Union soviétique est une dictature violente qui châtie les siens et se préoccupe peu de leurs existences. Nous essayons justement d'aider les Finlandais qui ne veulent pas vivre sous ce genre de régime. Mais ça…, dit-il en abattant la main sur le télégramme, ça n'aide personne.

Elle se mordit la lèvre.

— Je sais, monsieur Hamilton. Mais si nous parvenons à trouver Arnie et à le convaincre de perdre, cela aidera quatre innocents. Je vous en supplie.

Elle se mit à l'implorer avec les mains, puis les reposa sur ses genoux.

— J'ai tout gâché. Ça ne changera rien pour… Les Soviétiques seraient heureux qu'Arnie perde cette course.

Hamilton se radoucit.

— Louise, j'aimerais vous aider, vraiment, mais…

— Il doit bien y avoir quelque chose que vous puissiez faire pour le retrouver, lâcha-t-elle. Vous devriez pouvoir obtenir un avion. Nous en avons des milliers par ici.

— « Nous », Louise, c'est l'United States Army Air Corps, pas le département d'État.

— Mais enfin… l'armée est là pour appuyer l'État !

— C'était le cas avant la guerre. Maintenant, c'est le contraire. Le terrain d'aviation de l'Air Corps le plus proche se trouve en Allemagne. Là-bas, ils calculeront les coûts de carburant et d'entretien en se demandant si ça vaut le coup d'envoyer un des leurs en mission pour retrouver un seul skieur de l'armée, sans doute sur son temps libre et dans un pays avec lequel nous sommes encore officiellement en guerre. Ah, et rien qu'un petit détail : ils devront obtenir la permission ne serait-ce que de survoler ce pays de la part d'une gigantesque bureaucratie appelée l'Union soviétique. Les chances pour que ça arrive sont entre infimes et nulles.

— Et si c'était le gouvernement finlandais qui donnait sa permission ? C'est son espace aérien après tout, pas celui des Russes.

— Alors là, les chances sont définitivement nulles. Ce n'est leur espace aérien qu'en théorie. Et puis, ils ne le diraient jamais tout haut, mais un grand nombre d'entre eux soutiendront votre mari.

— Un avion privé ?

— Et on ferait quoi ? On lui lâcherait un message attaché à une pierre ? Il y a fort à parier qu'il ne le retrouverait jamais dans la neige. Il serait même possible que le pilote le laisse tomber devant Bobrov en le prenant pour votre mari. Et si Arnie finissait quand même par l'avoir, je le vois déjà partager des cocktails dans le club des officiers là-bas, à Fort Bliss, en expliquant pourquoi il a volontairement laissé l'armée américaine se faire battre par l'Armée rouge.

— Ce ne sont que deux individus, Mikhail et Arnie, pas deux armées, souligna Louise.

— Oui, ça n'était bien que Mikhail et Arnie jusqu'à ce que les journaux s'en emparent.

Là encore, Louise ne trouva rien à répondre.

— Louise, reprit Hamilton en s'assurant qu'elle le regardait bien en face. Vous savez pourquoi votre mari est ici, pourquoi moi, je suis ici.

À vrai dire, elle n'y avait jamais trop réfléchi.

— Pour nous représenter en Finlande ? risqua-t-elle. Pour obtenir des renseignements militaires sur les forces soviétiques et finlandaises ?

Hamilton la regarda sans émotion. Puis expliqua, comme s'il s'évertuait à faire comprendre un sujet complexe à une enfant :

— Nous sommes ici pour deux raisons. La première, empêcher la Finlande de disparaître derrière ce que Winston Churchill a appelé l'année dernière « le rideau de fer ». Si la Finlande vire communiste, si elle tombe dans le camp de l'Union soviétique, alors cette légation aura échoué, et le monde n'en sera que plus dangereux pour les États-Unis. Et dites-vous bien que la seule chose qui empêche les Soviétiques d'envahir toute l'Europe, c'est la conviction qu'ils perdraient la guerre.

Louise acquiesça d'un signe de tête. Hamilton la dévisagea en silence.

— Et la seconde raison ? demanda-t-elle.

Il eut un léger hochement de tête.

— La seconde, dit-il, c'est pour obtenir des libres marchés avec des règles justes et transparentes pour que les Américains puissent y faire affaire.

Louise hocha encore la tête. En théorie, c'était au fond assez simple. Avant ces deux derniers jours, elle avait plus ou moins considéré les relations internationales comme l'équivalent politique de se faire des amis.

— Je vois, dit-elle doucement.

Hamilton relâcha son souffle.

— Vu que nous ne pouvons pas arrêter la course, et j'aurais tant aimé que ce soit le cas, pourriez-vous m'expliquer comment convaincre votre mari de perdre intentionnellement nous permettrait d'atteindre l'un ou l'autre de ces objectifs ?

Louise baissa la tête.

— Vous avez besoin qu'on vous ramène en voiture ? lui proposa Hamilton au bout d'un moment. Pulkkinen peut le faire.

Elle sourit, fit « oui » de la tête, et eut envie de pleurer.

Hamilton suivit Louise pour aller demander à Pulkkinen, qui s'était déjà levé pour enfiler son manteau, de la ramener chez elle. Elle se demanda si Pulkkinen avait tout entendu de ce qui s'était dit dans le bureau d'Hamilton, mais était trop fatiguée pour s'en préoccuper. Lasse et démoralisée, elle s'affala sur la banquette arrière sans rien dire.

Une fois devant leur immeuble, Pulkkinen ne se précipita pas tout de suite pour lui ouvrir la portière. Il se contenta de la regarder dans le rétroviseur.

— J'ai lu des choses sur la course entre le colonel Koski et le Russe, dit-il.

— Oui, dit Louise. C'est dans tous les journaux.

Elle eut un sourire contrit.

— J'espère qu'il sera prudent, dit Pulkkinen.

Louise dressa l'oreille.

— Pas le Russe ?

— Le Russe aussi, répondit Pulkkinen.

Elle hésita.

— Pulkkinen, commença-t-elle, je peux vous poser une question personnelle ?

— *Yoh.*

— Vous avez fait la guerre ?

— *Yoh.*

Elle avait l'habitude.

— Vous deviez être très jeune.

— *Yoh.*

— Vous avez quel âge ?

— Vingt-trois ans.

Elle fit le calcul. S'il avait commencé par la guerre d'Hiver, il devait avoir seize ans à l'époque.

— Ça fait jeune pour avoir été à la guerre.

— On vieillit, lui renvoya-t-il.

Elle laissa passer un silence.

— Vous ne devez pas aimer les Russes.

Pulkinnen dressa le menton pour lui renvoyer son regard dans le rétroviseur. Dans cet étroit miroir, dans cet intérieur sombre, elle n'arrivait pas à le décrypter. Il ne répondit pas.

Après un temps, elle commença à ouvrir la portière et il se dépêcha de l'aider à descendre. Elle plongea ses yeux dans les siens, et il soutint son regard. Elle tenta sa chance.

— Je sais que si je vous demande si vous êtes un espion et que vous en êtes un, vous me répondrez « non », et que si vous n'en êtes pas un, vous me répondrez « non » aussi.

Contre toute attente, Pulkkinen sourit.

— *Yoh.*

Et il referma la portière derrière elle.

— Passez une bonne matinée, madame Koski.

Elle n'entra pas dans l'immeuble, mais resta plantée là, à regarder la voiture s'éloigner dans la rue lugubre. Puis elle sortit un paquet de Chesterfield de son sac, alluma la cigarette, aspira sa fumée âcre et chaude. Toussa, car elle n'en avait pas l'habitude, se prépara à prendre une autre bouffée, inhala, et toussa encore. Et jeta par terre la cigarette partiellement grillée. Ce n'était pas fumer qui lui donnait du courage. C'était ne pas fumer.

Les paroles de sa grand-mère Lowe lui étaient revenues.

— Quand une porte se ferme, il y en a toujours une autre qui s'ouvre.

Elle se rendit droit à l'orphelinat.

Elle présenta brièvement à Kaarina son idée d'essayer de retrouver Arnie en se servant de Pietari et d'autant de ses amis que possible.

— C'est notre seul espoir, conclut-elle.

— C'est ton seul espoir, lui renvoya Kaarina, un peu sèchement.

— C'est le seul espoir de Natalya et de ses enfants, riposta-t-elle.

Kaarina se radoucit.

— D'accord. J'en parlerai à Pietari cet après-midi. Si tu passais à la maison ce soir ? J'ai fait du *nisu* frais.

Mercredi soir, 5 février 1947

Helsinki

À dix-neuf heures trente, Louise se tenait devant l'immeuble collectif de Kaarina Varila. Un homme stationnait de l'autre côté de la rue, à environ un pâté de maisons. Soit il manquait de rigueur, soit il se fichait qu'elle sache qu'on la suivait. Pour qui travaillait-il ? La réponse évidente aurait été Sokolov. À présent que toute l'affaire avait été amplifiée et rendue publique, il allait vouloir être mis au courant d'absolument tout. *Comme si sa vie en dépendait*, songea-t-elle avec amertume. Cela dit, peut-être qu'Hamilton, lui aussi, voudrait la tenir à l'œil. À croire qu'il lui était impossible de trouver le moindre endroit où elle serait en sécurité, où elle ne serait pas surveillée, y compris chez elle, dans son propre appartement mis sur écoute. Mais elle avait choisi d'épouser Arnie, un soldat de carrière. Elle avait fêté avec lui la nouvelle de son affectation à Helsinki, et avait été tout excitée à l'idée de l'accompagner. En bref, elle avait choisi toutes les étapes qui avaient mené à ce qu'elle soit surveillée par un inconnu, à ce qu'elle se rende compte que le monde n'était pas sûr à moins que quelqu'un ne le rende sûr. Elle carra les épaules, se retourna et salua l'homme de la main. Puis elle entra dans l'immeuble.

Et reprit espoir en trouvant le petit séjour de Kaarina Varila bondé de jeunes hommes. Elle en compta dix, y compris Pietari. Si autant des membres de sa sororité s'étaient trouvées serrées dans une seule pièce, il y aurait eu un bruit assourdissant et au moins cinq conversations différentes en même temps. Le séjour de Kaarina n'était plus que quatre murs qui contenaient une énergie masculine finlandaise palpable et sans paroles, comme un pneu de voiture gonflé à bloc. Si ce pneu allait rouler et, si oui, dans quelle direction, cela dépendrait d'elle.

Elle lança son appel à toute la pièce, Kaarina se chargeant de la traduction.

— Une terrible erreur a été commise en rendant cette course publique. C'est moi qui en suis à l'origine. J'ai besoin de votre aide pour la réparer.

— Inutile de me cacher derrière tes jupes, lança Kaarina. Je vais leur dire que c'est moi qui en ai informé les journaux.

Alors, elle traduisit.

Louise les dévisagea tous à tour de rôle.

— La vie de deux parents et de leurs enfants est en danger parce que si le Russe perd, l'Union soviétique se vengera sur lui et sa famille. (Elle vit des visages durs.) Oui, ce sont des Russes. (Elle marqua une pause.) Mais ce sont surtout deux enfants et deux personnes qui les aiment. Je ne peux rien faire pour réparer ça. Je vous en supplie, j'ai tout essayé. Je suis allée voir le *Helsingin Sanomat.* Je me suis rendue à la légation américaine. Vous êtes mon seul et dernier espoir. Ces deux enfants sont innocents. Aussi innocents que je suis coupable. Aidez-moi. J'ai besoin que vous retrouviez mon mari et que vous renversiez la situation. (Elle contempla le cercle de visages graves et sévères.) S'il vous plaît.

Elle se retrouva face à un nouveau silence.

— On va perdre du travail, dit alors l'un des hommes.

Louise en convint. Et tint sa langue. Elle en avait beaucoup appris sur les hommes depuis que, comme elle le disait elle-même, elle avait intégré l'armée, surtout sur les jeunes hommes. « Perdre du travail », ils s'en fichaient pas mal si une aventure potentielle était en jeu. Elle attendit la vraie objection, qui n'allait pas tarder à venir.

Après les « c'est loin », « il risque de ne pas faire beau », « ça ferait une sacrée distance à parcourir » et « une aiguille dans une botte de foin », Pietari posa la vraie question piège :

— Pourquoi est-ce qu'on aiderait un fichu Russe ?

— Ce sont sa femme et ses enfants que vous aiderez.

— Pourquoi est-ce qu'on aiderait quatre fichus Russes ? renchérit un autre homme.

Son visage était affreusement brûlé, il avait un cache sur un œil. Quelques ricanements s'élevèrent.

Louise se rappela son père lui disant un jour à la scierie que le pouvoir, c'était la capacité de quelqu'un à récompenser ou à punir. Mais aussi sa mère lui disant, quand Louise avait supervisé la décoration de la salle pour le bal de promo des élèves de première au lycée, que le pouvoir, c'était faire faire les choses par d'autres. Une dirigeante moins compétente se serait crue impuissante dans cette situation. Louise, elle, savait qu'elle était douée d'un pouvoir sur les hommes que peu des membres de sa sororité reconnaissaient.

Ce pouvoir-là rassemblait à la fois la définition de son père et celle de sa mère. Les hommes qui prennent leur virilité au sérieux seraient presque prêts à tout pour aider une femme qui le leur demande. Et une femme peut récompenser un homme en lui insufflant un sentiment de fierté doublé du plaisir de l'aider quand elle dit avoir besoin de lui. Sa mère affirmait que cela faisait partie de la psyché de tout homme sain de corps et d'esprit.

— C'est aussi moi que vous aiderez, affirma-t-elle. Et votre aide, j'en ai besoin. Je sais que ça ne sera pas facile pour vous.

Elle regarda droit vers le jeune homme borgne et défiguré.

— Je suppose que vous avez perdu votre œil en combattant les Russes.

Kaarina relaya la réponse.

— Ce n'est pas en allumant des pétards le jour de la fête de l'Indépendance américaine.

Personne ne rit.

Elle s'adressa directement à lui.

— Je sais qu'il doit être extrêmement dur… incroyablement difficile de ne pas haïr les gens qui vous ont pris un œil. Mais c'est un soldat russe qui vous l'a pris, pas cette mère et ses deux enfants.

Il y eut un silence, pendant lequel les jeunes hommes se sondèrent du regard. Et toujours sans rien dire, ils semblèrent parvenir à une sorte d'accord. Ils se tournèrent tous vers Louise. Celui au visage brûlé prit la parole.

— Vous savez à peu près par où ils vont passer ?

Quand Louise finit par repartir, ils avaient établi un plan, où elle promettait notamment de leur payer à tous le train jusqu'à Kuopio. Le groupe y parviendrait sûrement jeudi soir à la nuit tombée. Ils se déploieraient en éventail, avanceraient le vendredi matin en une longue file vers le nord. Ils se rassembleraient dans une petite ville au nord du périmètre de recherche appelée Siilinjärvi pour profiter au maximum de la lumière du jour et ne pas avoir à regagner Kuopio de nuit. On avait longuement parlé stratégie à voix basse. S'ils restaient trop proches les uns des autres, il leur serait impossible de couvrir l'ensemble des itinéraires possibles. Et, s'ils s'étendaient sur une surface plus large, ils laisseraient des brèches par lesquelles Arnie pourrait passer sans être vu.

Dans un sens comme dans l'autre, c'était un pari. Ils décidèrent de se disperser, de skier jusqu'à se perdre de vue. C'était leur meilleure chance. Pour Louise et Natalya, c'était la seule.

Il était plus de vingt et une heures quand Louise quitta l'immeuble de Kaarina. Le type qui la filait n'avait pas bougé. Les Russes la prenaient-ils, elle, pour une sorte d'espionne ? Elle marcha jusqu'à l'appartement de Natalya d'un pas vif pour lui annoncer la bonne nouvelle : Pietari et ses amis allaient retrouver Arnie. Lorsqu'elle pénétra dans le hall d'entrée, l'homme à l'accueil, qui savait pourtant parfaitement qui elle était, lui demanda comment elle s'appelait. Elle lui répondit et le regarda inscrire son nom et son heure d'arrivée dans un registre d'un air impassible.

Quand Natalya l'invita à entrer, Louise remarqua la présence de Fanya, qui lisait un de ses magazines de mode dans le gros fauteuil. Sachant qu'elle ne pouvait pas parler ouvertement à son amie, elle bavarda au sujet du projet d'orphelinat, des chiffres de vente pour la loterie, des enfants. Natalya servit le thé. Dès qu'elles eurent fini de le boire, Louise commença à enfiler son lourd manteau, Natalya annonçant qu'elle allait la raccompagner en bas jusqu'à la porte d'entrée. Une fois au sommet de l'escalier, Natalya regarda par-dessus son épaule et lui chuchota :

— Pourquoi es-tu vraiment venue ?

— Pietari Varila et certains de ses amis et parents partent demain pour Kuopio. Ils vont chercher Arnie. Lorsqu'ils le trouveront, ils lui expliqueront la situation et lui donneront une lettre signée de moi, où je lui expliquerai aussi ce qui est en jeu en lui demandant de perdre volontairement.

— Tu crois vraiment qu'ils essaieront de convaincre un Américain de perdre face à un Russe ? Peut-être qu'ils ne tenteront même pas de le trouver, qu'ils iront simplement faire la fête à Kuopio.

— On n'est sûr de rien, mais je pense qu'ils essaieront. Ils m'ont fait bonne impression.

— La haine aussi laisse une impression.

Louise n'avait rien à répondre à ça. Pour finir, Natalya poussa un soupir.

— C'est une bonne nouvelle, dit-elle. Merci.

En ressortant dans la nuit froide, Louise se sentit un peu coupable de ne pas avoir précisé à Natalya que les principaux journaux américains s'étaient à présent emparés de l'affaire. À quoi bon le lui dire ? Que cette pauvre femme ait au moins une bonne nouvelle… et un peu d'espoir.

Jeudi matin, 6 février 1947

Sud de Pudasjärvi
6e jour de course

Au sud de Pudasjärvi, Mikhail retomba sur les traces d'Arnie. Le vent s'était levé juste ce qu'il fallait pour qu'il se demande si le temps n'allait pas encore se dégrader. Il neigeait déjà un peu. Le ciel couvert ralentirait la perte de rayonnement thermique la nuit, c'était déjà ça. La visibilité en était toutefois considérablement réduite, mais ça ne changeait pas grand-chose au ski en forêt dans la mesure où il n'y voyait pas à plus de dix ou quinze mètres, même par beau temps. Le plus important était qu'il n'y avait presque aucune neige accumulée sur les traces de ski de son adversaire. Il fut tenté de tricher, de prendre de la vitesse en suivant le sillage d'Arnie et en laissant à son adversaire la lourde tâche de fendre la neige fraîchement tombée. Mais son sens de l'honneur et du fair-play ne lui permettait pas de tricher. Ce n'est pas du sport si on remporte la victoire à n'importe quel prix. Dans le sport, il y a des règles. Si on les abandonne pour gagner, tout le monde y perd. Autant ne pas participer.

Il continua à avancer obstinément en traçant sa propre trajectoire et en laissant son esprit errer d'une pensée à l'autre. Les êtres humains sont un puissant mélange de bien et de mal, songea-t-il. Les gens suivent les règles parce qu'ils sont bons, mais les brisent parce qu'ils sont mauvais. Voilà pourquoi, pour rester dans le droit chemin, on instaure d'autres règles promettant la honte ou le châtiment. Cette dichotomie humaine lui était familière depuis ses années de combat. Il avait vu des hommes se jeter sans hésiter sur une grenade allemande pour sauver leurs amis. On lui avait décerné sa propre médaille parce qu'il se préoccupait plus des autres que de lui-même – il eut un petit rire –, enfin… à l'époque. Le souvenir, encore vif, d'avoir attendu l'assaut le jour où il avait gagné cette médaille s'éleva comme un fantôme d'une tombe. Eux tous, qui attendaient l'ordre de partir en chiant dans leurs frocs. Intéressante, cette expression. Il avait entendu parler d'hommes qui s'étaient fait dessus de peur, mais n'avait jamais vu cela de ses propres yeux ; ça ne lui était pas non plus arrivé. Ce n'est peut-être qu'une autre de ces inventions forgées par les écrivains pour tenter de communiquer ce qu'il est impossible de comprendre sans l'avoir vécu directement. Ou peut-être que les civils pensent que ça se passe comme ça, et qu'alors ils décrètent que c'est le cas. Peut-être même que ça arrive. Il se rappelait avoir ardemment voulu tourner les talons et courir jusqu'à se jeter dans les bras de Natalya. Mais il savait que, derrière les soldats de l'assaut, se tenaient ceux du NKVD, qui, eux, attendaient de rassembler les lâches et les déserteurs. Et que la sanction pour la fuite était la mort.

Une fois que le combat commençait, il y avait quelque chose qui prenait les rênes, quelque chose qui le dépassait. C'était ce quelque chose de bien qui l'incitait à mettre la vie des autres avant la sienne, alors même qu'il tuait des gens. Ça semblait impossible, mais il l'avait vécu.

Il se rendit compte que la neige tombait plus dru.

Arnie s'efforçait de maîtriser son sentiment de frustration alors qu'il se faufilait entre les arbres. Pour prendre de la vitesse, il fallait glisser. Pour glisser, il fallait avancer sur la neige et avoir suffisamment de prise d'élan. Il n'avait ni l'un ni l'autre.

Rester dans la forêt diminuait ses chances de voir immédiatement Mikhail, mais Arnie n'avait vu aucun signe de lui, ni croisé aucune trace. Il en déduisit que Mikhail se trouvait derrière lui.

Soudain il arriva dans une clairière. Elle ne faisait pas plus d'un hectare et était manifestement le fruit d'efforts humains. Des souches dépassaient encore de la neige. Vu leur allure, les arbres avaient été coupés depuis longtemps.

Il traversa la clairière et s'enfonça de nouveau dans la forêt pour reprendre son rythme régulier consistant à pousser et glisser ou, trop souvent, à pousser et s'enfoncer. Son esprit vagabondait dans l'uniformité de la neige blanche, du ciel gris et d'immuables arbres gris-vert et silencieux, passant aléatoirement des pensées aux souvenirs. Pourquoi quelqu'un serait-il venu aussi foutrement loin rien que pour couper des arbres ? Puis il se rappela que la Finlande avait traversé des périodes de famine et que de nombreuses fermes avaient été abandonnées. La plupart des Américains, eux, pensaient que les fermes étaient permanentes. Probablement parce que la plupart des fermes américaines étaient récentes.

Il se remémora ses vacances à la neige dans le Vermont lors de son année de première classe. En plein cœur des forêts, il était tombé sur des murs de pierre sans rien autour. Au XIXe siècle dans le Vermont, le nombre de fermes avait presque doublé, avant d'être abandonnées, tout comme les fermiers finlandais avaient laissé la maison qui avait autrefois dû se tenir dans cette clairière. Sans doute les fondations d'un vieux corps de ferme se trouvaient-elles enfouies sous la neige. Mais il y avait une grosse différence. Les fermiers du Vermont étaient partis travailler à l'usine, ou dans de plus grandes exploitations vers l'ouest ; en Amérique, peu de fermes avaient été abandonnées à cause de la famine. Cela faisait forcément une différence dans les mentalités des deux pays. Il mettrait cette observation-là de côté pour le jour où il devrait évaluer la puissance militaire actuelle des Finlandais. Ils étaient non alignés pour le moment, mais de quel côté partiraient-ils si on les forçait à choisir ? Il allait devoir passer plus de temps avec Pietari et ses amis anciens combattants. Le renseignement consistait à recueillir des informations sur le tempérament de ses ennemis aussi bien que de ses alliés potentiels. Dans quelle mesure les Finlandais étaient-ils prêts à s'affamer, voire à mourir pour la cause de leur pays ? Depuis que la marine avait recouru avec succès aux émissions d'origine électromagnétique pour repérer les Japonais en route vers Midway, ce type de renseignement faisait fureur. Mais jusqu'à quel point un individu est-il capable de résister ? Prêt à se sacrifier ? À se montrer sans pitié ? Compatissant ? Les ondes radio ne transmettaient rien de tout ça.

Peut-être n'était-ce pas une ferme, après tout. Peut-être n'était-ce qu'une simple opération forestière, ou quel que soit le nom que les Finlandais attribuaient aux compagnies *gyppo*, ces petites exploitations familiales farouchement indépendantes. Peut-être quelqu'un avait-il obtenu les droits de coupe et traîné les rondins en bas jusqu'à l'un des nombreux lacs, et de là vers une rivière, et de là vers un moulin. Il se rappela son premier jour à la 200-Foot Logging, la compagnie forestière *gyppo* de son père. L'été après le CM2. Il avait douze ans. Il se rappelait sa mère et son père qui en parlaient – ouvertement – un soir au dîner. Il est trop jeune. Il est assez grand. Il va se faire mal. Seulement s'il est idiot. Il a douze ans ! Ce n'est pas une raison pour être idiot.

Le lendemain matin à quatre heures, son père l'avait tiré du lit et lui avait dit de mettre ses brodequins. Et toute la journée, il avait traîné des trucs. En avait lavé d'autres. Et subi des farces. Jamais il ne pardonnerait à ce fichu Heppu Reinikka de l'avoir envoyé chercher un tourne-billes pour gaucher, et avoir dû apprendre à la dure que cet outil-là n'existait pas. Ça, c'était une équipe, songea-t-il, tous ces vieux vétérans de la Première Guerre mondiale. On les appelait les « Bachelor Boys », les garçons célibataires. Il y avait toutes sortes de rumeurs sur la contrebande d'alcool. Axel Långström, le meilleur ami de son père. Ils avaient coupé tout seuls des arbres dans le bras central de la Nemah. On en parlait encore. Axel était célèbre pour avoir brandi une mitraillette lors d'une grève de pêcheurs. Papa avait prospéré pendant la dernière guerre, comme la plupart des bons bûcherons. Axel, lui aussi, avait prospéré : il possédait à présent son propre fileyeur. Et voilà que maintenant, tous ces soldats revenus au pays faisaient des enfants. Ce qui impliquait des maisons, et ça, ça présageait bien pour la 200-Foot Logging. Papa était même inscrit à l'Astoria Country Club, bon sang ! La guerre. Pas entièrement mauvaise, du moins pour certains. Ceux qui ne se battaient pas. Ou ceux qui se planquaient là-bas au quartier général et qui étaient persuadés qu'eux aussi se battaient. Ou alors, qui le disaient à tout le monde chez eux. Bon sang, eux, ce qu'ils faisaient, c'était diriger la guerre. Et ça n'a rien à voir avec se battre.

S'il s'en sortait bien ici en Finlande, il serait nommé colonel plus tôt dans sa carrière que la plupart. Ce qui lui donnerait de bonnes chances de décrocher une étoile de général. Évidemment, sans guerre, l'armée diminuait. L'avancement serait lent. *Seigneur, j'espère que les politicards ne vont pas nous tirer vers le bas, vers les échelons d'avant-guerre. Sinon, j'aurai du bol si je finis capitaine. Ça me fera vingt ans de service en juin 1952. Une retraite en demi-solde. Papa veut que je reprenne la 200-Foot. Maman aussi. Qu'est-ce que Louise ferait à Astoria ? Avec un peu de chance, des tas de gosses.* Et ce problème-là… Tirait-il à blanc ? Il ne le pensait pas. Au lycée, il s'était masturbé et avait examiné son sperme au microscope. Bizarre. Non, putain, scientifique ! Bref, tout plein de sperme.

Un amas de neige chuta brusquement d'une branche et lui doucha le visage. Il revint à lui mais, l'espace d'un instant, ne sut plus ni où il était ni ce qu'il faisait. Il savait que laisser vagabonder son esprit était dangereux. Il semblait y avoir une sorte de compromis entre les besoins énergétiques du corps et de l'esprit. La volonté.

Le *sisu*. Mieux valait se concentrer sur ses skis. Se concentrer sur ce qui reposait droit devant. Impossible de savoir où était Mikhail. Voilà qu'il se remettait à vagabonder. Oui ! Encore un de ces marécages gelés. Ni arbre ni buisson pour le ralentir. Sa frustration se dissipa, avec ses idées noires. Maintenant, il allait pouvoir avancer comme il fallait.

Jeudi fin d'après-midi, 6 février 1947

Base navale de Porkkala

Sokolov faisait nerveusement les cent pas dans la petite salle d'attente de l'aérodrome. La grande base autrefois finlandaise était située à l'extrémité sud de la péninsule de Porkkala qui, tout juste à l'ouest d'Helsinki, pointait comme un doigt vers l'Estonie soviétique et faisait saillie dans la Baltique, où elle empêchait les attaques maritimes vers Leningrad.

Sokolov avait reçu un télégramme disant que le lieutenant-général Pyotr Fedotov, chef de la Première direction principale du MGB, arrivait en avion de Moscou. Fedotov en référait directement à Beria.

Sokolov ne pouvait pas être tout à fait sûr de ce dont il s'agissait, mais il pouvait le deviner. Il avait déjà remis un rapport pour ne pas être soupçonné de dissimuler des mauvaises nouvelles. Il était peu probable que ce compte-rendu soit déjà remonté jusqu'à Fedotov, mais il devait faire son chemin dans les voies hiérarchiques. Le Kremlin avait probablement eu vent de la course par le biais d'une de ses opérations en Europe ou aux États-Unis. Cela dit, on pourrait quand même l'accuser de ne pas avoir maintenu la situation sous contrôle. La peur éternellement sous-jacente refit surface. Lors des purges des années 1930, trop de ses amis avaient été torturés puis tués pour des crimes bien moins graves que celui de ne pas avoir maintenu une situation sous contrôle.

L'avion atterrit, et Sokolov se précipita pour attendre avec la limousine de la légation, une ZIS-110, de fabrication russe, mais copie éhontée d'une Packard Super Eight américaine de 1942. Il lui était arrivé une fois de monter dans une vraie Super Eight dans Berlin-Ouest juste après la guerre. En comparaison, la ZIS lui faisait l'effet d'un lourd étron.

Quand l'avion roula sur la piste avant de s'arrêter, Fedotov descendit les marches en faisant à peine mine de voir le groupe d'accueil exécuter un salut militaire. En montant dans la limousine, il se montra sec avec Sokolov. Mauvais signe. Sokolov sentit son pouls s'accélérer, et s'efforça de ralentir les battements de son cœur en prenant de grandes respirations qu'il espérait indétectables. Paraître nerveux aussi envoyait un mauvais signal.

Fedotov ne dit rien pendant le trajet jusqu'à Helsinki, probablement parce qu'il n'avait pas confiance en le chauffeur de Sokolov. On n'atteignait pas sa position en faisant confiance aux gens.

L'entourage de Sokolov attendait devant l'entrée de la légation. Sokolov ne put s'empêcher de songer à certains notables regagnant leur domaine avant la révolution, avec tous leurs domestiques qui patientaient dehors sur la chaussée, frigorifiés, pour saluer le grand seigneur et sa dame d'une révérence. On s'était débarrassé de toutes ces âneries avec la révolution. Pas vrai ?

Fedotov, avec ses deux étoiles sur les pattes d'épaule finement tressées d'or de son uniforme du MGB et son grand chapeau – toujours ce grand chapeau, dont la partie supérieure bleue reposait sur une bande rouge –, passa d'un pas majestueux devant la file d'accueil, dont il reconnut là encore à peine l'existence. Il portait une serviette à la main.

Sokolov avait réservé une salle de réunion. Fedotov montra la porte du menton. Sokolov lui adressa un hochement de tête, à lui et à un subalterne du MGB qui, à son tour, sortit par la porte presque en s'inclinant tout du long avant de refermer derrière lui.

— Camarade général, puis-je prendre votre manteau ?

Fedotov gronda, tourna le dos, et permit à Sokolov de l'aider à l'enlever. Puis il ouvrit sa serviette. Posa une coupure du *London Times* sur le bureau de Sokolov. Et ne dit qu'un mot :

— Lisez.

Quand Sokolov releva les yeux, Fedotov mit sans rien dire un extrait du *New York Times* devant lui. Puis, l'une après l'autre, lentement, silencieusement, calmement, il y ajouta des coupures du *Daily Express*, du *Manchester Guardian*, du *Los Angeles Times*, de *L'Humanité*, du *Figaro*, du *Combat*, du *Die Welt*, du *Süddeutsche Zeitung* et même du journal du parti communiste américain, le *Daily Worker*.

Sokolov finit de lire et leva la tête. Ça ne faisait aucun doute : la nouvelle de la course avait fait le tour du monde. Du point de vue de l'Occident, la course de ski entre les États-Unis et l'Union soviétique était une métaphore de la rivalité entre capitalisme et communisme.

— Je vous assure, camarade général, je ne savais rien de cette course avant qu'elle ne soit rendue publique par la prétendue épouse de l'Américain, le lieutenant-colonel Koski. Sous couvert d'une loterie pour récolter de l'argent en faveur d'un orphelinat. Le lieutenant-colonel Bobrov a agi de son propre chef, sans demander notre approbation.

— Bobrov a-t-il demandé et obtenu l'aval de l'armée ?

— J'imagine que non, camarade général.

— Vous l'imaginez ? Vous n'en savez rien ?

Sokolov baissa les yeux, le cœur affolé. Il espéra que le tremblement convulsif de ses genoux ne se voie pas.

La voix de Fedotov se fit basse, presque caressante.

— Et moi, j'imagine, camarade Sokolov, que si vous faisiez bien votre travail, ces choses-là, vous les sauriez.

— Oui, camarade général.

— Je me rends compte, camarade Sokolov, que nous n'avons pas pu superviser toutes les activités de notre armée pendant la guerre. Cependant, vous devez sûrement savoir que…

Il marqua une pause avant de rugir :

— La guerre est finie !

Il baissa de nouveau la voix.

— Nous ne pouvons pas nous permettre de laisser des soldats comme Bobrov agir à notre insu.

— Oui, général Fedotov.

Fedotov sourit en posant son index sur la pile de coupures de presse.

— Vous savez sûrement qu'ils ont été traduits et résumés lors des briefings quotidiens présentés aux camarades Staline et Beria. Vous ne pensez quand même pas que je sois venu… (Il agita la main.) *ici* de mon plein gré.

En entendant ces deux noms prononcés tout haut, Sokolov eut l'impression qu'on lui plantait un poignard NR-40 dans le plexus solaire. Il se dépêcha de trouver une défense quelconque.

— Ce sont les résultats des actions de la femme de l'Américain. Nous la soupçonnons d'être un de leurs agents de renseignement. Il se peut que Bobrov ait été manipulé.

— Il se peut qu'il l'ait été ! tonna Fedotov.

Il se pencha sur la table en faisant peser son poids sur ses jointures. En le voyant, Sokolov pensa à un gorille. Et tenta de se sortir cette image de la tête. C'était le genre de chose qui lui arrivait lorsqu'il avait peur.

— Votre travail, camarade Sokolov, est de faire en sorte que nos crétins d'officiers ne se tirent pas une balle dans le pied et ne fassent pas honte au camarade Staline.

— Oui, camarade.

— Dois-je en déduire que vous en êtes incapable ?

— Non, camarade. Je vous assure que…

— Épargnez-moi vos excuses. Réparez-moi ça.

Sokolov avait envie de supplier Fedotov, de lui dire que rien de tout ça n'était sa faute. Mais il savait que l'implorer serait futile, et n'aurait pour seul effet que celui de le faire paraître encore moins compétent. Il patienta donc dans un silence nerveux.

Enfin, avec un soupir outré, Fedotov reprit la parole.

— Eux disent, reprit-il en montrant les coupures de journaux, que l'Américain a gagné plusieurs championnats nationaux.

— C’est vrai, camarade.

— Alors, quelles sont les chances pour que cet idiot de Bobrov l’emporte ?

— On me dit qu’il est bon skieur. Il a fait son temps de service au sein de la 54e division de fusiliers de montagne.

— Ses chances de gagner ?

— Je n’en ai pas la moindre idée.

— Justement, camarade Sokolov. Justement. Vous voyez en quoi ça pose problème au Parti.

— Oui, camarade. Nous devons nous assurer qu’il ne perdra pas.

— Précisément, acquiesça Fedotov, comme si Sokolov était un élève qui venait de trouver la bonne réponse.

Il montra son manteau, et Sokolov se hâta de le lui apporter et de l’aider à l’enfiler. Tout en le boutonnant, Fedotov lança :

— Pendant la guerre, vous avez acquis l’excellente réputation de faire ce qui doit être fait.

— Merci, camarade général.

Sokolov savait, de ses années d’expérience, que peu importait ce qui pouvait motiver un acte. Les choix stupides devaient être punis, surtout quand le fait de ne pas les punir pouvait vous faire passer soit pour un faible, soit pour un traître. La vie de Sokolov dépendait de sa capacité à continuer d’être celui qui faisait ce qui devait être fait, et à ne pas ressembler à un sympathisant. Il chercha précipitamment quelque chose à dire.

— Nous avons déjà établi un plan, prétendit-il. D’abord, le trouver. Ce qui nécessitera un avion. Je suppose que nous pouvons compter sur la marine à Porkkala ?

— Nous pouvons compter sur la marine.

— Bien sûr. (Sokolov se racla la gorge, réfléchissant à toute allure.) Une fois que nous aurons l'avion, nous serons en mesure de le localiser. Je suggérerais qu'une de nos unités de parachutistes s'en charge. Nous allons devoir les faire venir au plus vite.

— Ça peut s'arranger.

Après un bref silence, Sokolov reprit :

— Bien sûr, larguer des parachutistes du MGB sur un territoire sous souveraineté finlandaise requerra une autorisation du plus haut niveau de la part du gouvernement finlandais. Donc, du président Paasikivi.

— Je prendrai les dispositions nécessaires, affirma Fedotov. Comme vous le savez, la Commission de contrôle est au-dessus du gouvernement finlandais, ce qui veut dire que Paasikivi en réfère à Andreï Jdanov, qui en réfère directement à Staline. Il sera clairement exprimé qu'il serait malheureux que la Commission de contrôle trouve des irrégularités dans la conformité de la Finlande avec l'armistice de 1944, ou des insuffisances dans les paiements de réparation. Je suis sûr que le personnel de votre Service économique saura aisément prouver ce dernier point.

— Bien sûr, camarade.

Sokolov savait qu'une accusation de mauvais paiements – ou, le ciel les en préserve, une fraude avérée – suffirait à ce que l'Union soviétique déploie l'Armée rouge au prétexte légitime que la Finlande n'avait pas respecté l'armistice de Moscou, ce qui donnerait aux puissances occidentales l'excuse nécessaire pour ne pas s'impliquer dans le combat.

— Nous savons pertinemment que Paasikivi nourrit des penchants tacites pour les capitalistes, poursuivit Fedotov, mais il n'en a rien dit jusqu'à présent pour rester en bons termes avec nous. Et il ne courra pas le risque de se mettre en mauvais termes avec nous. (Il eut un sourire amer.) Nous lui dirons que nous allons simplement récupérer le camarade Bobrov et le ramener chez lui, soit une affaire soviétique purement interne que personne ne verra, déclara-t-il en ricanant. Si nous nous taisons, il fera pareil.

Fedotov se tourna vers la porte, que Sokolov se hâta d'ouvrir.

— Je présenterai les différentes possibilités au personnel de Paasikivi avant de regagner Moscou, dit Fedotov. Et une fois qu'il aura été mis au courant par son équipe, Paasikivi sera lui-même contacté par le représentant approprié du camarade Staline. Quand Paasikivi nous aura assuré, comme je suis sûr qu'il le fera, qu'il n'y aura aucune évocation d'une quelconque activité soviétique dans un coin isolé de la Finlande qui ne concerne que la sécurité intérieure de l'Union soviétique, je vous confierai la suite des opérations.

Il montra les coupures de presse sur le bureau de Sokolov.

— Vous pouvez les garder en souvenir. Nous déciderons réellement de concourir dans un sport contre les Américains quand nous aurons eu le temps de préparer nos athlètes pour qu'ils concourent… (Il hésita, puis sourit.) en mettant toutes les chances possibles de notre côté.

Sokolov ricana pour montrer qu'il avait saisi l'allusion à l'ajout de testostérone synthétique aux régimes d'entraînement des athlètes soviétiques, hommes comme femmes.

— J'ai entendu dire que nous préparions déjà le terrain pour les accueillir ici à Helsinki en 1952, reprit Fedotov. Le sport est une merveilleuse manière de concourir en paix, n'est-ce pas ?

Sokolov raccompagna Fedotov dans la ZIS-110 et s'attela aussitôt à deux tâches. La première était de planifier l'opération pour faire ce qui devait être fait. La deuxième était de voir Natalya Bobrova tant qu'il avait encore une emprise sur elle – c'est-à-dire, tant qu'elle pensait son mari toujours vivant. Il pourrait faire en sorte qu'elle comprenne, sans rien dire frontalement, qu'il était en mesure d'influer sur la manière dont les actes de Mikhail seraient perçus à Moscou. Il lui laisserait entendre qu'il allait écrire un rapport pour le faire transférer dans une quelconque base militaire dans le Nord pour lui sauver la vie. Il sourit en regagnant la légation et savoura d'avance la réaction de Natalya à sa carotte et son bâton. Il rit de son jeu de mots en sentant déjà son pouvoir commencer à lui revenir après le départ de Fedotov.

Jeudi après-midi, 6 février 1947

Légation soviétique

Natalya avait vu les trois étoiles sur les épaulettes de l'uniforme du MGB du visiteur. Trois étoiles, ça voulait dire le chef d'une direction principale.

Elle n'avait pas besoin de connaître le nom de cet homme, et n'avait pas envie de le lui demander. Cela aurait seulement montré que, pour une raison ou pour une autre, cette visite l'inquiétait – ce qui aurait pour seul effet de faire planer des soupçons sur ses intentions. Se comporter comme il fallait pour ne jamais éveiller les soupçons faisait partie de la vie.

La machine à rumeurs ne tarda pas à identifier l'homme comme étant le lieutenant-général Pyotr Fedotov, chef de la Première direction principale du MGB, responsable de tout le renseignement étranger. Ses attributions incluaient la surveillance de l'ensemble du personnel diplomatique soviétique, mais ce qui faisait le plus froid dans le dos, c'était qu'il en référait directement à Beria.

La machine à rumeurs avait également plusieurs théories sur les raisons qui avaient motivé Fedotov à rendre visite à Sokolov. N'importe laquelle pourrait, bien sûr, être vraie. Les hypothèses ne valent que dans la mesure où elles sont plausibles. Natalya espérait seulement que c'était effectivement l'une d'elles qui était vraie, et pas celle qu'elle gardait pour elle – à savoir que cette visite concernait Mikhail. Elle avait peur pour lui et ses enfants.

Elle s'arma de courage pour découvrir lors de sa « réunion de planification » avec Sokolov si la venue de Fedotov avait porté sur Mikhail ou pas. Pour l'heure, elle ne pouvait rien faire d'autre qu'attendre que Sokolov lui dise où et quand cette réunion aurait lieu.

Jeudi soir, 6 février 1947

Appartement de Natalya

Natalya quitta le travail dès qu'elle put le faire sans qu'on se demande pourquoi elle partait aussi tôt. Marchant voûtée dans un vent froid, blottie dans son écharpe et son lourd pardessus, elle avait l'impression d'être un cocon en mouvement, une chrysalide d'emprunt, invisible aux yeux du monde, une pupe qui ne parviendrait jamais à sortir. Mikhail parti, elle ne voulait plus rien faire d'autre que câliner ses enfants pour se réconforter. Mais les câlins ne lui suffisaient pas. Elle avait besoin de parler à quelqu'un. Et la seule personne qui lui venait à l'esprit était Louise.

Elle se rendit compte que Louise, elle aussi, vivait dans un cocon, mais un cocon de sécurité et de richesse américaines, un cocon d'État de droit. Louise avait toutes les chances d'en émerger en papillon. D'ailleurs, elle en était déjà un sans le savoir. Un papillon était libre. Natalya se sentit presque accablée par cette image. Toute sa vie, elle avait baigné dans son petit monde personnel en tenant secret qui elle était réellement. À présent, elle avait envie de se débattre pour se libérer de la surveillance, des chuchotements, de la menace du coup frappé à la porte, de l'incapacité à se fier aux informations ou à la véracité d'une conversation. Elle avait envie de se libérer de sa vulnérabilité constante à l'injustice, car elle vivait au sein d'une hiérarchie où l'unique recours était de s'allier avec un plus puissant que ceux susceptibles de vous oppresser – ce qui ne lui en conférait que plus de pouvoir sur vous.

Elle s'était presque mise à courir tellement elle voulait voir ses enfants. Elle les serrerait contre elle, et les emmitouflerait pour les emmener chez Louise. Elle sentait déjà la chaleur et l'amour de ses petits. C'était tellement simple. Tellement différent du travail. Tellement merveilleux. Son moral remonta.

Après avoir presque suffoqué Alina et Grisha, Natalya aida Fanya à leur donner à manger. Le dîner fini, elle se mit à les habiller pour sortir.

— Vous sortez ? s'étonna Fanya. Avec les enfants ?

— Oui, répondit gaiement Natalya. Tu sais combien mon amie Louise aime les enfants. Je pensais aller boire le thé chez elle. Enfin… dans son cas, le café.

— Je vous accompagne, déclara Fanya. Je vais chercher mon manteau.

— Oh, non ! Prends du temps pour toi. Ce n'est pas un problème.

— Ça ne me dérange pas. Ça me ferait plaisir de venir.

Natalya hésita. Que se passait-il ?

— Mais tu es sûre que tu n'as pas envie de… Je ne sais pas. Tu es jeune… Sortir ? T'amuser ?

— En Finlande ?

Natalya éclata de rire.

— Ce n'est pas si lugubre que ça, dit-elle en continuant d'habiller les enfants.

Elle leva la tête. Fanya était manifestement mal à l'aise.

— Non, répliqua Fanya. C'est mon travail de vous aider avec les enfants.

Première nouvelle.

— Mais je n'ai pas envie qu'on m'aide maintenant, Fanya.

Fanya baissa les yeux. Puis elle balaya la pièce du regard. On aurait dit qu'elle cherchait une issue.

— C'est mon travail, marmonna-t-elle.

Une fois encore, l'angoisse constante et sous-jacente se mua en peur. De toute évidence, on avait dit à la jeune fille de ne pas perdre les enfants de vue. C'étaient déjà des otages. Natalya réprima sa peur. Si Fanya avait reçu cet ordre, c'est qu'elle savait que leur mère était devenue suspecte.

— Bon, très bien, dit-elle en se forçant à sourire. J'aimerais beaucoup passer du temps avec mon amie, entre filles. Ce serait très gentil de ta part de les mettre au lit. Je ne serai pas longue. C'est seulement, tu sais bien… pour échanger les derniers potins. Louise peut vraiment être très amusante.

Les deux femmes se regardèrent. L'une et l'autre savaient qu'elles savaient. Aucune d'elles ne le dirait à haute voix, enveloppées qu'elles étaient dans les fils de soie du silence et de la peur.

Jeudi soir, 6 février 1947

Appartement de Louise

En quittant son appartement pour aller voir Louise, Natalya vit l'homme à l'accueil consulter sa montre lorsqu'elle lui passa devant. L'heure de son départ serait consignée.

L'angoisse l'accompagna dans les rues sombres. Elle passa en revue la liste de ce qu'il fallait faire pour éviter les soupçons. Elle avait dit à Fanya où elle allait. On l'avait pointée à la sortie, et on la pointerait à son retour. Elle avait été missionnée par Sokolov pour soutirer des informations à l'épouse de l'attaché militaire américain. Cette visite serait donc tout à fait opportune et explicable. Mais ce qui l'angoissait le plus, c'étaient les pensées qu'elle formait et qui lui attireraient immédiatement des soupçons si elles étaient rendues publiques. Elle élabora, puis rejeta désespérément toutes sortes de plans d'urgence pour sauver ses enfants.

L'un des principaux problèmes que posaient tous ces plans était que si elle agissait maintenant, que ce soit pour fuir en Suède avec les enfants ou coucher avec Sokolov, ce ne serait qu'en réaction à la peur diffuse que le MGB tue Mikhail s'il perdait la course. Dans le cas où son mari gagnait, tout acte préventif de la part de son épouse s'avérerait un choix idiot, avec de terribles conséquences pour eux tous. Mais si Mikhail échouait, et qu'elle n'avait pas joué le jeu de Sokolov, elle perdrait Mikhail.

Elle devait voir Louise parce qu'elle avait besoin de parler à une amie, sans peur et sans entraves – et sans Fanya qui écoutait aux portes. Elle avait besoin de parler de son dilemme. Elle savait que Sokolov avait mis l'appartement d'Arnie et Louise sur écoute. Elle était sûre qu'il l'avait manipulée pour qu'elle dise à Louise que la famille libérait l'appartement. Ah, oui. Le camarade Sokolov. Toujours si obligeant… si plein d'espoir. Très certainement, c'était lui qui avait ordonné à la famille de vider les lieux. D'un autre côté, Sokolov était tout juste assez égocentrique pour croire que trouver cet appartement lui suffirait à se faire bien voir de Louise, rendant ainsi inutile de cacher des micros chez elle. Il était sûrement attiré par Louise et ses allures de jeune fille au naturel, silhouette à l'avenant. Cela dit, il n'était pas assez bête pour croire qu'elle le laisserait coucher avec elle sous prétexte qu'il l'avait aidée à trouver un logement. Elle lui en serait assurément reconnaissante, mais pas à ce point. Sokolov devait vivre avec le fantasme flou et inconscient qu'il finirait forcément par assouvir ses désirs sexuels avec la plupart des belles femmes qu'il croisait. Sauf qu'avec Natalya, si elle voulait sauver Mikhail, ce fantasme deviendrait réalité. Mais si Mikhail gagnait et que rien de tout cela n'ait à survenir ? Si Sokolov ne faisait que lui donner de faux espoirs ? Aux prises avec l'indécision, elle avait besoin d'en discuter. Mais à qui se fier quand on vit dans un système fondé sur le manque de confiance, où les mensonges sont acceptés comme des faits ? Faire confiance, c'était prendre un risque. Elle décida de le prendre.

Quand elle lui ouvrit la porte, Louise fut ravie de constater que Natalya était venue la voir à l'improviste. C'était ce que les amies faisaient au pays. Mais en retirant sa première couche de vêtements, Natalya tira vivement sur les boutons, et cela contrastait avec sa manière soignée et mesurée de se mouvoir. Louise comprit que quelque chose la contrariait.

— Alors, tu as passé une bonne journée ? Tu es passée par l'orphelinat ? demanda Natalya une fois assise.

Elle essayait de faire signe à Louise en mettant sa main en cornet et en regardant autour d'elle de manière outrée. Louise comprit tout de suite. Tout en lui répondant, elle lui montra en silence le micro caché. Puis, alors qu'elle bavardait au sujet de sa journée, elle lui tendit une feuille et le stylo-bille Reynolds Rocket qu'Arnie lui avait acheté pour son anniversaire. Natalya le brandit en haussant les sourcils. Se rendant compte qu'ils n'en avaient probablement pas en Russie, Louise eut une bouffée de fierté inattendue en songeant à l'entreprise américaine.

Natalya avait griffonné : *Pietari a accepté de le rechercher ?*

Louise prit la feuille et le stylo pour écrire : *Lui et ses amis sont probablement déjà à Kuopio.*

Natalya abandonna son air impassible, celui qu'elle avait acquis de longue date et affiché à la vue du micro caché, pour laisser paraître son espoir à la nouvelle que Pietari et ses amis étaient partis chercher Arnie.

— Ça te dit qu'on aille à l'orphelinat voir quelle somme d'argent nous avons obtenue ? proposa Louise en posant un doigt sur ses lèvres. Kaarina a toujours du *pulla* et des boissons chaudes.

Elle écrivait : *Attention, nous sommes surveillées* sur la feuille.

— D'accord, répondit Natalya, avec un hochement de tête signifiant qu'elle avait compris.

Devons aller à l'orphelinat. Confirmer que cette conversation est vraie et innocente.

Louise acquiesça d'un signe de tête.

Lorsqu'elles quittèrent le bâtiment, Natalya parcourut les alentours du regard et repéra aussitôt l'homme de l'autre côté de la rue. Quand Louise la rejoignit, Natalya lui prit le bras et chuchota :

— Alors, est-ce le Central Intelligence Group qui vous surveille, vous et Arnie ?

Elle se devait de prendre des airs innocents, mais savait qu'il était plus probable qu'il s'agisse d'un des hommes de Sokolov.

— Ciel, non ! répliqua Louise en baissant les yeux sur le trottoir qu'elles longeaient. Le gouvernement américain n'espionnerait jamais ses propres citoyens. Ce sont les vôtres, le MGB. Je suis sûre que c'est l'un d'eux qui est de l'autre côté de la rue.

Elle cessa de parler. Natalya ne regarda pas derrière elles.

— Arnie m'en a tellement voulu d'accepter l'aide de Sokolov, reprit Louise. Il s'est douté de quelque chose et a trouvé le micro caché.

— Et l'a laissé pour que vous puissiez transmettre des fausses informations, murmura Natalya.

Louise sentit son estomac se nouer. Elle porta une main à sa bouche. Mon Dieu ! Pourquoi ne pas avoir fait des cachotteries en laissant croire à Natalya qu'il s'agissait effectivement du Central Intelligence Group américain ? À présent, Natalya allait pouvoir dire aux siens qu'Arnie et Louise étaient au courant pour le micro, ce qui invaliderait les fausses informations d'Arnie.

Elle vit la placidité de Natalya laisser place à un éclair de colère vite maîtrisé.

— D'abord, tu mets ma famille en danger avec ta tentative idiote d'attirer l'attention du public sur la course, lui asséna son amie. Et maintenant, tu me mets en position de devoir te trahir, toi et ce que je prenais pour de l'amitié, en rapportant à Sokolov que tu sais pour le dispositif d'écoute. Ou alors, je peux trahir mon pays en ne disant rien.

— Je suis désolée.

— Désolée !

Natalya s'immobilisa. Elle leva les yeux vers le ciel qui s'assombrissait.

— Désolée, marmonna-t-elle.

Elle poussa un long gémissement, puis leva les mains pour se tirer sur les cheveux en criant :

— Désolée ? Désolée ?

Louise était stupéfaite. Elle fit mine de toucher Natalya, qui s'écarta brusquement. Même dans l'obscurité de la rue déserte, Louise constata que son visage était marbré.

— Je ne peux plus continuer ! Je ne peux plus. Je ne peux pas parler à Fanya. Je ne peux pas parler à Mikhail. Je ne peux pas te parler, à toi. Je ne peux pas parler. Je ne peux pas parler !

Sa voix montait en intensité. Elle baissa d'un ton.

— Comme *il* est derrière, je ne peux même pas hurler.

Elle succomba à des sanglots étranglés et silencieux.

Sans réfléchir, Louise la prit dans ses bras pour la serrer contre elle.

Les deux femmes se cramponnèrent l'une à l'autre, séparées par leurs lourds manteaux, pour ne former qu'une seule masse sombre dans la rue froide.

Natalya se maîtrisa et Louise desserra son étreinte.

— Tu peux me parler, dit-elle doucement.

Natalya prit deux grandes inspirations.

— Un gros bonnet de Moscou. Un très gros bonnet. Lui et Sokolov se sont réunis avec des officiers locaux du renseignement. Il y avait des coupures de journaux occidentaux qui portaient sur la course.

Louise commença par dire « je suis désolée », mais se reprit.

— Je ne sais pas quoi dire.

— Ne dis rien, lui renvoya Natalya. Je raconte n'importe quoi.

— Mais non. Ce que tu dis a du sens.

Natalya eut un bref rire sarcastique.

— Vous avez une drôle de logique, vous, dans l'Oklahoma !

Louise planta son regard dans le sien.

— C'est la logique qui veut que tu as peur de perdre l'homme que tu aimes, peur qu'on te prenne tes enfants, et qui veut que tu sois en colère parce que ton idiote d'amie américaine est à l'origine de tout ça et n'a pas la moindre idée de ce que tu dois affronter. Peu importe ce que disent les mots. Je comprends.

Elles marchèrent côte à côte en silence pendant un certain temps. À un moment donné, Louise regarda derrière elle pour voir si elles étaient toujours suivies. C'était le cas.

— Ce que je suis bête, dit-elle à voix basse. Tu peux me pardonner ?

Natalya s'arrêta.

— Tu n'es pas bête, protesta-t-elle. Et tu le sais. (Elle eut un petit sourire.) Crédule et naïve, ça, je te le concède.

Louise hocha la tête en souriant.

Après une hésitation, Natalya reprit :

— Sokolov veut me faire croire qu'il protégera Mikhail si je couche avec lui. Je ne sais pas quoi faire.

Louise se figea.

— Oh, Natalya ! Ce salaud mielleux ? Ne fais pas ça. On va trouver Arnie, et je sais qu'il acceptera de perdre la course s'il est en tête.

Natalya ne réagit pas.

— Imagine que tu le fasses, et qu'on atteigne Arnie ?

— Tu crois que je n'y ai pas déjà pensé ?

— Rien ne te garantit que Sokolov tienne parole.

— C'est effectivement le risque à courir.

Natalya énonçait une évidence, et le lui faisait comprendre.

Louise la regarda dans les yeux. Elle y vit la tristesse de mille ans de souffrance du peuple russe.

— Toi, tu ne ferais pas ce pari-là pour Arnie ? demanda Natalya.

L'idée traversa l'esprit de Louise que, comme elle était la cause de toute cette histoire, peut-être qu'elle pourrait s'offrir à Sokolov à la place de Natalya. Mais cette pensée céda la place à la répulsion. Elle ne pourrait jamais faire ça. Ni pour Mikhail, ni pour Natalya, ni pour leurs enfants. Elle s'aperçut qu'elle n'en avait tout simplement pas le courage. Elle ne savait même pas si elle le ferait pour Arnie à moins d'y être confrontée. Elle fut pleine du plus grand respect pour ce que Natalya était prête à faire pour protéger sa famille, et ne l'en aima que plus encore.

— Tu ne pourrais pas renverser la vapeur ? Lui promettre de coucher avec lui une fois que Mikhail sera à l'abri ? Tu le fais mariner, mais tu ne vas pas jusqu'au bout.

— Tu ne peux pas dire « le baiser » ? lui renvoya Natalya d'une voix dure. Parce que c'est de ça qu'il s'agit.

— Je n'aime pas employer ce mot, dit doucement Louise.

Les deux femmes marchèrent en silence sur la longueur d'un pâté de maisons.

— Je sais, dit Natalya, avant de se taire encore. L'autre problème avec vous autres Américains, reprit-elle avec un doux sourire, c'est que vous restez des puritains.

Louise ne trouva rien à riposter, mais elle sourit. L'une et l'autre scrutèrent l'obscurité devant elles.

Elles passèrent sous un réverbère, et Natalya se tourna vers Louise. Son regard avait changé. Il contenait désormais mille ans de détermination russe.

— J'ai mangé des rats pour survivre au siège de Leningrad, lança-t-elle. Je peux bien en baiser un pour sauver ma famille.

Vendredi matin, 7 février 1947

Légation soviétique

Sokolov regardait par la fenêtre de son bureau. Il avait tendance à trouver du positif dans toutes les saisons de l'année, contrairement à certains de ses camarades qui disaient des choses du genre : « Je déteste l'hiver. »

Pour sa part, il n'aimait pas l'hiver, mais ne le détestait pas non plus. En revanche, il aimait arriver au travail dans la pénombre. Et voir la fenêtre de son bureau cesser graduellement de renvoyer son reflet et celui de la pièce pour devenir transparente au monde extérieur à mesure que la lumière croissait. Il se souvenait de l'avoir fait à l'école. Bien des levers de soleil plus tôt. Il aimait aussi rester dans son bureau jusqu'à la nuit tombée. Cela impliquait moins de temps passé dans son appartement vide.

Cela impliquait aussi moins de temps passé seul à réfléchir aux aspects de son travail auxquels il n'avait pas envie de réfléchir. Il aimait bien Mikhail Bobrov. C'était un soldat courageux, honnête – et aussi naïf et romantique. Mais c'était désormais son travail de le liquider pour le bien du Peuple et de la révolution. S'il ne le faisait pas, il ferait lui-même défaut à la révolution, et c'est lui qu'on devrait liquider.

Il fut dérangé par un coup frappé doucement à la porte. Celle-ci s'ouvrit, et sa secrétaire passa la tête.

— La camarade Bobrova a demandé à vous voir.

Sa première réaction fut de se sentir heureux, peut-être même un peu joyeux. Il songea que dans une existence aussi sombre que la sienne, même le plus petit des bonheurs pouvait être interprété comme de la joie.

— Cinq minutes, répondit-il.

Cela aurait fait mauvais effet de paraître trop pressé.

Il se retourna vers la fenêtre, qui lui renvoyait encore un reflet flou. Il lissa ses cheveux en arrière. Il aurait aimé être plus grand, et avait travaillé dur pour garder la forme. Il soupira et resserra sa cravate. Jeta les épaules en arrière en grondant « J'imagine que c'est le mieux qu'on puisse faire. » Puis il s'approcha d'un meuble à tiroirs, l'ouvrit et en sortit deux dossiers. Alors, il regagna son bureau et les disposa de sorte que les noms qui figuraient dessus soient lisibles. Ensuite, il y déploya d'autres documents et dossiers en veillant à se donner un air affairé et important quand sa secrétaire annonça Natalya Bobrova.

Elle entra et il se leva, presque involontairement. Accueillir une telle beauté assis aurait été grossier, presque sacrilège. Et belle, elle l'était. S'il avait été croyant, elle aurait été la preuve de l'existence de Dieu.

Il constata que Natalya avait poussé l'œuvre divine un peu plus loin. Elle avait revu ses critères socialistes à la baisse et s'était un peu maquillée. Il ne lui échappa également pas combien la jupe de son tailleur épousait ses hanches. Elle avait l'élégance exotique de l'ancienne aristocratie russe. C'était inhérent à sa manière de se tenir et de se mouvoir – beaucoup de danse classique dès le plus jeune âge.

Il l'avait appris en lisant son dossier, et ceux de chacun de ses parents. Tous les deux avaient effectivement été des aristocrates mineurs, le genre qu'il restait des décennies plus tard après qu'un grand domaine avait été brisé en fragments de plus en plus petits à chaque génération successive. Mais cela signifiait aussi que la mère et le père de Natalya venaient de familles aux tendances plus modérées – prenant le pas sur une primogéniture qui, elle, aurait conservé un grand domaine et son pouvoir concentrés dans une seule progéniture. Le père de Natalya avait fait son service en tant qu'officier pendant la guerre de 1914. Lui et sa mère n'avaient pas eu à subir les représailles et la justice brutales de la révolution car il s'était rangé du côté des bolcheviks en entraînant toute son unité dans leur camp. L'un comme l'autre, ils avaient renoncé à leurs propriétés et servi dans l'Armée rouge de Trotski, là encore avec distinction, pendant la guerre civile. Ils étaient restés de fidèles partisans de Trotski.

Ainsi, Natalya avait passé son enfance avec ses parents aristocrates. Évidemment, quand Trotski avait été exilé en Turquie en 1929, ses parents avaient été arrêtés et fusillés. À l'époque, Natalya avait treize ans.

On l'avait envoyée dans un orphelinat d'État et elle avait bien réussi à l'école. Tout était dans les dossiers. Ce qui manquait, songea-t-il, c'était une photo de sa mère. Elle aussi avait dû être une beauté.

Avec grâce, du moins le pensa-t-il, il contourna son bureau et tira une chaise pour que Natalya puisse s'y asseoir. En se penchant près de son épaule, il se rendit compte qu'elle avait mis du parfum. Encore un bon signe. Il lança un regard vers son bureau et constata qu'il avait posé les dossiers de ses parents juste comme il fallait, pour qu'elle puisse lire leurs noms. Il savait qu'elle y jetterait un coup d'œil pendant qu'il regagnait sa place derrière sa table. Lorsqu'il se rassit, elle souriait poliment, ne laissant rien paraître.

— Camarade Bobrova, dit-il gaiement, comment puis-je vous aider ?

Certes elle souriait, mais c'était comme un soleil d'hiver.

— Je me suis dit que nous devrions passer un peu de temps ensemble pour évoquer nos idées au sujet de Mikhail.

Tiens ! Il sentit son cœur se gonfler. Jusqu'à présent, il n'avait pas été sûr qu'elle aille jusqu'au bout. Il se procurerait du caviar ! Il était certain qu'elle n'en mangeait presque jamais. Et des cigarettes américaines. Ça pourrait se passer chez lui. Non, trop de surveillance. Il savait que son chauffeur en référait à quelqu'un à Moscou. Cela dit, quelques paquets de cigarettes américaines, peut-être même une bouteille de champagne… Oui. L'ambassade française en avait conservé des tas dans leurs celliers dès l'avant-guerre. Bien sûr, la Commission de contrôle avait à peine eu le temps d'arriver à Helsinki qu'elle avait déjà tout pillé. Et le NKVD lui avait tout pris trois jours plus tard. Voilà, il donnerait une bouteille au chauffeur, peut-être deux. Après quoi, il suffirait d'un clin d'œil et d'un hochement de tête – et d'un accord selon lequel il n'y aurait plus ni cigarettes ni champagne si le chauffeur parlait. Ainsi allait la vie.

— Bien sûr. Je me disais, peut-être l'hôtel Kämp ? suggéra Sokolov. Je pourrais vous envoyer mon chauffeur. Il vous emmènera à une réunion prévue. Je m'en chargerai. Il pourrait s'agir de parler de votre travail sur le repérage des biens pour les réparations de guerre. Comme vous le savez sûrement, il y a une porte gardée par un membre du MGB en civil dont nous nous servons occasionnellement quand nous ne souhaitons pas être vus en train de quitter la légation. Ce garde travaille pour moi.

— Bien sûr, camarade.

— Bien. On dit neuf heures ?

Natalya hésitait.

— Cela ne vous convient pas ?

— Camarade Sokolov, commença prudemment Natalya. Comment puis-je savoir que vous serez en mesure de… (Elle chercha les mots justes.) de faire ce que vous dites que vous ferez pour mon mari ?

Évidemment, elle ne lui faisait pas confiance. Sokolov n'avait pas atteint le sommet de cette pente particulièrement raide en ne voyant pas les vraies questions dissimulées derrière celles qui étaient posées. Le bref fantasme d'une Natalya veuve en quête de réconfort lui traversa l'esprit, aussitôt remplacé par d'autres réflexions. Le camarade lieutenant-général Pyotr Fedotov lui avait dit de tuer Mikhail Bobrov. Faire ce qui devait être fait n'était pas un ordre direct, mais il était clairement sous-entendu que s'il ne liquidait pas Bobrov, il partagerait le même sort que lui.

Son défi était de s'assurer que quoi qu'il fasse, il ait l'air – aux yeux de Natalya – d'essayer de protéger son mari. Le vrai pouvoir passait en grande partie par ce qu'on en percevait. Et ce qu'on en percevait passait en grande partie par la manière dont les actes étaient interprétés, non par ce qui en résultait. En Allemagne, Hitler avait offert un poste de radio à tout le monde dès qu'il avait pris le contrôle des stations. Voilà un homme qui savait ce qu'il faisait.

— Soyez certaine, camarade Bobrova, que j'exécuterai ma part du plan. Je vous en donne ma parole.

— Oui, camarade. Bien sûr. Un homme de votre position…

Elle hésita encore.

Celle-ci n'était pas seulement une beauté, mais aussi une penseuse. Elle aurait fait une excellente agente.

— Je ne doute absolument pas de votre capacité à exécuter votre part du plan, dit-elle, et s'en tint là.

Pas bête, celle-là. Elle avait si peu confiance en lui qu'elle estimait qu'il ne s'exécuterait pas, ou qu'il ne le pourrait pas. L'heure était venue de lui inspirer un plus grand sentiment de sécurité. Il poussa les dossiers de ses parents vers elle. Elle leva un regard interrogateur. Il pencha la tête de côté pour l'inciter à les regarder.

Ce n'était qu'un geste, assurément, mais c'était le mieux qu'il puisse faire pour apaiser sa méfiance. De son côté, bien sûr, elle ne pourrait jamais s'assurer l'aide de quiconque au sein du manège politique. Quand l'unique constante consistait à monter en grade, les choses comme les promesses ne cessaient de changer.

Le brusque fantasme de Natalya, à genoux, levant les yeux vers lui, fit intrusion dans son esprit. Puis, il se remit à réfléchir. Elle devait savoir qu'il avait envie d'elle. Et ce qu'il attendait d'elle. Peut-être pas qu'elle l'aime, mais au moins qu'elle l'apprécie assez pour coucher avec lui. Cela signifiait qu'elle devait également savoir qu'il remuerait ciel et terre pour s'assurer qu'elle continue de le voir. Elle avait donc toutes les raisons de croire en lui. Oui, elle le retrouverait à l'hôtel. Il savait qu'elle avait déjà dû réfléchir à tout ça de son côté. Elle était, après tout, russe.

Elle prit les dossiers et commença à lire. Il la regarda faire. Il vit son pouls battre dans sa gorge. Il se demanda quelle chaleur s'ajoutait au parfum qu'elle portait. Elle referma l'un des dossiers et entama l'autre. Lorsqu'elle eut fini, elle le referma également, les posa tous les deux sur la table et les fit glisser vers lui.

— Ils ont été tués parce qu'on les soupçonnait d'être des trotskistes.

— Oui.

— Il n'aurait servi à rien qu'ils se dénoncent l'un l'autre. Leur association était évidente d'après la position de mon père au sein de l'Armée rouge de Trotski.

— Oui.

Elle poussa un soupir, dont le tremblement montra son unique émotion.

— Merci, camarade Sokolov, dit-elle d'un air inexpressif.

Avec assez d'entraînement, pensa-t-il, elle pourrait œuvrer n'importe où dans le monde.

— Olezka, dit-il, en souriant du plus doux et du plus rassurant des sourires. Puis-je vous appeler Natalya ?

— Bien sûr, camarade.

— Olezka, je vous en prie, la reprit-il.

— Olezka.

— Si notre réunion de planification se déroule bien, nous pourrons bien sûr continuer à planifier.

Il marqua une pause pour s'assurer que les paroles qu'il s'apprêtait à prononcer seraient bien comprises.

— Tant qu'il y aura une raison de poursuivre la planification.

Le voilà, le marché. Il promettait de protéger Mikhail tant qu'elle continuerait de le voir. En le disant à voix haute, il eut presque l'impression qu'il n'allait pas faire ce qui devait être fait.

Il étudia ses yeux pour jauger sa réaction. Elle semblait regarder à travers lui, au-delà de lui. Puis, elle porta son regard sur la fenêtre, sur le monde extérieur, propre, froid et clair.

— Bien sûr, cam… Olezka, dit-elle en reportant son attention sur lui. (Elle sourit.) J'attendrai votre chauffeur ce soir à neuf heures.

Il avait cru qu'il serait heureux de l'entendre dire ce qu'il avait envie qu'elle dise. Mais non. Il ne voyait aucune lumière dans son regard. Il songea aux vieilles plaisanteries sur l'Anglaise frigide de la haute qui devait fermer les yeux en pensant à l'Angleterre. Et se leva.

— Merveilleux. Donc, neuf heures. Je suis impatient.

Il contourna son bureau. Alors qu'elle quittait son siège, il posa une main sur son bras. Elle la regarda. Ne s'écarta pas.

— Natalya, dit-il. Ne vous inquiétez pas. Nous allons sortir Mikhail de cette situation.

Elle le dévisagea, le sonda du regard, mais ne bougea toujours pas. Il retira maladroitement sa main.

— Bien sûr, Olezka, reprit-elle. Neuf heures.

— Neuf heures.

Il la raccompagna jusqu'au bureau extérieur. La secrétaire décolla brièvement les yeux de sa machine à écrire avant de les baisser aussi sec. Sokolov regarda Natalya disparaître dans le couloir. Regagna son propre bureau et referma la porte. Se tint debout derrière le siège qu'elle avait occupé et, les mains sur le dossier, imagina qu'elle était encore assise là et huma l'odeur persistante de son parfum.

Elle avait mis du parfum – pour lui. Il s'approcha de la fenêtre. Il se rendit compte que vouloir être aimé d'elle revenait à vouloir être aimé d'une prostituée. Il y aurait certes tout le sexe qu'il souhaiterait, mais elle le ferait pour Mikhail. Que se passerait-il lorsqu'elle apprendrait que Mikhail avait eu un accident fatal ? L'accord serait-il annulé ? Pas forcément. Il pourrait toujours faire planer la menace de la sécurité de ses enfants, ou lui offrir toutes sortes de choses qu'elle ne pourrait pas obtenir autrement. Des choses occidentales que les femmes apprécient et ne peuvent pas se procurer en Russie, peut-être même des escapades en France ? Il rangea hâtivement les dossiers. *Arrête de rêver. On n'est ni dans un roman de Tourgueniev ni dans un poème de Pouchkine.*

Puisant dans une longue pratique, il disposa mentalement un caisson étroit autour de son envie, mais pas autour de l'excitation de la conquête. Il doutait qu'elle se soit jamais donnée à un autre que son mari. Quelle prise ! Et Bobrov, lui, l'avait déjà remportée. Elle ne lui *donnait* rien d'elle. Il ne s'agissait que d'une transaction. Le néant de la tristesse et de la solitude lui revint.

Vendredi matin, 7 février 1947

Système lacustre de l'Oulunjärvi
7e jour de course

Mikhail avançait bien sur les lacs gelés dénués de broussailles du système lacustre de l'Oulunjärvi. L'air du petit matin était figé. Sans le vent et l'assourdissement de la neige, les seuls bruits étaient sa propre respiration laborieuse et le sifflement de ses skis.

Il savait qu'Arnie lui aussi avançait bien, en prenant plus de risques à travers des marécages gelés. Les Américains prenaient des risques. Leur pays n'avait jamais connu de grande perte, alors évidemment, ils étaient optimistes et audacieux. Comme des adolescents. Les Russes, eux, étaient un peuple essentiellement conservateur, imprégné de plusieurs siècles d'histoire – et de tragédie. Même le succès de la révolution avait dépendu de leur conservatisme inné, celui d'une population qui fait ce qu'une instance supérieure lui dit de faire. Pour lui, son pays, c'était la Mère Russie. Les Américains, eux, voyaient le leur comme un personnage de dessin animé qu'ils appelaient Oncle Sam. Arnie Koski était un Américain et prendrait des risques. Pour un peuple sans histoire, il y a peu d'exemples qui ont mal tourné.

Vendredi matin, 7 février 1947

Nord de Kuopio
7e jour de course

Ce matin-là, Pietari Varila, lui aussi, méditait en skiant seul vers le nord depuis Kuopio. Deux pensées l'obnubilaient.

Premièrement, il essayait de deviner où l'Américain pouvait se trouver. Lui et ses amis avaient acquis des années d'expérience à force de skier au milieu de contrées sauvages dans leur enfance et pendant la guerre, aussi se faisaient-ils une assez bonne idée générale de là où ils trouveraient Koski. Il n'empêche que le « général » recouvrait pas mal de distance. Pietari était plus ou moins au milieu du coup de filet que lui et les autres avaient délimité dans le train la veille, ce qui voulait dire qu'il avait de bonnes chances de retrouver l'un ou l'autre des coureurs. Après quoi, il y aurait une chance sur deux pour qu'il s'agisse de l'Américain. Ils avaient tous convenu que le plus probable serait de croiser les skieurs le lendemain, samedi, mais cela dépendait de la vitesse à laquelle ceux-ci s'étaient déplacés vers le sud. Dans tous les cas, il était presque sûr qu'il leur faudrait passer le vendredi soir à la belle étoile, eux tous, ce qui était plus un inconvénient qu'une épreuve.

La seconde pensée qui taraudait Pietari était, s'il parvenait effectivement à intercepter l'Américain, ce qu'il allait lui dire. Sa mère avait recouru à la tactique maternelle habituelle consistant à éveiller sa compassion, cette fois pour la femme et les gosses du Russe. Effectivement, si le Russe perdait la course, ça se passerait très mal pour lui et sa famille. Qu'il aille se faire voir, lui, voilà ce qu'il avait dit à sa mère. Mais il ne pouvait pas se résoudre à éprouver la même indifférence envers ses enfants innocents. Oui, sa mère l'avait ému. Mais la femme de l'Américain, Louise – il eut un petit rire –, elle les avait tout simplement sidérés avec son enthousiasme américain. Bien sûr qu'il trouverait son mari. Après tout, il y avait seulement d'innombrables kilomètres carrés d'étendue sauvage. Il suffisait d'y aller, d'expliquer le problème à son mari, et ça serait réglé. *Can do*, songea-t-il, la version américaine du *sisu*. Le *sisu*, c'est la ténacité face à ce que d'autres cultures qualifieraient de désespoir. C'est endurer. Comme les Finlandais l'avaient fait au cours des sept dernières années et continueraient de le faire aussi longtemps que l'Union soviétique menacerait leurs frontières. Toutes ces années de mort, de famine et de terreur aux mains des Russes ne seraient jamais oubliées – ni pardonnées.

Tout ce qu'il avait entendu au sujet des Américains était qu'ils avaient du mal à supporter quoi que ce soit bien longtemps, mais qu'ils étaient forts pour changer les choses de façon à ne pas avoir à les subir très longtemps. Il eut un grognement d'admiration réticente en évoluant avec grâce et poussant alternativement sur les bords intérieurs de ses skis. Mais à présent qu'il était là, dehors, voilà qu'il se mettait à revivre la guerre, et pas seulement à se la rappeler. Pourquoi en aurait-il quoi que ce soit à secouer de ce Russe ou de cette famille ? Qu'était-il passé par la tête de sa mère et de cette femme d'un parent éloigné ? Quoi, il devrait pardonner les Russes de lui avoir laissé le souvenir persistant d'avoir dû sortir le corps de son ami Toivo de la neige, avec une jambe explosée et le sang gelé ? S'ils avaient retrouvé Toivo, c'était uniquement parce que le chien de la section avait reniflé l'odeur du cadavre.

Il chassa cette image pour se focaliser sur l'horizon, sur la ligne basse des collines. Reste dans le présent. Ne retourne pas en arrière. Concentre-toi sur l'efficacité et la rapidité. Elles avaient cru qu'il accepterait de sauver un Russe ? Pourquoi ? Le luthérien qu'il traînait en lui depuis l'enfance répondit que c'était ce qu'on fait quand on est un bon chrétien. L'adulte réfléchi qu'il était répliqua qu'il était temps de s'entendre avec les Russes pour le bien d'une Finlande libre et prospère. Mais le guerrier en lui tenait à ce que tous les Russes qu'il croiserait connaissent la souffrance avant qu'il les tue.

Vendredi après-midi, 7 février 1947

Orphelinat

À l'orphelinat, Louise s'occupait pour éviter l'angoisse de devoir attendre le coup de fil leur annonçant que Pietari avait trouvé Arnie et que ce cauchemar dont elle était la cause allait s'envoler. Elle remuait des couches sales dans un grand seau d'eau bouillante en déplaçant le bâton de haut en bas pour imiter le mouvement d'une de ces nouvelles machines à laver qui se vendaient comme des petits pains en Amérique depuis la fin de la guerre. Mais pas en Finlande, semblait-il.

Tout ce qu'Arnie avait à faire, c'était perdre, songea-t-elle. Elle était sûre qu'il le ferait. Oui, oui, malgré la fierté de la 10e division de montagne, de l'US Army… Elle savait aussi que tout au fond de lui, Arnie Koski était un homme bien qui ferait ce qu'il fallait faire. Jamais il ne trahirait son ami, jamais il ne lui manquerait de respect en tant que guerrier, car cela serait revenu à se trahir lui-même. Mais qu'en était-il du fils de Kaarina, Pietari, et de ses amis ? Dans la guerre d'Arnie, les Russes avaient été des alliés ; dans celle de Pietari, ils l'étaient encore.

Elle brandit une couche au bout de son bâton, la regarda fumer dans l'air froid de la véranda aménagée en buanderie. À la vapeur se mêlait l'odeur des excréments.

Et celui qui était assis sur le trône dit : « Voici, je fais toutes choses nouvelles. » Elle eut un sourire ironique. C'était dans l'Apocalypse. Certes, mais les gens qui s'asseyent sur des trônes, eux, ne lavent jamais de couches sales. Elle laissa retomber dans l'eau chaude celle accrochée à son bâton.

Louise savait qu'il était idiot d'aller demander à Kaarina, probablement pour la troisième fois, si Pietari avait appelé. La Finlandaise le lui dirait sûrement dès que ce serait le cas. Il n'empêche qu'au bout de quelques minutes passées à marteler le linge, elle entra dans le bureau de Kaarina et lui décocha un regard interrogateur. Cette dernière fit « non » de la tête. Louise regagna la véranda froide et se remit à marteler la masse de couches en essayant de ne pas réfléchir.

Vendredi après-midi, 7 février 1947

Marécage près d'Oulunjärvi
7e jour de course

Il était quatorze heures quand Mikhail retomba sur les traces de ski d'Arnie. *Merde.* L'Américain était encore en tête. Mû par une volonté farouche, il s'élança à côté de la piste laissée par Arnie. Elle était propre, sans neige amoncelée, sans signe de fonte ni de regel. Il ne pouvait pas être à plus d'une demi-heure devant lui.

Puis les traces disparurent une fois encore dans un marécage gelé. Il poursuivit comme il l'avait prévu, même s'il était un peu moins sûr de lui. Koski le battait en prenant des risques. Mikhail allait devoir le vaincre autrement qu'en allant aussi vite que lui ou en s'exposant lui-même à des risques. Il n'était pas sûr de pouvoir accomplir la première tâche, et ne voulait pas accomplir la seconde. Il entendait encore le cri surpris d'Ivanov juste avant qu'il ne sombre sous la glace.

Délaissant les traces d'Arnie, il longea le bord du marécage.

Une heure plus tard, la température chuta rapidement. Le soleil se coucherait aux alentours de seize heures, ne lui laissant qu'une heure de jour, et peut-être une heure supplémentaire de crépuscule. Le marécage se trouvait dans une dépression orientée nord-sud. Vers l'extrémité méridionale, le sol s'élevait, marquant la fin de la zone marécageuse, mais le paysage se poursuivait en une longue vallée peu profonde flanquée de crêtes douces.

D'un effort rageur, Mikhail se mit à virevolter dans la vallée. L'obscurité l'arrêterait, mais il savait qu'il devait être au moins à égalité avec Arnie avant que cela n'arrive, sinon il pourrait perdre la course. Alors qu'il était dans la vallée depuis cinq minutes, il s'aperçut qu'il n'y avait aucune trace de skis. Il se mit à darder des regards autour de lui, à inspecter le sol du mieux qu'il le pouvait. De la pente douce à sa gauche jusqu'à celle sur sa droite, la neige n'avait pas été touchée. L'Américain avait dû avancer plus vite en prenant le risque de skier sur le marécage. Alors, pourquoi aucune trace n'en sortait-elle pour s'enfoncer dans cette vallée peu encaissée ? Il paraissait inconcevable que Koski ne profite pas du relief pour skier entre les collines. Mikhail s'arrêta. Peut-être qu'il avait simplement rencontré un bosquet d'arbres ou des broussailles et se trouvait, en fait, derrière lui ? Il n'était pas impossible que son adversaire ait raté son pari, ou qu'il n'ait pas été conscient qu'il en s'agissait d'un. Alors une idée lui traversa soudain l'esprit – peut-être qu'il avait percuté une fine couche de glace.

Mikhail se retourna sur ses skis pour regarder derrière lui. Et écouta. Le vent. Le silence magnifique d'une vaste forêt ensevelie sous un manteau de neige. Ni bruit de lutte ni cri de détresse. Il fit demi-tour et s'élança de nouveau. Après cinq ou six poussées et pas glissés, il s'arrêta encore. Si Arnie tombait à travers la glace, il serait trempé et mort dans l'heure. En retournant voir s'il avait des ennuis, Mikhail perdrait l'avance qu'il avait manifestement prise au vu de l'absence de traces. Mais en poursuivant vers le sud, il se pouvait qu'il abandonne un autre soldat à la mort.

Arnie avait exulté à l'idée d'avancer aussi vite, mais cette exultation s'était évanouie dès qu'il avait senti son ski gauche s'enfoncer soudainement dans la neige… et ne rencontrer aucune résistance. La peur l'avait submergé de se sentir traverser une fine couche de glace et plonger dans l'eau. Alors que son ski et son pied continuaient à s'enfoncer, il se jeta éperdument sur la droite pour répartir son poids le mieux possible. Le réflexe était bon, mais pas assez. Son ski et sa jambe gauches étaient pris dans un trou à présent bordé d'une fine couche de glace en train de se craqueler. Sous son poids, la glace se zébra de fissures qui se répandirent en rayonnant, fragilisant encore plus la paroi sous son corps tordu sur le côté à cause du ski coincé. Son lourd sac à dos, habituellement stable et centré, devint une ancre en déséquilibre, lui rendant impossible de se coucher sur le ventre afin de répartir la charge. Le tout se passa en l'espace de deux secondes.

À présent, l'eau s'infiltrait par les fissures qui s'élargissaient pour se répandre à travers la fine couche de neige. Arnie se tortilla pour se défaire du sac à dos déjà trempé. L'eau suintait autour de lui, et le trou s'élargissait à mesure qu'il s'y enfonçait. Il parvint à desserrer les liens et à se libérer de ses skis. En se tenant aux deux bâtons d'une main, il projeta les skis en arrière sur ses propres traces, là où la surface était probablement plus sûre puisqu'elle n'avait pas rompu jusque-là. Il passa un bras par une des bretelles du sac, planta les deux bâtons dans la glace entre lui et ses skis. À force de se débattre furieusement, il parvint à se dégager du trou. Et resta couché là, le souffle lourd, complètement trempé.

S'il se levait, il concentrerait tout son poids sur une petite zone et traverserait la glace à présent mouvante. Il roula sur le ventre, son unique possibilité, et sentit le devant de sa parka et ses habits en dessous se gorger d'eau. Il se mit à ramper vers ses skis en plantant ses bâtons devant lui, la sangle de son sac au creux de son coude, tout en veillant à répartir chaque centimètre carré de son corps le mieux possible.

Enfin il atteignit ses skis. La glace semblait plus ferme. Toujours haletant, il remercia Dieu.

Alors vint une peur plus profonde, plus durable. Seul. Bientôt, l'hypothermie. Et ensuite, la mort. Il passa en revue la liste de l'alpiniste. S'éloigner du vent ; c'est-à-dire, se trouver un abri. Rester au sec ; c'est-à-dire, retirer ses habits mouillés, mais les vêtements de rechange dans son sac étaient probablement trempés. Se mettre au chaud : ça, ce serait quasiment impossible. Le bois de chauffage le plus proche se trouvait à la limite des arbres à quelques centaines de mètres de l'autre côté du marécage. Ramasser du bois et faire un feu prendrait du temps, qu'il n'avait pas. Il ne pouvait se défaire de l'image du personnage principal de *Construire un feu* de Jack London, qui tâtonne pour craquer une allumette les mains gelées – en vain.

Il entreprit de retirer ses habits mouillés. Un froid engourdissant mordit sa peau nue jusqu'aux os. Il essora ses vêtements du mieux qu'il put et grelotta pendant que son corps s'efforçait de puiser de la chaleur dans ses muscles, délaissant déjà ses extrémités pour protéger en priorité ses organes vitaux.

Ses mains et ses pieds, pas seulement ses doigts et ses orteils, s'engourdissaient vite. Sa peur alla crescendo lorsqu'il comprit que ses mains seraient bientôt hors d'usage, qu'il était déjà en train de mourir d'hypothermie.

Il tripota maladroitement son caleçon long humide. Son pantalon refusa de passer par-dessus ses pieds. Puis ses pieds refusèrent d'entrer dans ses chaussettes et ses bottes. Les mains désormais presque inertes, il parvint à fixer ses skis.

Alors il se dirigea vers la ligne d'arbres la plus proche, où il pourrait s'abriter du vent. Il sentait qu'il tremblait violemment, mais comme dans un film au ralenti. Plus rien ne fonctionnait. Ses jambes lui faisaient l'effet de bûches. Malgré tous ses efforts, un de ses skis semblait aller là où il ne le voulait pas. Il poursuivit péniblement son chemin vers l'orée du bois. Il avait perdu toute sensation dans les pieds. Il paniqua, craignant pour ses orteils. Puis il coupa court à sa panique. Elle ne ferait que l'entraîner vers la mort. Il ne voyait plus la ligne d'arbres. Oui, par là. Mais ça semblait tellement loin… Il n'avait plus si froid à présent… Il y avait un super stand à burgers là, près des arbres sur la plage. Et s'il allait s'y reposer un peu… Oui, se reposer. Il lui parut sensé de tomber à genoux sur la neige. Il sentit sa mère le border.

Alors qu'il contournait la même ligne d'arbres au bord du marécage, Mikhail vit Arnie tomber à genoux. Il vit le trou d'eau au centre du marécage et les traces irrégulières laissées par Arnie dans ses tentatives pour regagner la berge. Sachant que la glace devait être solide là où il reposait, Mikhail se débarrassa de son sac et se précipita sur la surface dans l'espoir que, s'il y avait d'autres « yeux du marais », sa vitesse et son élan le porteraient au travers. Il ne songea pas à la course – ni à perdre, ni à gagner, ni à risquer sa propre vie. Il ne réfléchissait pas du tout. C'était la réaction instinctive du guerrier pour sauver un de ses semblables. Il en était ainsi depuis que les hommes chassaient en meute.

Lorsqu'il parvint à sa hauteur, Arnie souriait, perdu dans un rêve.

Mikhail passa les habits de l'Américain en revue, et poussa un grognement satisfait en constatant qu'il avait au moins eu le bon sens de les essorer. Il n'empêche que de la glace se formait déjà sur sa parka et son pantalon. Il lui retira ses skis et s'accroupit, gardant du mieux possible l'équilibre sur les siens, avant de le jeter sur son dos pour le porter à la manière d'un pompier. Délaissant le sac et les skis de son camarade, il entreprit de revenir sur ses pas, sachant pertinemment qu'à présent que son poids avait doublé, le trajet qui s'était avéré sûr à l'aller ne le serait plus forcément au retour.

Il était tout juste seize heures passées et le soleil s'était couché. Il lui restait environ une heure avant la nuit noire.

Il laissa tomber Arnie pour récupérer son propre sac, ce qui ne prit qu'une minute. Il déroula son sac de couchage et défit la fermeture Éclair pour former une couverture, qu'il jeta sur l'Américain. Il sortit sa pelle à neige et se mit à creuser, poussé par l'adrénaline. Une fois qu'il eut formé un trou peu profond juste assez grand pour qu'ils puissent s'y coucher tous les deux, il déposa des rameaux de pin sur le fond. Il ouvrit sa parka et, serrant Arnie contre lui, les enveloppa tous les deux dans le sac de couchage avant de se blottir dans le trou pour se soustraire au vent. Il se mit à frotter vigoureusement les membres et le tronc d'Arnie afin de générer de la chaleur.

L'Américain gémit sous lui.

— Arnie ! Réveille-toi ! cria Mikhail en finnois.

Il lui flanqua des claques sur le visage, qu'il distinguait à peine dans le crépuscule déclinant.

Arnie grogna. Mikhail le secoua.

— Réveille-toi. Bon sang, réveille-toi !

Il le vit le contempler d'un air émerveillé. Et le gifla encore sur les deux joues.

— Réveille-toi, espèce d'abruti d'Américain de merde !

Voilà qu'Arnie se mettait en rogne. Il le gifla encore.

— Réveille-toi !

Arnie agita la tête. Son regard redevint clair.

— Mikhail, dit-il avec un sourire rêveur. Boules de coton à la vaseline.

— Quoi ?

Il était en plein délire.

— Mikhail, répéta Arnie plus lentement, comme pour confirmer ce qu'il venait de dire. Le feu. La vaseline.

Alors il se réveilla tout à fait.

— Mikhail, bon sang, Mikhail.

— Tu parles bien, dis donc, railla son compagnon.

— Oui, je n'ai pas l'éloquence d'un Russe, marmonna Arnie, avant de relever la tête en souriant jusqu'aux oreilles. Il n'empêche que j'étais en tête avant de traverser la glace.

Vendredi soir, 7 février 1947
Helsinki

Debout devant la porte à l'intérieur de l'immeuble collectif d'où elle pouvait voir la rue tout en s'abritant du froid, Natalya attendait nerveusement le chauffeur de Sokolov. Il avait fallu bien des planifications – et des risques – pour en arriver là. Elle avait dû laisser les enfants à Fanya, très certainement pour la nuit, ce qui impliquait de devoir s'expliquer à son retour. Elle avait quitté l'appartement habillée comme si elle se rendait à la légation pour une urgence professionnelle, mais elle savait qu'elle devait se faire belle pour Sokolov.

Elle portait ses bas de laine habituels lorsqu'elle avait quitté l'appartement afin de ne pas alerter Fanya, mais avait pris le soin de glisser son unique paire de bas de Nylon américains dans la plus grande de ses valises, avec tout son maquillage si rarement utilisé. Elle ne possédait que des chaussures confortables mais, comme elles étaient destinées au travail en intérieur, au moins n'étaient-elles pas tout à fait grossières. Et puis, il y avait le problème de l'endroit où se changer.

Elle décida que le chauffeur était déjà au courant de tout, et lui ordonna de se ranger le long du trottoir d'une rue plus sombre et de ne pas regarder dans le rétroviseur. La dernière fois qu'elle avait enfilé ses bas de Nylon, c'était pour l'anniversaire de Mikhail. Ils en avaient retiré beaucoup de plaisir tous les deux. À présent, elle avait l'impression de décorer un poulet rôti sur le point d'être servi.

Elle finit de s'appliquer du rouge à lèvres et referma son poudrier dans un claquement. À ce bruit, le chauffeur leva involontairement les yeux vers le rétroviseur.

La voiture s'immobilisa devant l'hôtel. Sokolov patientait au bord du trottoir. Il ouvrit la portière et lui sourit. Alors, elle ne ressentit plus rien.

Samedi matin, 8 février 1947

Près d'Oulunjärvi
8e jour de course

Dire que la nuit qu'Arnie et Mikhail passèrent enveloppés ensemble dans le trou de neige fut difficile serait revenu à décréter que la guerre, c'est l'enfer, formule dénuée de sens pour ceux qui ne l'ont pas vécue.

Dès que Mikhail eut mis Arnie, nu et grelottant, dans son sac de couchage avec les mains calées sous les aisselles pour sauver ses doigts, il entreprit de racler la neige jusqu'à atteindre la terre nue. Il trouva une pierre plate à côté d'un arbre, tout juste apparente. Il la posa sur la zone dégagée, où elle permettrait au feu de rester juste au-dessus de la neige qui allait forcément fondre autour une fois que les flammes s'élèveraient. Il flanqua des coups de pied dans les congères pour trouver des branches, qu'il cassa net en en écoutant le craquement pour s'assurer qu'elles étaient bien sèches. Ce fut en réalisant cette tâche que, soudain, ce « boules de coton à la vaseline » fit sens. Il allait se servir d'une grosse bougie pour lancer le feu. Il fouilla dans le sac d'Arnie pour en extraire une boîte de boules de coton plongées dans de la vaseline. Elles brûlèrent d'une longue flamme chaude, et il empila les brindilles par-dessus. Et eut un sourire ironique. Le savoir-faire américain.

Une fois que le feu gronda, les habits mouillés d'Arnie suspendus à des bâtons le plus près possible mais pas au point de roussir, il déroula son propre sac de couchage, se mit dedans et attira Arnie, sac et tout le reste, contre lui, pour ne s'écarter que le temps d'alimenter le feu.

Quelques heures plus tard, les deux hommes rampèrent hors de leurs duvets en secouant la neige et la fine couche de glace qui s'était formée sur eux. Le soleil ne s'était pas encore levé, mais une faible lueur reflétée sur les nuages hauts manifestait sa présence au-delà des collines orientales. Ils ne parlaient ni l'un ni l'autre, conscients qu'il allait falloir trouver une sorte d'entente pour relancer la course de manière équitable. Arnie fouilla dans son sac, mais il tremblait tellement fort qu'il dut se servir des deux mains. Il en sortit une barre Hershey et la tendit à Mikhail, coincée entre ses moufles.

— J'ai mal aux mains et aux jambes, dit-il.

À sa voix, on aurait presque cru qu'il avait trop bu.

Mikhail hocha la tête. Ils savaient tous les deux que grelotter était désagréable, mais bon signe. Le sang revenait dans les extrémités d'Arnie, et celles-ci fonctionnaient encore.

Mikhail déballa la barre Hershey et, lentement, les yeux rivés sur l'aube, se mit à la manger en laissant fondre le chocolat sur sa langue.

— Les Américains font du bon chocolat, dit-il doucement.

— C'est vrai, dit Arnie en défaisant la sienne – sa dernière.

Puis, ne voulant pas entacher la neige immaculée, il fourra le papier dans son sac avant de tendre la main pour prendre celui de Mikhail.

Celui-ci sortit le reste de son chocolat et donna le papier à Arnie. Il n'avait jamais vu quelqu'un sauver ainsi un papier de bonbon au milieu de nulle part.

— C'est toi qui as gagné, déclara Arnie.

Mikhail détourna le regard pour contempler la ligne d'horizon qui s'éclaircissait.

— Tu étais en tête avant de tomber.

— Plus en tête que ça, tu meurs, répliqua Arnie, pince-sans-rire.

Le Russe hocha la tête et sourit.

— Vraiment, reprit Arnie. Si tu n'étais pas revenu me chercher, c'est toi qui serais le vainqueur. Moi, je ne serais plus là.

Mikhail fixait l'horizon, ne voulant pas reconnaître ouvertement la dette de son adversaire.

Arnie lui tendit la main.

— Tu as gagné.

Les deux hommes se détournèrent de l'aube pour se regarder l'un l'autre. Mikhail haussa les épaules.

— Oui. J'accepte, dit-il.

Il serra la main d'Arnie, une ferme rencontre de mains qui ne tenaient pas d'arme.

Ils laissèrent leur bras retomber. Se mirent tous les deux à hisser leurs sacs sur le dos. Leur souffle devenait plus visible à mesure que la lumière s'affirmait.

— Si on refaisait une course ? suggéra Mikhail.

— Encore ?

— Oui. D'ici à Kuopio. Quand tu perdras, quand tu perdras encore, tu devras dire publiquement que les soldats russes sont les meilleurs skieurs du monde.

Le défi était lancé.

— Tu peux toujours courir. Ça n'arrivera jamais.

Et relevé.

Mikhail savait qu'Arnie avait probablement raison ; ça n'arriverait pas. L'Américain était tout bonnement plus rapide. Comme il ne restait que deux journées entières de course, tout avantage qu'aurait détenu Mikhail grâce à son expérience de skieur sur ce type de relief – et, plus particulièrement, en Finlande – ne compterait guère.

— Je propose que chacun de nous skie sur les flancs opposés du prochain lac, lança-t-il. On pourra se voir de part et d'autre. On attendra jusqu'à six heures. (Il marqua une pause.) Après quoi, tu ne me reverras plus.

Arnie ricana.

— Ça marche.

Il tendit la main. Mikhail la serra. Poignée brève et ferme.

— Tu m'as sauvé la vie, dit Arnie.

— C'était le seul moyen de te battre à la régulière.

Ça faisait du bien de sauver la vie d'un homme, surtout maintenant, ici, où ils étaient seuls au monde.

Ils fartèrent leurs skis en discutant de la meilleure cire à utiliser compte tenu de la neige et des conditions météorologiques. Une fois qu'ils se furent redressés, Mikhail hocha la tête et partit, suivi d'Arnie.

Au début, celui-ci fut très lent. Mikhail se montra patient, sachant qu'il lui faudrait du temps avant de retrouver assez de chaleur corporelle pour avoir de nouveau l'impression que ses jambes lui appartenaient. Au bout d'une trentaine de minutes d'une bonne avancée régulière, Arnie parvint à sa hauteur et laissa ses propres traces à côté de Mikhail.

— On est de retour ? lui décocha le Russe.

— Ça ne va pas tarder.

Malgré tout, Arnie se laissa distancer pour glisser dans les traces de Mikhail.

Une demi-heure plus tard, aux abords du lac suivant, le Russe se retourna pour le regarder. Arnie hocha la tête. Mikhail vira vers l'est, en levant brièvement un bâton de ski en guise de salut. Arnie répondit de même, avant de virer vers l'ouest. Aucun mot ne fut échangé. Ce qui s'était passé entre les deux hommes allait au-delà.

Samedi 8 février 1947

Système lacustre du Kallavesi
et base navale de Porkkala
8e jour de course

Cet après-midi-là, Pietari se trouvait juste au sud du Kallavesi. Lui et les autres étaient partis avant l'aube sous des nuages hauts qui toute la matinée durant n'avaient cessé de descendre, et à présent il neigeait légèrement et la visibilité déclinait d'heure en heure.

En respirant par le nez pour réchauffer l'air, il sentait ses poumons se gonfler sous la parka. C'était agréable. Tout semblait propre par ici, loin d'Helsinki, loin de la politique et de l'argent – loin des souvenirs. Le *chut chut* de ses skis était méditatif. Leur cadence aussi. Même si retrouver l'Américain était la raison de sa présence, il n'avait pas hâte de mettre fin à sa rêverie.

Il gravit un petit coteau et commençait juste à amorcer la pente douce lorsqu'il crut apercevoir un mouvement au nord. Il balança ses skis pour les mettre parallèles à la colline et se tourna pour essayer de voir à travers la neige. Un skieur, rapide et solitaire, se dirigeait vers le sud. Pietari glissa dans sa direction avec un hochement de tête à l'adresse de personne, acceptant la fin du silence. C'était Koski. Une partie de lui avait espéré le contraire. Si un autre que Pietari avait retrouvé l'Américain, il n'aurait pas eu à faire ce qu'il avait prévu de faire. Il agirait donc pour ses frères morts, pour les fils de sa mère, et pour les dizaines de milliers comme eux.

Sokolov aussi était en pleine planification, mais ses considérations étaient beaucoup plus complexes. Fedotov lui avait certifié qu'il n'y aurait aucune interférence de la part des autorités finlandaises sur la question de la souveraineté et de l'espace aérien finlandais, mais qu'il fallait veiller à ne pas alerter la police locale. On ne pouvait pas compter sur elle pour obéir aux ordres, même ceux qui provenaient de Paasikivi, s'ils allaient à l'encontre de leur politique réactionnaire.

Quelques heures avaient suffi pour faire venir à Porkkala de Moscou une petite équipe d'élite composée d'agents du MGB entraînés au saut en parachute. Sur un bref coup de fil de Fedotov, le commandant de la base avait aussitôt mis tous ces avantages à la disposition de Sokolov. Celui-ci avait réclamé et obtenu deux bombardiers-torpilleurs à longue portée Iliouchine-4 de la marine. Il les avait fait décoller avant l'arrivée des parachutistes avec, à bord de chacun, un agent du MGB équipé d'une caméra à la place du mitrailleur de queue. Ils avaient eu pour directive de localiser les deux skieurs en volant à l'est et à l'ouest de l'itinéraire supposé pour ne pas éveiller les soupçons, tout juste assez près pour repérer les skieurs sans qu'eux les remarquent. Si ceux-ci les apercevaient malgré tout, ils ne se méfieraient pas d'un avion russe solitaire qu'ils supposeraient parti en une mission quelconque de Porkkala. Dès qu'un ou les deux skieurs auraient été repérés, l'agent à bord prendrait une photo à l'aide d'un téléobjectif et l'Iliouchine-4 poursuivrait sa route, l'autre avion recevant alors pour consigne de dévier sa trajectoire.

Sokolov briefa les huit membres de l'équipe. Ils n'avaient que très peu de questions. Ils ne voulaient pas savoir pourquoi leurs supérieurs tenaient à ce qu'ils trouvent un officier russe au milieu de nulle part. Demander n'aurait fait que soulever des doutes sur leur loyauté. Ils s'adonnèrent donc à l'activité qui était le plus souvent la leur : attendre.

Arnie aperçut un bref mouvement avant de distinguer la silhouette un peu floue d'un autre skieur. Qui qu'il soit, ce n'était pas Mikhail, qui skiait dans la même direction que lui, vers le sud. Seulement vaguement curieux de savoir pourquoi quelqu'un d'autre skierait dans le coin, il maintint sa trajectoire, ne voulant pas perdre de temps en allant saluer un inconnu.

Mais il apparut que l'inconnu venait vers lui. Arnie mena une nouvelle bataille dans sa guerre perpétuelle entre son besoin de tranquillité et l'obligation d'avancer dans la vie, ce qui nécessitait de parler à des gens même s'il n'en avait pas envie. Ce n'était pas qu'il n'aimait pas les autres, loin de là. C'était simplement qu'il avait un certain tiraillement, une certaine propension, intensifiée depuis la guerre, à garder ses distances. Une meute et ses dangers inhérents s'observaient bien mieux de loin que de l'intérieur.

Le skieur continuait à s'approcher. À présent perplexe, Arnie s'arrêta. Se redressa en observant l'homme qui, manifestement à l'aise sur ses skis, se dirigeait droit sur lui. L'inconnu s'arrêta à une dizaine de pieds et releva ses lunettes de neige. Il s'agissait du fils de Kaarina Varila, Pietari. *Qu'est-ce que c'est que ce bazar ?* La première pensée d'Arnie fut que quelque chose était arrivé à Louise.

— *Päivää*, dit Pietari, avec l'habituelle dignité réservée de l'homme finlandais.

« Jour », moitié familière de la salutation plus soutenue *hyvää päivää*, « bonjour ». Arnie savait depuis l'enfance qu'il était vain d'étudier le visage d'un autre Finlandais pour deviner ce qui se passait dans sa tête.

— *Päivää*, répondit-il.

Puis, il attendit. Que se passait-il ? Louise allait-elle bien ? Sa propre dignité l'obligeait à se conformer à celle de Pietari. Il attendrait stoïquement que l'homme remette son message.

— Tout va bien à la maison, dit Pietari. Louise voulait t'informer de certaines choses, alors elle m'a envoyé.

Il cessa de parler. Arnie hocha la tête.

— Mais d'abord, elle voulait savoir si tu étais en tête.

Arnie haussa les épaules.

— C'est assez serré actuellement, déclara-t-il. Ce matin, on était au coude à coude.

Il n'estima pas nécessaire de préciser que Mikhail lui avait sauvé la vie en renonçant de ce fait à une victoire assurée, et que lui-même lui avait accordé la victoire dans cette longue course. Cela viendrait plus tard, autour de la chaleur d'un feu, en plus du fait que s'il perdait trop de temps à parler, il ne gagnerait pas celle-ci non plus.

— Comment tu as fait pour me trouver ?

— Nous sommes dix, dispersés sur plusieurs kilomètres. Je me suis dit que tu serais dans le coin et j'ai pris la zone centrale. Enfin… c'est surtout de la chance. Mais avec la neige qui commence à tomber… pas facile de vous retrouver, ni l'un ni l'autre.

Arnie acquiesça en grognant. Dix ? Que se passait-il ? Il attendit impatiemment la suite du message, conscient de perdre du temps.

— Louise voulait aussi que tu saches qu'il y a eu un peu de publicité autour de cette course.

Arnie fronça les sourcils d'un air interrogateur.

— Elle récolte de l'argent pour l'orphelinat d'*Äiti*.

Arnie hocha la tête.

— Elle a constitué une sorte de loterie. Les gens achètent un ticket pour cent marks et essaient de deviner l'écart de temps entre toi et le Russe. Celui qui se rapprochera le plus du résultat gagnera cent mille marks.

Arnie digéra cette nouvelle, refusant de croire que Louise ait pu rendre cette course publique.

— Elle a demandé aux journaux d'en parler.

Arnie essaya de réprimer sa colère croissante. Il avait sûrement dû expliquer à Louise que cette course était une affaire privée : cette fichue impétuosité de fonceuse… C'était tout elle, de trouver une combine pour rapporter de l'argent grâce à une cause.

— Et ça marche ? demanda-t-il pour masquer son trouble.

— *Yoh*, répondit Pietari. Une grande réussite. Elle encaisse des milliers de marks.

Une fois encore, Arnie fronça les sourcils.

— Les articles ont été repris à Londres et à New York. (Pietari marqua un silence.) Et à Moscou.

La colère d'Arnie se mua en une angoisse qui lui pesa sur le bas du ventre. Il pinça très fort les lèvres pour garder son sang-froid.

— Donc, cette course est devenue… (Il n'arrivait pas à trouver d'équivalent de *cause célèbre** en finnois.) tout une histoire.

— *Yoh.*

Arnie s'accorda le luxe de planter un bâton de ski dans la neige.

— Et elle t'a envoyé ici pour me dire ça ?

— *Yoh.* Elle a dit que tu détestais les surprises et que tu voudrais te tenir prêt à te faire questionner par des journalistes en arrivant à Kuopio.

Tu m'étonnes, qu'une surprise dans le genre ne m'aurait pas plu, songea Arnie. Louise en avait amadoué dix pour le retrouver. Il la connaissait suffisamment pour se douter qu'elle avait dû rendre la course publique en se disant que la cause l'emporterait sur les conséquences, quelles qu'elles soient. Elle essayait sûrement d'amortir le choc de devoir affronter la colère de son mari après ce qu'elle avait fait.

Arnie se mit à agiter ses skis d'avant en arrière, pressé de repartir.

— Elle estimait aussi qu'il était important de te mettre au courant puisque la course n'a plus rien de personnel, maintenant tu skies pour l'honneur de la 10e division de montagne et l'US Army. Pour l'honneur des Finlandais et des Américains partout dans le monde.

— Une vraie pom-pom girl, dit Arnie sans humour.

Il leva les yeux pour essayer de localiser le soleil de l'autre côté des nuages hauts.

— Remercie-la de ma part. Je dois repartir.

— *Yoh.*

Pietari remit ses lunettes et Arnie l'imita.

— On a tous convenu de se retrouver à Siilinjärvi. Je l'appellerai de là-bas pour lui dire que tu es en forme.

— J'ai vu Mikhail ce matin. Fais savoir à sa femme que lui aussi est en forme.

— *Yoh.*

Pietari poussa sur ses bâtons pour s'élancer.

Arnie repartit vers le sud, furieux, plantant ses bâtons avec une force superflue jusqu'à se rendre compte qu'il gaspillait de l'énergie. Louise pouvait être une vraie tête de mule. Des fois, elle se focalisait entièrement sur sa cause, ignorant délibérément les obstacles.

Après une dizaine de minutes à skier comme un forcené, Arnie se mit à réfléchir. Persuader dix Finlandais de partir à sa recherche ? Louise avait dû s'en vouloir particulièrement de ne pas avoir tenu compte de sa requête – de leur accord – pour que la course ne reste qu'entre lui et Mikhail. Mais dix ? Ça faisait beaucoup, rien que pour éviter d'avoir à affronter un mari en rogne. Oui, elle devait s'en vouloir, mais elle n'était pas du genre à remuer ciel et terre pour lui faire savoir qu'elle avait commis une bourde. Elle n'avait pas peur de lui. Ça ne pouvait pas être la vraie raison.

Il continua à réfléchir tout en s'efforçant de rattraper le temps qu'il avait perdu en parlant avec Pietari.

Et cette histoire de faire honneur à l'US Army ? Ça ne ressemblait pas du tout à sa femme. On lisait l'histoire de la course dans les grandes capitales. Paris, Londres… Moscou.

Il eut un déclic.

C'était à propos de Mikhail. Évidemment que le Kremlin lisait des articles sur la course, allez savoir jusqu'où dans la hiérarchie. Staline et Beria n'étaient pas du genre à prendre la honte à la légère. Ils étaient du genre à vous tuer si vous leur faisiez honte. Ce fichu Pietari n'avait simplement pas transmis le vrai message. Pourquoi l'aurait-il fait ? Lui et la moitié du pays seraient ravis de voir périr un Russe de plus.

Il fut pris d'un accès de peur pour son ami. Qu'adviendrait-il de Mikhail s'il perdait ? Dans son cas, il y aurait deux issues possibles. On pourrait le voir comme un terrible déshonneur, car il était un héros de l'Union soviétique. Le châtiment serait sévère. D'un autre côté, justement parce qu'il était un héros de l'Union soviétique, ils seraient peut-être plus conciliants. Après tout, en Amérique, ceux qui avaient reçu la Medal of Honor étaient au-dessus de tout scandale jusqu'à la fin de leur vie. Très certainement, Mikhail ne courait aucun véritable danger. Il aurait peut-être quelques ennuis, mais…

Il avait beau skier avec ardeur, focalisé sur le relief, il n'arrivait pas à se défaire de son malaise. Les Russes n'étaient pas les Américains, et les dictatures totalitaires n'étaient pas les démocraties.

Alors qu'il levait et abaissait ses skis en canard pour gravir une petite pente, Arnie sentit sa colère envers Louise céder la place à de la peur pour la vie de son ami.

Il franchit la crête de la colline, s'accroupit pour réduire sa résistance au vent et prit de la vitesse dans la descente. Lorsqu'il finit par ralentir en bas de la pente, il savait qu'il devait retrouver Mikhail pour le prévenir. Peut-être qu'ils pourraient franchir la ligne d'arrivée main dans la main. Ça ferait bien dans les journaux. Ou bien, tiens ! il pouvait aussi tout simplement le laisser gagner. Ce serait selon ce qu'il préférait.

Mais il y avait un problème. Où était le Russe ?

Arnie partit presque à la perpendiculaire de sa trajectoire d'origine pour voir s'il pouvait repérer ses traces. Si Mikhail le devançait, il finirait par tomber sur la piste qu'il avait laissée. Mais Arnie savait à présent qu'il était meilleur skieur que son adversaire. Ce qui signifiait que ce dernier était derrière lui. Il ferait donc le pari de l'attendre, mais alors comment le repérerait-il ? Le pays était vaste. La nuit commençait à tomber. Et il neigeait.

Samedi soir, 8 février 1947

Orphelinat

Dans la cuisine de l'orphelinat, Louise observait les premières gouttes du café brun clair qu'elle était parvenue à soutirer aux réserves de la légation à force de cajoleries éclabousser le verre en haut du tube central du percolateur. Pour elle, cela tenait de la méditation. Quand elle était petite, elle avait pour habitude de regarder le liquide chaud s'assombrir lentement le dimanche matin lorsqu'elle préparait le café pour son papa et sa maman qui faisaient la grasse matinée. Enfin… la grasse matinée, jusqu'à ce qu'elle entre fièrement dans leur chambre avec du café chaud pour les réveiller, généralement vers six heures et demie. Elle sourit à ce souvenir. Il y avait probablement eu des matins où ils se seraient volontiers passés de leur fière fillette radieuse et porteuse de café. Mais ils se redressaient toujours dans le lit et leurs visages s'épanouissaient en de larges sourires de remerciement dès qu'elle leur tendait leurs tasses.

Ce souvenir lui procura du réconfort. Et elle en avait besoin. Voilà des heures que la nuit était tombée, et toujours aucune nouvelle de Pietari. Jusqu'à présent, environ cinq de ses amis avaient trouvé des téléphones et les avaient appelées pour leur faire savoir que leurs recherches n'avaient rien donné. Plusieurs avaient spéculé que si les autres ne les avaient pas contactées, c'était faute d'avoir pu trouver un moyen de le faire.

Ils s'étaient tous attendus à ce que quelqu'un établisse le contact avec Arnie à un moment donné de la journée. Était-il seulement encore en vie ? Oui, évidemment. Cela dit…

Louise chassa cette pensée et remplit trois tasses de café qu'elle apporta dans le bureau de Kaarina, où celle-ci triait l'argent et les talons des tickets avec Natalya. La Finlandaise rayonnait. Voilà plusieurs jours qu'elles avaient dépassé le seuil de rentabilité pour couvrir la somme à gagner. Désormais, chaque mark irait à l'orphelinat. Louise posa une tasse devant chacune d'elles. Elle remarqua que Natalya ne souriait pas, mais se contentait de compter les talons et de noter machinalement les noms d'un air hébété.

Louise mit deux morceaux de sucre sur la soucoupe de son amie, refusant de lui en donner trois même si elle savait que c'est ce que Natalya aurait sûrement préféré. Une fois, elle avait failli lui dire qu'elle finirait par avoir les dents pourries, mais s'était retenue. Maintenant qu'elle la connaissait mieux, elle remarquait que son amie ne souriait que les lèvres fermées. Le jour où Louise l'avait vue assoupie, bouche ouverte, elle avait compris pourquoi. Sa bouche était remplie de plombages grossiers. Il lui manquait des dents, et celles qui lui restaient étaient d'un gris malsain.

Natalya hocha la tête en laissant paraître un petit sourire poli qui s'estompa vite. Louise jeta un coup d'œil à Kaarina. Celle-ci lui rendit son regard, lui faisant comprendre qu'elle aussi sentait que quelque chose clochait chez la femme russe, avant de reporter vivement son attention sur l'argent.

Louise s'assit en bout de table et entreprit de passer sa propre pile en revue. Personne ne parlait.

Au bout d'un moment, il fallut que Louise dise quelque chose.

— Tu es sûre que les téléphones fonctionnent ?

Kaarina fit « oui » de la tête.

— *Yoh.*

Nouveau silence.

— Ne t'inquiète pas. Il appellera, lui assura Kaarina. Il est digne de confiance.

— Quand il s'agit d'appeler, dit Louise.

— *Yoh.*

Elles savaient l'une comme l'autre que le problème n'était pas de savoir si Pietari allait appeler, mais s'il avait même seulement trouvé Arnie.

Après avoir encore compté en silence, Kaarina se leva, s'étira et quitta la pièce.

Louise posa les deux mains sur la table et planta son regard dans celui de Natalya.

Celle-ci cessa de compter.

— Quoi ?

— Il le trouvera. Je le sais.

— Tu le sais, ou tu l'espères ?

— Je le sais, lui répondit Louise en y mettant sans doute plus de conviction qu'elle n'en éprouvait.

Son père lui avait dit, et Arnie le lui avait confirmé plus d'une fois, qu'un chef ne montre jamais que de l'optimisme.

Natalya sembla n'avoir aucune réaction à cette discussion sur l'appel tant espéré. Louise s'aperçut que les yeux de son amie étaient rouges et injectés de sang, probablement à force de ne pas dormir – ou de pleurer ? Cette torpeur, ce regard vacant, comme une coquille vide. On aurait dit que le corps de Natalya était présent, mais pas Natalya.

Et puis, Louise comprit.

— Oh, Natalya…

Son amie se détourna, les lèvres pincées. Contempla ses mains sur ses genoux.

— Je suis vraiment désolée, chuchota Louise.

Toujours incapable de la regarder en face, Natalya leva les yeux au plafond. Un long silence gêné s'installa.

— Je crois que tu es la femme la plus courageuse que j'aie jamais rencontrée, dit alors Louise d'une voix douce.

Elles restèrent assises toutes les deux, en silence, deux femmes contre les dieux.

Kaarina passa par la porte.

— Il le trouvera, dit vivement Louise. Je le sais.

Natalya se ressaisit et entreprit de ranger des feuilles sur la table.

Kaarina les dévisagea, faisant passer son regard de l'une à l'autre avant de regagner son siège pour se remettre au travail sans rien dire.

Une heure tendue s'écoula.

Puis, le téléphone sonna. On aurait dit que la pièce s'était coupée en deux. Elles cessèrent de respirer toutes les trois.

Kaarina répondit au téléphone.

— *Yoh.* (Silence.) *Yoh. Se on hyvää.*

Elle raccrocha et regarda les deux autres sans la moindre expression.

— Pietari l'a trouvé.

Louise se leva d'un bond et tapa dans ses mains.

— Oui, oui, oui. Dieu merci. Dieu soit loué. Pietari soit loué. Oh…

Elle se tourna vers Natalya.

Celle-ci restait pétrifiée, abasourdie. Elle leva les yeux vers Louise. Son regard était vide, sa bouche légèrement ouverte.

— *Pour rien*, murmura-t-elle. *Pour rien**.

Troisième partie

Tôt le dimanche matin, 9 février 1947

Près du système lacustre du Kallavesi
9e jour de course

La nuit passée, Arnie avait skié d'un côté et de l'autre jusqu'à l'épuisement. Il s'était enfoui sous la neige pour s'abriter du vent, avait happé quelques heures de sommeil, puis s'était levé et mis à avancer dans le noir, en zigzaguant le long de la trajectoire qu'il estimait que Mikhail suivait le plus probablement. À mesure que la lumière s'intensifiait, il voyait émerger un paysage dénué de tout être humain, une couverture nuageuse bleu-gris et une neige qui tombait de façon continue. Il poussa sur ses bâtons, tout en mangeant le dernier bout de viande de renne séchée qu'il avait économisé pour l'ultime sprint avant l'arrivée. Il tenait à mettre son énergie tout entière dans sa recherche de Mikhail.

Deux heures plus tard, il se tenait sur une petite colline, tout transpirant après l'effort d'avoir dû gravir cette pente parmi tant d'autres, chaque fois avec le même résultat. La neige tombait doucement, magnifiquement, il était presque impossible de voir au travers. Il se sentait aux prises avec le désespoir. Même s'il parvenait à croiser la trajectoire de Mikhail, il ne verrait jamais ses traces, qui seraient ensevelies sous la neige. Il se pouvait que le Russe soit derrière lui. Il se pouvait qu'il ait eu un accident. Il se pouvait qu'Arnie soit passé à côté de lui et que Mikhail soit déjà largement en tête. Pour autant, il ne lui vint pas à l'esprit de renoncer et de partir vers la ligne d'arrivée. Tel est le code des guerriers. On n'abandonne personne, jamais. On cherche jusqu'à être sûr que la personne est saine et sauve, ou alors on ramène son corps à la maison.

Dimanche matin, 9 février 1947

Le train pour Kuopio

Louise gagna l'appartement de Natalya bien avant le lever du jour pour l'aider à faire les valises de tout le monde avant de se rendre à Kuopio. Dix jours, avait dit Arnie ; donc, lundi. Il y avait une petite chance qu'ils finissent cet après-midi-là, mais il était plus probable qu'ils aient un jour de retard. Consciente de l'angoisse de Natalya, Louise essayait d'étouffer sa propre excitation. Bien sûr, Arnie veillerait à arriver très peu de temps après Mikhail pour que la victoire de son adversaire paraisse légitime. Ils s'arrangeraient peut-être même pour arriver ensemble, pour la photo.

Elle aida à superviser les bagages et le transport de Natalya, des deux enfants et de Fanya, présente comme toujours, jusqu'à la gare. Il y avait quelque chose d'à la fois plaisant et chaleureux dans ce chaos maîtrisé. En s'accroupissant pour aider le petit Grisha à enfiler sa combinaison de ski pendant qu'il se tortillait et tournait la tête pour regarder sa mère faire de même avec sa grande sœur, Louise fut de nouveau prise de cette douce envie. Elle embrassa Alina sur le sommet du crâne.

Voyant Louise donner un baiser à sa sœur, Grisha en voulut un aussi. Il essaya de se lever, mais perdit l'équilibre et atterrit sur le derrière. Louise le prit dans ses bras et le serra contre elle.

Natalya, bien sûr, était tout affairée. Elle consulta sa montre, les chassa dehors pour monter dans le taxi qui les amènerait à la gare.

Après avoir quitté Helsinki dans le noir, ils se trouvaient à présent dans le train à mi-chemin de Kuopio, et roulaient sans interruption au milieu de la campagne gelée, avec la vapeur et la fumée de la locomotive qui filaient devant leurs vitres. Louise avait beau se sentir plus optimiste depuis que Pietari avait retrouvé Arnie, elle restait mal à l'aise en compagnie de Natalya : elle savait ce que cette dernière avait été contrainte de faire en grande partie à cause d'elle. Que l'argent afflue pour l'orphelinat, bien au-delà des attentes de quiconque, ne lui offrait que peu de réconfort.

Elle s'attendait à voir Arnie et Mikhail se ruer ensemble vers la ligne d'arrivée le lendemain après-midi. Cela ferait un beau spectacle. Elle veillerait à ce que tous les journaux soient bien informés quant à l'heure approximative de la fin de la course. Elle visualisa des clichés de Mikhail brandissant triomphalement ses bâtons de ski aux côtés d'un Arnie bonhomme et beau perdant face à une défaite serrée. Ça se serait joué dans un mouchoir de poche.

Elle croisa le regard de Natalya et lui sourit, histoire de la réconforter, d'essayer d'arranger les choses entre elles. Alina dormait sur les genoux de sa mère. Fanya faisait marcher Grisha d'un côté et de l'autre du couloir en lui tenant les bras au-dessus de la tête. Natalya lui adressa son sourire aux lèvres pincées. Et se détourna pour regarder par la fenêtre.

Dimanche matin, 9 février 1947

Aérodrome de la base navale de Porkkala

Sokolov regardait par la fenêtre de la salle de briefing de la piste d'atterrissage, inquiet pour la neige et la couverture nuageuse qui allaient en s'amplifiant. Il avait fait décoller les deux Iliouchine-4 avant l'aube en les chargeant de retrouver l'un des skieurs ou les deux sans se faire détecter.

La radio grésilla et il entendit l'indicatif du pilote de l'avion parti le plus vers l'est. L'opérateur réceptionna l'appel. La voix du pilote résonna, forte, nette et surexcitée. Ils avaient repéré Bobrov à environ six kilomètres à l'ouest de Lapinlahti. Le pilote transmit les coordonnées et précisa qu'il piquait sous des collines, qu'il faisait presque du rase-mottes, s'assurant en une poignée de mots que ceux restés au sol étaient conscients du danger qu'il courait en volant si bas sous la neige qui tombait.

Sokolov prit l'émetteur des mains de l'opérateur et demanda si l'un des deux avions avait vu l'Américain. Le pilote lui répondit par la négative. Ils avaient déjà eu de la chance de repérer Bobrov.

Sokolov n'hésita qu'un instant. Tant qu'il ignorait où se trouvait l'Américain, il ne pouvait pas être sûr que Bobrov soit en train de perdre ou de gagner. Cela justifiait de s'assurer qu'il ne perdrait pas. En plus de quoi, faire ce qui devait être fait pour protéger la réputation de l'Union soviétique lui permettrait de se faire bien voir. Il ordonna aux deux avions de regagner la base.

Le chef des parachutistes du MGB s'était assoupi sur un siège qu'il avait incliné contre le mur, mais s'était réveillé d'un coup avec l'explosion des communications radio. Manifestement un ancien combattant, songea Sokolov. Ils ne laissent jamais passer une occasion de dormir. On ne sait jamais quand se présentera la prochaine.

Il s'approcha de l'homme, qui se leva d'un bond, et lui tendit les coordonnées.

— Comme ce qu'on a dit, camarade. Il est probablement à la traîne. Faites ce qui doit être fait.

L'homme, en tenue de combat complète, fit un salut militaire avant de quitter la pièce à pas lourds. Sokolov le regarda traverser la piste pour gagner l'avion et ses hommes qui l'attendaient. Le bimoteur du Lisounov Li-2 dans lequel l'équipe était arrivée depuis Moscou s'anima en toussant.

Sokolov suivit l'avion du regard jusqu'à ce qu'il disparaisse. Encore une fois, il était à la tête d'une opération visant à éliminer une menace pour le Parti. Il soupira. Combien y en avait-il eu déjà, de ces opérations ? Elles commençaient à se brouiller. Le plus difficile dans celle-ci était de devoir mentir à la femme de l'homme dont il prétendait garantir la sécurité. Il avait même insisté pour qu'elle se rende sur la ligne d'arrivée avec ses enfants, afin de renforcer le récit selon lequel Mikhail avait dû avoir un accident. Une étincelle de culpabilité jaillit tout juste à la surface de sa conscience. Il avait persuadé une épouse que son mari vivrait, tout en donnant l'ordre de s'assurer qu'il ne vivrait pas. Avec l'aisance de l'habitude, il réprima ce sentiment et l'évacua. Oui, mari, épouse. Pas Mikhail et Natalya. Des rôles. Nous jouons tous nos rôles. C'est ça, la réalité.

Dimanche matin, 9 février 1947

Système lacustre du Kallavesi, nord de Kuopio
9e jour de course

Mikhail plissa les yeux pour regarder vers l'est, un peu perplexe sur ce qui avait bien pu inciter un Lisounov Li-2 à s'éloigner autant de Porkkala en volant dangereusement bas sous la couverture nuageuse. Ce n'était peut-être pas la marine, mais il était presque sûr que les armées de l'air et de terre n'avaient pas de Lisounov en Finlande. L'avion avait disparu, et Mikhail avait l'impression qu'il avait changé de trajectoire – encore une énigme. Alors il revint à sa tâche. Après leur second départ sur un pied d'égalité, la course avait viré au sprint, où forme et rapidité l'emportaient sur la stratégie et l'endurance. À présent qu'il concourait avec Arnie depuis une semaine, qu'il avait observé la fluidité et la puissance de sa technique, il avait pu constater de première main pourquoi Koski avait été champion de ski même avant la guerre. Il savait aussi que, bien qu'Arnie lui avait concédé la victoire de la course longue, il était probablement derrière lui dans la courte.

Arnie, lui aussi, se posait des questions sur l'apparition d'un avion solitaire. On aurait dit un DC-3. Depuis la guerre, les Douglas DC-3 étaient partout, et les compagnies aériennes civiles n'ayant pas tardé à se les approprier, à la fois comme avions de ligne et comme cargos, il aurait pu s'agir d'un de ceux-là. Mais pourquoi un avion commercial aurait-il pris le risque de voler si bas sous les nuages ? Il s'arrêta un instant pour s'orienter rapidement avec sa boussole par rapport à deux collines. Après avoir calculé de tête les azimuts, il trouva sa position et nota l'heure et les coordonnées dans le petit carnet qu'il gardait toujours dans sa poche de poitrine. Et il repartit. Les Russes avaient copié le DC-3 de ses souvenirs et en avaient fabriqué un grand nombre pendant la guerre. Il était donc possible qu'il s'agisse de l'armée russe. Dans ce cas, que faisait cet avion dans l'espace aérien finlandais ? Il avait sûrement dû obtenir une permission.

Il poursuivit vers Kuopio, en partant alternativement d'un côté et de l'autre, toujours dans l'espoir d'apercevoir Mikhail.

L'avion avait disparu derrière une crête.

À cet instant, l'avion passa au-dessus de Mikhail, qui le regarda effectuer un virage sur l'aile avant de tourner vers lui, à trois ou quatre cents mètres au-dessus du sol. Trouvant ça curieux, il s'arrêta un instant avant de repartir, concentré sur la course et ne voulant pas perdre de temps.

Puis il vit un corps dégringoler de l'avion. Et un autre le suivre. Leurs parachutes s'ouvrirent immédiatement. Alors que l'avion rugissait au-dessus de sa tête, il aperçut l'étoile rouge de l'Union soviétique sur le fuselage tandis que d'autres parachutes se déployaient dans l'air. Qu'est-ce que… ? Il ne pouvait pas y avoir de manœuvre militaire sans qu'il le sache. Alors qui ? Le MGB ? Pourquoi ? Toutes ses antennes étaient dressées. Quelque chose clochait. Quelqu'un l'avait-il dénoncé ? Mais qui ? Qui était susceptible d'être un ennemi ? Était-ce le début d'une nouvelle purge ? Les premiers à partir seraient, évidemment, les officiers du renseignement.

Quelle que soit la cause, il ne faisait aucun doute que ces parachutistes se dirigeaient droit sur lui. Il repoussa sa peur, chercha désespérément une issue quelconque.

Il n'y en avait pas.

Deux parachutistes avaient déjà atteint le sol et débouclaient leurs sangles. Mikhail évalua rapidement les distances. L'un d'eux venait vers lui. L'autre se déplaçait vers l'ouest afin d'empêcher toute fuite de ce côté-là. Deux autres hommes percutèrent le sol et agirent de même, l'un avançant vers lui, l'autre partant lui couper la route vers l'est. Trois autres atterrirent au sud, deux rejoignirent l'homme sur les flancs est et ouest, et le troisième se dirigea vers lui. L'avion s'inclina, puis lâcha un autre homme au sud et un autre au nord. Il savait reconnaître une opération bien huilée quand il en voyait une. Quatre équipes de deux hommes couvraient les quatre points cardinaux. Quelle que soit la direction qu'il essaierait de prendre, au moins deux équipes convergeraient aisément sur lui. Au sud, le skieur solitaire continuait d'avancer dans sa direction. Probablement le chef. Neuf contre un, tous armés de mitraillettes Chpaguine avec des chargeurs camembert de soixante et onze coups. Un Chpaguine peut tirer mille balles à la minute. Mikhail, lui, avait un pistolet.

Même s'il parvenait à s'enfuir, il lui faudrait faire seul tout le chemin jusqu'en Norvège ou en Suède. Et le MGB détiendrait encore Natalya et les enfants.

Il n'y avait aucune échappatoire.

Sa peur le quitta. Il fut inondé d'un sentiment intense de tristesse mêlée de nostalgie.

Il essaya éperdument de visualiser Natalya, Alina et Grisha. Il aurait aimé les atteindre, les toucher, sentir leur odeur. Il contempla la beauté des collines enneigées autour de lui. Il respira, s'imprégnant de chaque molécule, de la propreté mordante, de l'air froid. Pendant la guerre, il s'était souvent demandé, sans que ce soit morbide, quel serait le lieu de sa mort. Quelle vaste farce ! Il allait mourir en Finlande aux mains de ses propres compatriotes. Il doutait de jamais savoir pourquoi. Expliquer aux gens pourquoi on les liquide ne faisait pas partie du marché.

Il regarda patiemment s'approcher le skieur solitaire.

— Colonel Bobrov, lança l'homme une fois à portée de voix.

— Oui, répondit Mikhail.

— Vous êtes en état d'arrestation.

— Au nom de qui ?

L'homme lui pointait son Chpaguine sur le torse, mais son visage était grave.

— Nous avons cru comprendre que l'ordre venait de tout en haut, du camarade Beria.

— Bon, le second, ce n'est pas si mal, dit Mikhail. Dommage que je n'aie pas mérité le camarade Staline.

L'homme lui sourit avec tristesse.

— Oui, camarade. Vous y étiez presque. Merci de sortir votre arme. Lentement. Et de la lâcher.

Mikhail sortit son pistolet. Il n'était même pas équipé d'un chargeur. Il le laissa tomber sur la neige.

— Reculez, dit l'homme.

Mikhail obéit, et l'homme ramassa le pistolet en faisant signe aux membres de son équipe, qui se mirent tous à skier vers eux.

— Et à quoi dois-je l'honneur d'une visite de mes camarades du MGB ? demanda Mikhail.

L'homme hésita.

— On a parlé de la course dans les journaux. De gros journaux capitalistes.

Mikhail eut un mouvement de recul.

— Le *London Times*. Le *New York Times*.

— Et la *Pravda*, ajouta Mikhail.

— Oui.

— Alors, je suis célèbre, dit-il d'un ton sarcastique.

— Malheureusement, oui, vous l'êtes. Ce n'est pas souvent que nous recevons des ordres de Beria en personne.

L'homme sortit un paquet de cigarettes et en tendit une à Mikhail, qui déclina.

— Pas d'humeur, déclara-t-il. Pas envie d'être un cliché.

L'autre ricana.

— J'ai entendu parler de vous, Bobrov. Uniquement en bien, d'ailleurs. Vous ne décevez pas.

— Ça me fait très plaisir.

Les autres parachutistes s'étaient rassemblés autour d'eux.

— Je peux demander pourquoi ? s'enquit Mikhail.

— Vous savez bien, camarade colonel, qu'on ne nous le dit jamais.

Mikhail haussa les épaules.

— Oui, répondit-il, presque distraitement en regardant la terre, les arbres, la douce lumière qui filtrait à travers les nuages et que reflétait la neige.

Il la voyait, il le savait, pour la dernière fois. La beauté. La beauté qu'il avait passé trop peu de temps à contempler.

— Je vais peut-être la prendre, cette cigarette, déclara-t-il.

L'homme hocha la tête d'un air peiné. Il en fit jaillir une de son étui et la tendit à Mikhail.

— Vous mourrez en héros. (Il lui alluma sa cigarette à l'aide de son briquet.) Comme vous avez vécu, ajouta-t-il avec sincérité.

Mikhail huma l'odeur de l'essence à briquet. Même elle lui semblait précieuse, comme le parfum que Natalya portait dans les grandes occasions. Il aspira la fumée chaude.

— Il y a quelque chose qui concerne ma famille dans ces ordres ?

— Non, mais on m'a dit de vous faire savoir que le camarade Sokolov garantira leur sécurité si vous acceptez de coopérer. Ce qui veut dire aucun signe de lutte.

— Quelle garantie est-ce que j'ai si j'obtempère ?

— Colonel, vous savez que vous n'en avez aucune.

Mikhail hocha la tête.

— Vous n'ignorez pas que le camarade Sokolov est très haut placé. Il a au moins le pouvoir de s'en assurer.

— Et si je ne coopère pas ?

— Le Peuple ne devrait pas avoir à subir la présence de la femme et des enfants d'un traître.

— Un traître ! Ils vont me faire passer pour un traître ?

Le chef du MGB hocha tristement la tête.

— Vous savez qu'ils se débrouilleront pour que ça ait l'air vrai.

— La femme et les enfants d'un traître, répéta doucement Mikhail. Je vois.

Ne pas coopérer, c'était la mort assurée pour Natalya, et l'orphelinat pour Alina et Grisha. Coopérer, c'était leur laisser une chance de rester ensemble, relocalisés quelque part en Sibérie mais probablement ensemble, peut-être même pas en prison.

— Colonel.

Mikhail remarqua que l'homme avait abandonné le « camarade » pour l'appeler par son titre militaire.

— Nous tous, ici, dit-il en désignant de la tête ceux qui l'entouraient, savons que vous n'avez rien d'un traître. Vous avez bien fait votre travail pour le Peuple. Maintenant, malheureusement, nous devons faire le nôtre.

Plusieurs des types acquiescèrent d'un signe de tête.

— Nous devons faire en sorte que vous ayez l'air d'avoir subi un tragique accident. Ce qui expliquera la victoire de l'Américain. Les journaux indiqueront que vous étiez largement en tête quand vous avez connu la mort. En tout cas, c'est l'histoire pour le moment.

— Bon, dit Mikhail. Je suis triste de ne pas voir comment tout ça se termine.

Il aspira une nouvelle bouffée de fumée.

— Alors. Comment suis-je mort dans le récit actuel ?

— Vous avez eu la malchance de traverser la glace de ce lac, là-bas. Vous êtes resté bloqué. Vous vous êtes noyé. Les recherches désespérées seront dans tous les journaux. Bien sûr, elles seront vaines. Nous nous débrouillerons pour qu'on vous retrouve après le dégel du printemps et que vous ayez droit à des funérailles avec tous les honneurs militaires. (Il lui jeta un regard navré.) Honneurs que vous méritez.

Il tendit à Mikhail un cachet de cyanure.

Mikhail leva les yeux vers le ciel sombre. En temps normal, un tel ciel lui aurait paru monotone. À présent, il lui semblait sans limites. Pas assez grand, toutefois, pour combler le trou béant dans son cœur pour Natalya, Alina et le petit Grisha.

Lundi matin, 10 février 1947

Système lacustre du Kallavesi
10e jour de course

Arnie avait skié jusqu'à près de deux heures du matin en avançant très lentement et en ajustant sa trajectoire comme pour naviguer face au vent. La neige tombait par intermittence depuis deux jours. Une fois encore, il dormit recroquevillé par terre en plein air. Réveillé par le froid au bout de tout juste deux heures, il épousseta la neige qui lui était tombée dessus et repartit sans manger. Au premier petit lac, il cassa un trou dans la glace et remplit sa gourde. L'eau froide le brûla de l'intérieur jusqu'au ventre. Planté là un bref instant, avec l'eau fraîche dans son estomac, à respirer l'air pur tout autour de lui, seul dans un monde de silence blanc et de neige qui tombait, il eut le sentiment d'avoir été conçu par la nature pour y survivre. En s'efforçant d'avertir un ami d'un danger possible, il avait l'impression de compter de nouveau pour quelque chose. Il n'avait pas ressenti ça depuis la guerre.

Il n'était plus qu'à quelques heures de Kuopio. S'il s'y rendait directement, il battrait peut-être Mikhail. Ce qui ne devait pas arriver. Comme les traces de son adversaire étaient ensevelies sous la neige, il ne lui restait plus qu'à parier sur le hasard. Si Mikhail était en tête, tout se passerait bien. S'il était derrière, tout se passerait mal.

Il se remit à skier d'un côté et de l'autre, à la perpendiculaire de l'itinéraire probable de Mikhail. Il continuerait jusqu'à l'intercepter – ou jusqu'à être sûr d'avoir pris assez de retard pour que Mikhail atteigne Kuopio avant lui.

Lundi 10 février 1947

Limites de la ville de Kuopio

Louise se réveilla tôt le lundi matin dans la chambre d'hôtel sommairement meublée dans laquelle elle s'était écroulée après le long trajet en train avec Natalya, Fanya et les enfants. Il y avait des toilettes et un lavabo au fond du couloir. Pour se laver les mains, elle dut casser une fine couche de glace dans une grande cruche que la logeuse avait sortie la veille. Elle rapporta la cruche dans sa chambre pour faire une toilette à l'éponge là où il faisait légèrement plus chaud.

Comme convenu, elle retrouva Natalya, les enfants et Fanya pour prendre un petit déjeuner typiquement finlandais constitué d'un hareng entier coupé en tranches, de pain bis, de fromage, de beurre et de *karjalanpiirakka*, une viennoiserie faite de farine de *talkkuna*, d'œufs et de riz rond. Les enfants, qui ne comprenaient pas trop ce qui se passait, manquaient d'entrain. Ils savaient qu'ils étaient venus retrouver leur père, mais leur mère était tendue et distante, et leur parlait avec brusquerie pour des comportements qui n'auraient même pas attiré son attention en temps normal.

Louise prit Alina sur ses genoux et l'aida à boire son chocolat tout en échangeant en français avec Natalya.

Fanya mangeait en silence. Grisha n'arrêtait pas de partir explorer les autres tables en trottinant. La plupart des clients le toléraient et lui souriaient même parfois, jusqu'à ce qu'il veuille voir ce qu'il y avait sur une des tables et l'ébranle légèrement. Fanya accourut aussitôt pour le gronder en russe. En l'entendant, la température à la table que Grisha était venu voir chuta de dix bons degrés. Quand Fanya revint avec le garçon, Louise se pencha vers Natalya pour chuchoter :

— Heureusement qu'on parle français.

Natalya, qui regardait constamment par la fenêtre, ne sembla pas l'entendre.

— On devrait peut-être se rendre à leur point d'arrivée, reprit Louise. Il se peut que Mikhail finisse en avance. Il ne faudrait pas qu'on manque ça.

Natalya haussa les épaules à la manière russe qui signifiait « ce qui doit arriver, arrive », mais son regard trahissait son anxiété.

Jusqu'à présent, Louise était persuadée qu'Arnie arriverait, soigneusement et délibérément, juste derrière Mikhail, quelle que soit l'heure à laquelle ils atteindraient Kuopio. Mais le haussement d'épaules de Natalya lui provoqua un frémissement d'angoisse. Elle ne pouvait pas en être sûre tant qu'elle n'aurait pas vu Mikhail franchir cette ligne le premier.

Lorsqu'elles parvinrent aux limites de la ville, une petite foule s'était déjà formée sous la neige qui tombait doucement. Manifestement, l'effort publicitaire avait fonctionné, songea Louise à regret. Quelqu'un avait tiré un ruban au travers de la route, en en nouant l'une des extrémités au panneau d'entrée de la ville et l'autre à un buisson sans feuilles.

Au bout d'une heure, pendant laquelle Natalya et Louise furent interviewées par un journaliste du quotidien local, les enfants étaient à bout de patience. Grisha avait le nez qui coulait et la morve avait gelé sur son visage et son menton. Alina, elle, avait construit un minuscule village de petites maisons de neige avec des brindilles en guise de drapeaux, mais s'était mise à gémir en montrant ses mains à sa mère. Quand Natalya lui décocha une phrase cinglante en russe, la petite se retourna pour piétiner toutes les maisons de neige et les aplanir jusqu'au sol. Natalya les renvoya à l'hôtel avec Fanya.

Les deux femmes faisaient les cent pas pour se réchauffer en regardant constamment vers le nord. Où étaient leurs maris ?

Vers le milieu de la matinée, un adolescent plein d'initiative arriva en traînant sur une luge derrière lui un grand récipient de *chaga* chaud. Le geste vif, il menait une affaire florissante. Il lavait soigneusement les tasses en céramique utilisées dans la neige et les séchait avec la serviette qu'il s'était enroulée autour du cou. Louise se rappela une conférence du département d'État où l'on disait qu'avant la guerre, la Finlande avait fourni un énorme pourcentage de papier et de bois de charpente à l'Europe et à la Russie. La guerre y avait mis fin. Combien de temps, se demanda-t-elle, avant que ce pays se relève complètement ? En Amérique, personne n'y regardait à deux fois avant de jeter des gobelets en papier.

La matinée passa dans une stupeur angoissée, à taper des pieds et à se claquer les bras pour se réchauffer. Des spectateurs arrivaient, restaient jusqu'à être gagnés par le froid, puis disparaissaient quelque part où il faisait chaud. Natalya et Louise, elles, refusaient de partir. Vers midi, Louise se porta volontaire pour retourner à l'hôtel voir comment allaient les enfants et déjeuner un peu, pendant que Natalya gardait le regard anxieusement rivé sur le nord. Louise revint avec du pain et du fromage emballés dans du papier journal qu'elle avait fourrés dans son manteau dans l'espoir de les empêcher de geler.

Le jour s'étira, la foule se dispersa. Le soleil, caché derrière la couche nuageuse, glissait vers l'horizon sud-est quand les spectateurs se pressèrent de nouveau dans l'espoir de voir une arrivée avant la nuit. On commençait à spéculer sur les raisons pour lesquelles les skieurs n'étaient toujours pas là.

L'obscurité venue de l'est commença à remplacer le gris qui s'estompait à l'ouest. Il avait momentanément cessé de neiger.

Louise avait envie de prendre Natalya dans ses bras pour la réconforter, mais elle savait que ce geste serait futile, compte tenu de tous les vêtements qu'elles portaient – en plus de quoi, elle avait surtout envie que ce soit Natalya qui la prenne dans ses bras, et pour la même raison. Où étaient leurs maris ? Étaient-ils seulement vivants ? Elle ne songeait plus à qui allait gagner la course.

Un jeune homme skiait vers eux dans l'obscurité à une allure effrénée. Il criait en finnois. Louise sentit son cœur tressaillir. Puis se serrer. Tout ce qu'elle parvenait à comprendre au milieu des cris surexcités du jeune homme était le mot « *Amerikkalainen* ».

Elle se tourna vers Natalya. Natalya regardait au loin, le visage figé.

— Mon Dieu, chuchota Louise.

Elle ne savait pas quoi faire. Un second skieur était à présent visible, manifestement Arnie, reconnaissable entre mille. Elle regarda encore Natalya et Natalya resta immobile, les moufles serrés contre la poitrine. Si Louise ne l'avait pas mieux connue, elle aurait dit qu'elle priait.

La foule s'était mise à rugir, des spectateurs s'avançaient parallèlement à la route. Des cris jaillissaient partout :

— C'est l'Américain ! C'est le Finlandais !

Louise sentit qu'on lui claquait l'épaule. Puis, elle remarqua un plus petit groupe de Finlandais visiblement déçus qui, serrés les uns contre les autres, restaient sans rien dire. Quelques Finlandais en liesse émirent des commentaires. Une bagarre éclata, interrompue par un des membres de la police locale présents.

Arnie skiait avec aisance, presque sans se presser, vers la ligne d'arrivée, et son souffle se condensait dans l'air en laissant une traînée derrière lui. La joie initiale de l'avoir vu sain et sauf céda place au sentiment de culpabilité qu'elle avait réprimé pendant qu'elle essayait de réparer la bourde des communiqués de presse. Comment aurait-elle pu courir se pendre au cou d'Arnie, qui ne se doutait manifestement pas de ce qui se passait, avec Natalya qui se tenait à côté d'elle, silencieuse et accablée de douleur ? Elle voyait le monde de son amie s'effondrer autour d'elle. Les gens acclamaient son mari – victoire.

Louise vit Arnie la chercher du regard, puis la repérer et fendre la foule pour l'atteindre. Une dernière fois, elle inspecta avec espoir la neige lointaine qui s'assombrissait au nord. Pas de Mikhail. Elle enfouit le visage dans ses moufles. Elle avait l'impression que l'intérieur de son corps tournoyait, aspiré par un vide sous ses pieds. Elle avait tellement espéré, espéré au point d'être quasi certaine qu'Arnie perdrait volontairement. Elle jeta un regard à Natalya, ne sachant ni quoi dire ni quoi faire pour la réconforter.

Natalya ne bougea pas.

Louise courut à la rencontre d'Arnie.

Après une étreinte forte mais brève au milieu des claques dans le dos et des rires des Finlandais qui les entouraient, ils lâchèrent presque en même temps :

— Où est Mikhail ? Tu l'as vu ?

Ces questions simultanées leur apportèrent la réponse qu'ils redoutaient. Il était encore quelque part là-bas.

— Mon Dieu, je l'ai manqué, dit Arnie.

Il regarda derrière lui, vers le nord. Quelqu'un lui tendit un verre d'alcool. Il le déclina. L'homme le regarda, perplexe.

— Comment ça se fait que je l'aie battu ? demanda-t-il à personne en particulier, le regard toujours braqué sur le nord. J'ai passé tout l'après-midi à tourner en rond.

Il chassa d'un geste deux autres admirateurs hilares.

— Il doit avoir des ennuis. Il faut partir à sa recherche.

Natalya s'était jointe à eux et sondait le visage d'Arnie, ne comprenant pas l'anglais.

Louise ne put se retenir davantage.

— Pietari a dit qu'il t'avait retrouvé. Tu étais censé laisser gagner Mikhail.

— Oui, il m'a retrouvé. Il m'a parlé de la loterie. Du fait que les gros journaux se sont tous emparés de l'affaire. M'a tenu la jambe en disant que tu voulais que je sache que l'honneur de l'armée était en jeu.

— Ce n'est pas du tout ce que je…

— Je sais. Si j'avais compris tout de suite que tu t'inquiétais pour Mikhail, je l'aurais peut-être trouvé. Ce n'est que bien après son départ que j'ai saisi que Pietari m'avait fait un coup tordu. C'est ce qui m'a retardé, avec la neige. C'est sûrement aussi pour ça que les amis de Pietari l'ont manqué. (Il regarda de nouveau vers le nord.) Il faut que je le retrouve.

— Ce fils de pute.

Arnie n'avait encore jamais entendu Louise prononcer ce mot. Il s'assombrit soudain.

— Est-ce qu'il y a eu, tu sais… des réactions, des déclarations de la part des Russes ?

— Il y en a eu, répondit-elle à voix basse, les yeux baissés.

Natalya lui tirait sur la manche du manteau.

— Où est Mikhail ? Que dit Arnie ?

Louise déglutit.

— On le trouvera, dit-elle.

Natalya la dévisagea et blêmit en essayant de comprendre ce qu'elle disait. Puis elle leva le visage vers le ciel et hurla comme un animal blessé.

— *Au, bog na nebesach ! Boje moï !*

Oh, Dieu du ciel ! Oh, Dieu !

Elle savait.

Louise la prit dans ses bras et Natalya éclata en sanglots.

— On le retrouvera, lui souffla-t-elle à l'oreille. On le retrouvera.

Ne jamais montrer que de l'optimisme.

Arnie leva les deux bras et regarda la foule en attendant qu'elle se calme.

— Vous devez m'écouter, dit-il. Je vous en supplie. J'ai quelque chose à dire.

Une fois obtenu le silence total, il lança :

— C'est Mikhail Bobrov, le vrai vainqueur.

Au nom de son mari, Natalya releva la tête de l'épaule de Louise, qui la serra contre elle de plus belle.

Il y eut de l'agitation, un murmure de questions, puis tous sombrèrent de nouveau dans le silence.

— Vendredi, le colonel Bobrov était largement en tête, reprit Arnie. Mais je suis tombé à travers la glace et me suis retrouvé complètement trempé.

Il laissa ses paroles en suspens. Les Finlandais savaient tous pertinemment que « complètement trempé » signifiait la mort par ces températures. La foule devint plus grave.

— Il a fait demi-tour et Dieu sait comment, il a réussi à me trouver.

La voix étranglée par l'émotion, Arnie finit par se ressaisir.

— Il m'a sauvé la vie.

Silence.

— C'est lui qui a gagné la grande course, répéta-t-il. Moi, je n'ai remporté que cette dernière étape, et je crains que ce ne soit que parce qu'il a des ennuis. Nous devons former une équipe de recherche. Tout de suite. Qui m'aidera à le trouver ? J'attendrai une demi-heure le temps que vous alliez chercher votre équipement.

Natalya avait cessé de sangloter pour essayer de traduire ce qu'Arnie disait à la foule, car elle savait qu'il parlait de Mikhail. Le finnois de Louise était insuffisant pour qu'elle lui vienne en aide.

Lorsqu'il eut fini, Arnie s'approcha de Natalya et de Louise et raconta l'histoire à sa femme, qui la traduisit en français. Natalya hocha la tête.

— Oui. Ça ressemble à Mikhail.

Alors, elle tourna les talons pour se diriger vers l'hôtel.

Il n'y avait presque plus de lumière, et il s'était remis à neiger. Arnie patienta près de la ligne d'arrivée avec quelques hommes du coin qui étaient déjà allés récupérer leurs skis chez eux. Ils se tenaient à présent en cercle autour d'Arnie, et discutaient des itinéraires que Mikhail avait pu suivre une fois que lui et Arnie étaient partis du marécage. Le groupe convint d'un circuit de ratissage. Quand la demi-heure fut passée, ils attachèrent leurs skis et partirent dans la nuit vers le nord.

À minuit, la plupart des chercheurs avaient renoncé pour rentrer chez eux. Tous savaient que si Mikhail avait réussi à s'abriter, ils le trouveraient à la lueur du jour. Sinon, ce serait qu'il était mort. Arnie continua à chercher jusqu'à deux heures du matin avant de renoncer lui aussi et de gagner l'hôtel avec lassitude.

Mardi 11 février 1947

Hôtel d'Arnie et Louise

Seule et inquiète, Louise attendait dans le hall qui était aussi la salle à manger du petit hôtel. Elle avait demandé qu'on lui remplisse une Thermos de thé chaud. À côté d'elle sur le divan se trouvait la première édition du *Savon Sanomat*, le journal local du matin. Une heure plus tôt, elle s'était rendue dans les bureaux du quotidien pour obtenir le premier tirage sorti des presses et voir ce qu'on y disait de la course. La majeure partie du texte lui échappait, mais elle constata que l'article sur la course et la concession d'Arnie avait été relégué au bas de la page par un gros titre énorme : *RAUHANSOPIMUS ALLEKIRJOITETTIIN PARIISISSA !!* Elle attrapa le premier venu, montra le gros titre et demanda :

— Qu'est-ce que ça veut dire ? Vous parlez anglais ? Français ?

L'homme se fendit d'un large sourire. Son visage se tacha d'encre.

— Ça dit : « Traité de paix signé à Paris. La guerre officiellement terminée. Maintenant paix entière avec Angleterre, avec Russie ».

Lorsque enfin elle entendit Arnie à la porte, elle se rua vers lui en levant le visage pour l'embrasser. Et recula, et l'interrogea en silence.

Arnie fit « non » de la tête.

— Pas le moindre signe. Ni glace brisée. Ni traces. (Il soupira, manifestement las.) Je ne comprends pas, marmonna-t-il encore.

Elle lui tendit le journal. Il le lut en silence et passa à la deuxième page pour finir l'article. Les États-Unis, le Royaume-Uni et l'Union soviétique avaient signé un traité de paix officiel avec tous les pays qui avaient combattu aux côtés de l'Allemagne pendant la guerre. Y compris la Finlande.

Arnie soupira.

— Ils ont donné Petsamo aux Russes. Les Finlandais ne seront pas contents.

— Bon, mais ils se sont quand même battus pour l'Allemagne.

— Je dirais plutôt qu'ils se sont battus pour eux-mêmes, mais avec l'aide des Allemands.

Il soupira encore et jeta le journal sur une table voisine.

— Pour l'instant, je n'ai rien à foutre de la politique internationale. Mon ami est porté disparu. Allons nous coucher. Je suis épuisé.

Sans l'attendre, il se dirigea vers l'escalier qui menait à la chambre.

Louise le suivit, referma la porte et fondit en larmes.

Encore en tenue de ski, il l'attira contre sa parka et la laissa sangloter.

Elle prit conscience de l'odeur des habits d'Arnie, résultat de dix jours d'un rude effort physique.

Il la repoussa doucement pour la regarder.

— J'ai peut-être fait tuer Mikhail, dit-elle. Natalya est certaine que le MGB a veillé à ce qu'il ne perde pas la course. J'ai déclenché une série d'événements qui a détruit la famille de ma meilleure amie.

Du bout de l'index, il essuya doucement les larmes sur ses joues.

— Tu dois beaucoup m'en vouloir, reprit-elle.

Arnie la serra contre lui et parla au-dessus de sa tête.

— Tu croyais avoir tout arrangé. On s'en sortira.

Louise gémit.

— Oh, Arnie ! Natalya a peur qu'ils viennent l'arrêter, elle aussi. Leurs enfants seront élevés par l'État.

— Petite Lulu, dit-il en l'écartant délicatement pour la regarder en face. Comment Natalya peut-elle penser une chose pareille ? C'est de la pure paranoïa russe.

Alors il se figea, la bouche entrouverte.

— Qu'est-ce qu'il y a, Arnie ?

— Je ne sais pas, dit-il à voix basse. C'est-à-dire que… Je me trompe peut-être. Mais hier, j'ai cru voir un DC-3 et je me suis demandé ce qu'il fichait là-haut.

— Les DC-3 sont américains.

— Oui. Mais le Lisounov Li-2 russe en est une copie. De loin, on ne fait pas la différence.

— Mais qu'est-ce que ça pourrait bien faire ?

— Les parachutistes soviétiques sautent de Li-2 modifiés.

Louise plaqua ses mains sur sa bouche et s'affaissa par terre.

— Qu'ai-je fait ? chuchota-t-elle en levant les yeux vers Arnie.

Arnie s'agenouilla et prit la tête de sa femme dans ses grandes mains.

— Regarde-moi, dit-il.

Elle obéit.

— Tu as voulu récolter de l'argent pour l'orphelinat. Et tu y es arrivée. Tu as essayé de nous alerter. Ce n'est pas ta faute si Pietari n'a pas joué franc jeu et pas ta faute non plus s'il neigeait. Si quelque chose de grave est arrivé à Mikhail, ce n'est pas de ton fait. C'est celui des Russes.

Elle se roula en boule par terre.

— Tu n'aurais pas pu le savoir, insista Arnie en s'allongeant à côté d'elle pour la serrer dans ses bras. (Elle se détourna.) Lulu, Petite Lulu, reprit-il en lui caressant les cheveux. Peut-être qu'il va bien. On n'a aucune certitude sur cet avion. Je pourrais m'être trompé sur toute la ligne.

Elle se recroquevilla de plus belle dans sa position fœtale.

— Louise, il faut que tu te lèves.

Elle ne bougea pas. Arnie s'assit sur le lit sans la lâcher du regard.

— Louise, viens par là. Tout ira bien.

Elle ne bougea pas.

Arnie soupira. Il s'allongea sur le dos, braqua les yeux sur le plafond et s'endormit instantanément.

Au bout d'une trentaine de minutes, Louise se remit debout. Elle retira ses bottes à Arnie et se démena pour le mettre droit sur le lit, puis elle retoucha son maquillage avant de se rendre dans la chambre de Natalya.

Fanya ouvrit la porte, vaseuse et vêtue d'une chemise de nuit en flanelle. Elle l'informa que Natalya était partie aux limites de la ville.

Quand Louise trouva Natalya dans le noir, un homme vêtu d'un pardessus et d'une toque en fourrure à la russe les observait debout à l'abri d'un bâtiment.

— Il viendra, souffla Louise.

Sans se retourner, Natalya plongea son regard dans l'obscurité.

— Je ne crois pas, dit-elle.

Elle tourna lentement la tête pour jeter un coup d'œil à l'homme qui les guettait.

— Ils me surveillent depuis que je suis arrivée. Ils prennent la fuite très au sérieux. S'ils emprisonnent Mikhail, ou… peut-être qu'ils l'ont déjà tué.

Elle s'interrompit. Sa voix baissa jusqu'au quasi-murmure.

— On sait ce qui arrive aux gens.

L'horreur, l'injustice de ce qu'elle disait, frappa Louise de plein fouet.

— Il viendra.

Les deux femmes scrutèrent la nuit.

— Ils constitueront des fausses équipes de secours demain matin, dit Natalya au bout d'un moment.

— Natalya, ne perds pas espoir !

— Louise, j'ai perdu espoir quand ils ont fusillé mes parents. (Elle se tut.) On a respecté les règles, dit-elle doucement. On les a respectées.

Louise était tellement engourdie par le froid que ce fut à peine si elle parvint à marcher jusqu'à l'hôtel avec Natalya. Elle en avait assez de dire « Je suis désolée ». Ces paroles lui paraissaient creuses et vides de sens. Alors, elle ne dit rien. L'homme du MGB les suivait sans se donner la peine de dissimuler sa présence.

Lorsqu'elles atteignirent la chambre de Natalya, Louise tendit les bras pour l'enlacer.

Natalya s'écarta, ouvrit la porte, puis se tourna vers Louise.

— Je dois réfléchir, se contenta-t-elle de dire.

Elle referma sans un bruit pour ne pas réveiller les enfants. Louise resta plantée dans le couloir à contempler la porte pendant une minute entière avant de regagner sa propre chambre.

Arnie dormait encore dans sa tenue de ski, en chien de fusil sur le lit.

Natalya venait tout juste d'enlever ses vêtements chauds quand la porte de sa chambre s'ouvrit à la volée. L'homme qui l'avait observée toute la soirée entra. Un autre attendait dehors dans le couloir. Natalya se mit à trembler. Elle n'avait aucun doute sur le fait qu'ils étaient du MGB.

— Oui, camarade ? dit-elle avec froideur. Vous auriez au moins pu frapper.

— Vous devez nous suivre. Allez chercher vos enfants.

La peur qui la hantait depuis des jours était désormais tout à fait réelle.

— Ça ne peut pas attendre ? On a tous besoin de dormir un peu.

— Non. La voiture est prête.

Fanya avait quitté son lit et s'était adossée au mur. Elle regarda Natalya, presque en la suppliant de la pardonner. Puis elle se mit à faire ses valises.

Paniquée, Natalya voulut trouver une issue.

— Je pourrais au moins écrire un mot à mon amie ? Elle va s'inquiéter. Vous savez que son mari est avec la légation américaine. Ça ne serait pas bon pour vous.

L'homme réfléchit.

— Prenez vos affaires. Vous écrirez après.

Elle s'exécuta, laissant ses enfants dormir encore un peu. Puis elle rédigea un message – en français. L'homme du MGB le regarda et jeta un coup d'œil à Fanya, à qui il fit signe de venir lire. Fanya baissa les yeux sur la feuille.

— C'est en français, déclara-t-elle. Je ne parle pas cette langue.

— Oh, chère Fanya, dit Natalya en russe. Et pendant tout ce temps, moi qui craignais que tu sois quelqu'un de bien.

Fanya détourna le regard et continua à plier bagage.

L'homme sortit un petit appareil photo, posa la lettre sur le lit et prit un cliché.

— S'il y a une entourloupe, lui dit-il, vous vous mordrez les doigts quand on développera ça. Vos enfants aussi.

— Je dis seulement au revoir, l'assura Natalya. Quand les Koski se réveilleront, on sera partis. Il n'y a pas d'entourloupe possible.

L'homme montra la chambre d'Arnie et Louise de la tête, et Natalya glissa le mot sous leur porte.

Mardi matin, 11 février 1947

Louise n'arrivait pas à dormir, en voulait à Arnie d'y parvenir, savait qu'elle n'avait pas le droit de lui en vouloir, et lui en voulait d'autant plus. À un moment donné, elle dut s'assoupir. Un bruit la réveilla. Momentanément désorientée, elle se crut chez elle à Helsinki, puis se rappela qu'elle se trouvait dans une chambre d'hôtel à Kuopio. Elle pensa que quelqu'un avait dû se tromper de chambre et se rendormit.

Vingt minutes plus tard, elle se réveilla en sursaut et se rua vers la porte. Elle l'ouvrit et regarda à gauche et à droite dans le couloir obscur. Alors, elle remarqua, à ses pieds, le mot que quelqu'un avait dû fourrer sous le battant lorsqu'elle s'était réveillée plus tôt.

Elle l'ouvrit vivement. Il était de Natalya. *J'ai dû partir tôt. Bravo pour toute l'aide que tu as obtenue pour les orfelins. Rendez-vous à Helsinki**.

Arnie s'était réveillé et assis dans le lit.

— C'est quoi, ça ?

— Un mot de Natalya.

Arnie patienta un instant.

— Tu as passé trop de temps en Finlande, dit-il enfin. Elle dit quoi au juste ?

Louise le regarda d'un air perplexe.

— Elle dit : « J'ai dû partir tôt. Bravo pour toute l'aide que tu as obtenue pour les orphelins. Rendez-vous à Helsinki. » (Elle relut le mot.) Sauf qu'elle a fait une faute à « orphelins ».

— Et alors ?

— Natalya écrit dans un français presque parfait.

Arnie s'approcha, elle lui tendit le message, il haussa les épaules.

— Parle pas français. (Il regarda la feuille plus attentivement.) Mais je sais ce qu'est un message codé. C'est tout ce qui sort de l'ordinaire, quand c'est fait exprès. Et tu dis qu'elle a fait une faute à « orphelins », alors que son français est parfait. Donc…

Louise l'avait empoigné à deux mains.

— Quoi ? demanda-t-il.

— Mon Dieu ! Elle va essayer d'amener les enfants à l'orphelinat. Nous devons l'aider.

Arnie cherchait déjà ses bottes.

Mardi soir, 11 février 1947

Le retour en train jusqu'à Helsinki fut un cauchemar d'angoisse. À la gare de Kuopio, ils furent accueillis par les gros titres du *Savon Sanomat* : SKIEUR SOVIÉTIQUE PRÉSUMÉ MORT. L'article parlait d'Arnie, du fait qu'il avait dit que Mikhail était revenu le sauver et aurait gagné la course.

Natalya et les enfants n'étaient pas dans le train. Arnie et Louise supposèrent qu'elle était partie en voiture, sûrement conduite par un des guetteurs du MGB.

Louise passa son temps à exprimer son anxiété à Arnie, qui l'écouta placidement en ne soulignant qu'à une seule reprise qu'ils ne pourraient rien faire tant qu'ils ne seraient pas à Helsinki.

Ils y parvinrent à la nuit tombée. Ils prirent un taxi jusqu'à l'appartement. Après avoir laissé leurs valises, Arnie se rendit aussitôt à la légation au cas où il y aurait eu une quelconque information sur Mikhail ; Louise, elle, alla voir si Natalya avait bien atteint l'orphelinat.

Quand Arnie arriva à la légation, la plupart des membres du personnel étaient rentrés chez eux pour la nuit, mais la secrétaire d'Hamilton, Helmi, était encore là, ainsi que Pulkkinen qui, plongé dans un journal, attendait sûrement de ramener Hamilton chez lui. Quand Arnie franchit la porte du bureau, Helmi s'approcha et lui montra du regard le bureau intérieur d'Hamilton.

— Il n'est pas content, chuchota-t-elle.

Arnie lui décocha un regard perplexe. Elle se contenta de hocher la tête vers la porte d'Hamilton.

Celle-ci était ouverte, comme d'habitude. Il entra, relevant que Pulkkinen l'avait suivi jusqu'à la porte pour s'asseoir à côté. Hamilton lui désigna une chaise, mais Arnie resta debout.

— Colonel Koski, dit doucement Hamilton. J'ai bien peur que nous ayons un problème.

Il poussa un exemplaire du *Demokraatti*, le quotidien du *Suomen Kommunistinen Puolue*, le Parti communiste de la Finlande, sur son bureau.

Arnie traduisit rapidement. Le gros titre était assez percutant. UN HÉROS DE L'UNION SOVIÉTIQUE DONNE SA VIE POUR SAUVER UN AMÉRICAIN. Mais, en lisant l'article, Arnie sentit son ventre se nouer.

Lors d'une course à skis surveillée de près entre le colonel Mikhail Bobrov, héros de l'Union soviétique, et le lieutenant-colonel Arnie Koski, attaché militaire de la légation américaine, le colonel Bobrov aurait perdu la vie après avoir été abandonné par le skieur américain. Bobrov et Koski se sont rencontrés en Autriche dans les derniers jours de la Grande Guerre patriotique contre le fascisme. La course de Rovaniemi à Kuopio était censée rester confidentielle, entre les deux militaires. Le gouvernement de l'Union soviétique pense à présent qu'il s'agissait d'une ruse pour monter un coup publicitaire présentant la défaite d'un héros militaire soviétique aux mains d'un capitaliste américain. Mme Louise

Koski, à présent soupçonnée d'être une agente américaine se faisant passer pour l'épouse de Koski, a honteusement exploité des orphelins finlandais en recourant à un système américain courant de jeux d'argent appelé « loterie » pour promouvoir la course.

Koski avait remporté des compétitions de ski avant que les États-Unis n'entrent dans la guerre sur le tard. Les Américains ont supposé que Bobrov serait facile à battre. C'était sous-estimer la virilité soviétique. D'après des témoins oculaires présents à l'arrivée à Kuopio, Koski a lui-même affirmé que le colonel Bobrov était largement en tête, mais qu'il avait fait demi-tour parce qu'il soupçonnait que l'Américain était en danger. Koski a ensuite précisé que Bobrov l'avait hissé hors de l'endroit où il avait traversé la glace avant de le ranimer, lui sauvant la vie. Koski a ajouté qu'après être revenu à lui, il avait concédé la victoire au colonel Bobrov. Il a ensuite prétendu qu'ils avaient tous les deux décidé de faire la course sur la brève distance entre la scène de l'accident et Kuopio. C'est là que le récit de l'Américain s'effrite. Malgré les recherches effectuées par des skieurs du coin et même par des équipes de parachutistes russes, aucun signe du colonel Bobrov n'a été retrouvé. La neige a recouvert toute trace à même de procurer le moindre indice sur le sort du colonel Bobrov ou sur les activités du perfide Américain.

Le colonel Oleg Sokolov, chef des forces de sécurité russes pour la légation soviétique, a confié à ce journal qu'il suspecte un acte criminel. « Nous avons aidé nos alliés américains pendant la guerre. Nous continuons d'aider tous nos alliés. C'est là une preuve tangible de notre bonne volonté et de nos bonnes intentions. Les Américains parlent de "relations qui se dégradent", alors qu'ils sont les seuls responsables de cette affaire. Nous conseillons vivement à la légation américaine d'enquêter sur cet incident et d'en punir les responsables. Nous tenons également à faire savoir que l'Union soviétique n'apprécie pas que l'Occident en général s'ingère dans les affaires de la Finlande et d'autres pays d'Europe de l'Est s'étant déjà alliés ou souhaitant volontairement s'allier avec l'Union soviétique. »

Le secrétaire général du Parti communiste de la Finlande, Ville Pessi, a juré que tous les efforts seraient déployés pour traduire les auteurs de ce crime en justice.

Arnie arrêta sa lecture, accablé par l'ampleur de cette mascarade comme par sa plausibilité auprès d'un public crédule. Il resta planté là, stupéfait, le journal dans les mains.

— Ce ne sont que des mensonges.

— C'est sans importance, dit Hamilton. Voici tout ce qui importe : c'est de la mauvaise publicité. Et nier des mensonges diffusés par les journaux ne fait que l'amplifier.

— Elle ne cherchait pas à mal, dit Arnie.

— Je suis parfaitement conscient de ses intentions, colonel. Ce qui me préoccupe, ce sont les conséquences.

Arnie garda le silence un instant, le temps de digérer ces propos.

— Je pense que le MGB a tué le colonel Bobrov, dit-il enfin. Ils avaient peur qu'il perde la course.

— Asseyez-vous, ordonna Hamilton avec fermeté.

Arnie obéit.

— Bon. Il y a quelques jours, votre femme m'a expliqué le rôle qu'elle a joué dans ce bazar. J'aimerais connaître le vôtre.

Arnie commença par la soirée à la légation et finit sur ses recherches infructueuses de Mikhail.

En silence, Hamilton poussa quelques coupures de journaux vers lui.

— On parle même de vous dans le *New York Times*, dit-il. La plupart des Américains ont tendance à penser que tout est un jeu.

Arnie resta silencieux.

— Est-ce que vous pensez que tout est un jeu ?

Arnie baissa la tête.

— Non, monsieur.

— Est-ce que vous pensez seulement ?

Arnie savait qu'il se faisait passer un savon, aussi garda-t-il le silence. Un long silence.

Hamilton le rompit en soupirant.

— Bobrov était quelqu'un avec qui on aurait pu travailler. Bon. *Pfff.* Vous avez fichu ça en l'air.

— Oui, monsieur.

Hamilton le dévisagea. Arnie contemplait le bord du bureau.

— La prochaine fois qu'on vous confiera une mission diplomatique, laissez votre culture militaire au club des officiers. (Il s'interrompit.) Si tant est qu'on vous confie jamais une autre mission diplomatique.

Arnie tressaillit ostensiblement.

— Bien, colonel, reprit Hamilton d'une voix brusque. Mettons-nous au travail. Qu'est-ce qui vous fait soupçonner que Bobrov a été assassiné ?

— Samedi, j'ai aperçu ce que j'ai cru être un DC-3 commercial. Sur le moment, je n'y ai pas réfléchi plus que ça. (Il marqua une pause.) Lundi, quand le colonel Bobrov n'est pas reparu, j'ai commencé à soupçonner qu'il puisse s'agir d'un Lisounov Li-2. Bon nombre ont été modifiés pour lâcher des troupes aéroportées pendant la guerre. Le MGB a des équipes d'opérations spéciales, toutes formées au saut en parachute. Il n'y a pas d'autre raison pour qu'un Lisounov se trouve au nord de Kuopio. Le *Demokraatti* fait même allusion à des skieurs militaires.

Hamilton hocha très légèrement la tête en réfléchissant à ce qu'Arnie venait de dire.

— C'est un héros de l'Union soviétique, affirma-t-il enfin. Ils n'auraient pas voulu le voir perdre.

— Non, monsieur. Et il est trop bon skieur pour ne pas avoir été à moins d'une heure de moi, soit devant soit derrière. En plus de quoi, il est très calé en manœuvres d'hiver. Il paraîtrait improbable qu'il ait eu des ennuis. (Arnie se tut.) Plus calé que moi. Il m'a sauvé la vie.

— Donc, au moins cette partie-là de l'article est vraie.

Hamilton écouta Arnie lui raconter comment Mikhail l'avait sauvé.

— Il faut le retrouver, conclut Arnie. Peut-être que j'ai tort et qu'il y a une chance qu'il soit quelque part là-bas, encore vivant.

Hamilton le regarda avec solennité.

— C'est peu probable. Le camarade Beria a déjà tué des gens parce qu'ils le regardaient de travers. Pareil pour Staline. Non, malheureusement, je pense qu'ils l'ont tué.

— Pour éviter la honte, lâcha Arnie.

— Pour éviter de ternir le système soviétique. Pour éviter de perdre la Finlande au profit de l'Occident. Pour punir Bobrov, pour l'exemple, pour faire comprendre au GRU qui tient vraiment les rênes et ce qui arrive quand on le contrarie.

— Pour la politique, en conclut Arnie avec amertume.

Hamilton le dévisagea longuement.

— Oui, pour la politique.

Il souleva l'une des coupures de presse et la regarda sans la lire – il réfléchissait.

— Arnie, votre gros mot, « politique », a été inventé pour régler les différends sans recourir à la violence. Les Soviétiques veulent contrôler l'Europe sans faire la guerre. Nous voulons les arrêter sans la faire non plus. Les communistes finlandais veulent contrôler la Finlande sans guerre civile. Les Finlandais qui voient les choses comme nous veulent faire pareil. Les républicains et les démocrates veulent gouverner les États-Unis, mais ne veulent pas faire la guerre pour y parvenir. C'est la politique qui leur permet d'y arriver.

Un peu exaspéré, il soupira.

— Vous, plus que quiconque, reprit-il, devriez savoir que même si la politique peut être un sale boulot, elle ne sera jamais aussi sale que la guerre.

— Nous sommes d'accord là-dessus, monsieur. C'est seulement que tout ce gâchis me navre.

Hamilton soupira. Ramassa une coupure de *L'Humanité*.

— Évidemment, la presse procommuniste soutient la théorie du complot selon laquelle il aurait été abandonné à la suite d'un accident tragique ou, encore plus croustillant, il aurait été assassiné. (Il marqua une pause.) Par vous.

Arnie se pencha en avant.

— C'est pour ça que nous devons retrouver son corps et prouver ce qui s'est réellement passé. Je sais, sans le moindre doute, que c'était le MGB.

Hamilton leva les mains au ciel.

— Et puis quoi ? On envoie Wyatt Earp pour qu'il nous le ramène mort ou vif ?

— Mais c'est un ami ! Je ne peux pas le laisser là-bas sans rien faire. Et la justice là-dedans ? Elle ne compte pour rien ?

— Arnie, dit doucement Hamilton. Le temps des militaires loyaux, des compagnons d'armes, des gentlemen, qui trinquent dans le mess des officiers aux pilotes ennemis descendus… (Il lui jeta un regard triste.) Ce temps-là est fini. Les Russes ne nous ont jamais fait confiance, pas même quand nous étions alliés, mais depuis qu'on a largué la bombe, ils ont peur de nous. Ne vous méprenez pas : nous sommes désormais ennemis. Et au vu d'incidents comme celui-ci, ça vaut mieux. Pour le bien du monde.

— Je ne vois pas d'ennemi en Mikhail Bobrov.

— Je suis sûr que vous le pensiez tous les deux, mais ça ne compte pas. Si vos chefs se lancent dans un combat de coqs, ça ne sera pas eux dans le cockpit. Ce sera des hommes comme vous et Bobrov, avec des éperons sanglants à vos pieds au lieu de skis.

— Espérons qu'on n'en arrive pas là, monsieur.

— En effet. L'espoir, c'est tout ce qu'il nous reste. Des fois, je me dis que c'est ça, notre pire ennemi, ajouta Hamilton, presque pour lui-même.

— Qu'en est-il de la femme et des enfants de Bobrov ? demanda Arnie.

— Elle sera surveillée, c'est sûr. Elle en sait probablement trop, et ils voudront lui faire quitter le pays. Ou pire.

Ses paroles restèrent en suspens.

— Monsieur, reprit Arnie. Je crois que la femme de Bobrov va essayer d'amener ses enfants à l'orphelinat.

— Comment le savez-vous ?

— Elle a laissé un message codé à Louise. Nous pensons tous les deux que c'est son intention.

— Elle a peu de chances ne serait-ce que de quitter son immeuble. Si elle y parvient, les Russes ont des informateurs partout. Une femme seule avec deux petits enfants dans les rues en pleine nuit ? Elle n'ira pas loin.

— Mais je ne peux pas rester sans rien faire ! Je vais me rendre à la légation russe pour voir s'il y a des nouvelles de Bobrov et leur présenter cette histoire. Nous ne pouvons pas laisser des mensonges sans réponse, c'est la meilleure manière de s'assurer qu'ils deviennent des faits.

Un éclair de colère passa brièvement sur le visage d'Hamilton.

— Vous pouvez aller voir les Russes pour vous renseigner sur Bobrov, mais pas question de leur parler de cette histoire. Nous laisserons tous les mensonges qu'il faudra sans réponse si ça permet de ne pas entrer en guerre avec l'Union soviétique. C'est clair ?

— Oui, monsieur, dit Arnie. Très clair.

Hamilton se radoucit.

— Je crains que vous n'obteniez rien d'eux, mais tant pis. Allez-y. Je m'occupe des journaux.

Hamilton se leva. Manifestement, Arnie était congédié.

Pulkkinen se trouvait juste devant la porte. Il fit un pas de côté et hocha brièvement la tête quand Arnie lui passa précipitamment devant.

Mardi soir, 11 février 1947

Helsinki

Quand Louise arriva à l'orphelinat, il n'y avait aucun signe ni de Natalya ni des enfants. Kaarina était déjà rentrée chez elle. Louise connaissait les employés, mais pas assez pour leur confier ce qu'elle était sûre que Natalya avait prévu de faire : cacher les enfants dans l'orphelinat. Plus d'un quart des Finlandais étaient communistes ou sympathisants et ils étaient partout. Si n'importe quel membre du personnel de l'orphelinat en faisait partie, il chercherait tout de suite à se faire bien voir et à contribuer à la cause du socialisme mondial en trahissant Natalya et les enfants.

Louise courut jusque chez Kaarina. La porte s'ouvrit dès qu'elle tambourina dessus. Elle se retrouva face à Pietari.

Il cligna des yeux, dit *« Hyvää iltaa »*, le « bonsoir » soutenu, son visage dur comme la pierre.

Elle savait qu'il comprenait parfaitement ce qu'il avait fait. Il s'était vengé. Derrière le stoïcisme de Pietari, la haine et la colère étaient palpables. Pourquoi ne l'avait-elle pas vu ? Elle savait qu'elle était en partie responsable. Elle dut se retenir de passer sa colère sur lui, de gifler son visage impassible. Là, tout de suite, elle n'avait de temps ni pour la haine ni pour la vengeance.

— Je dois voir Kaarina, dit-elle.

— *Yoh*, répondit-il en s'effaçant pour lui ouvrir la porte en grand.

Kaarina reprisait des chaussettes. Louise ne l'avait jamais vue oisive.

— Qu'est-ce qu'il y a ?

— Tu as sûrement dû entendre parler du résultat de la course, lança Louise.

— Bien sûr. Demain, on va devoir passer en revue les talons des billets et les estimations de temps pour déterminer le gagnant. (Elle sourit.) On a récolté plus de cinquante mille marks, déclara-t-elle avec une certaine fierté.

Abasourdie par l'indifférence manifeste de Kaarina quant à l'issue de la course et par sa focalisation sur l'argent, Louise laissa échapper :

— Je crois qu'ils ont tué Mikhail.

Kaarina arrêta de tricoter.

— *Yoh*, dit-elle.

Ce fut tout. Rien d'autre. Elle reprit son tricot.

À cette réaction, Louise faillit cracher.

— *Yoh* ? C'est tout ? *Yoh* ? Comment peux-tu rester là, à repriser des chaussettes, pendant que ton fils… (Elle se retourna pour pointer son doigt sur Pietari.) que ton fils a essayé de condamner Mikhail à mort en refusant de transmettre mon message à Arnie !

Pietari regarda sa mère, qui traduisit. Ni l'un ni l'autre ne montra la moindre émotion. Puis Pietari dit quelque chose que Kaarina traduisit.

— Il dit que lui demander de convaincre Arnie de perdre volontairement équivalait à lui demander de trahir Suomi.

Kaarina avait employé le mot finnois pour leur pays.

— Tu n'aurais jamais dû réclamer ça. La guerre ne sera pas finie tant que la Finlande ne sera pas à l'abri des Russes et pour lui, ça n'arrivera jamais. Il se réjouit d'apprendre que des Russes tuent leurs propres soldats.

Elle jeta un regard dur à Louise et poursuivit :

— Mon fils n'a tué personne. Si Mikhail a été assassiné, c'est sûrement du fait du MGB. Il n'y a pas de sang russe sur le plancher de cette maison.

Louise lutta pour ne pas pleurer en songeant à la tristesse et à l'amertume tenaces de la guerre, mais pas question de s'effondrer devant Pietari et Kaarina.

— Je m'excuse, dit-elle doucement. Dis-le-lui.

Kaarina obtempéra.

— Dis-lui aussi que Natalya craint pour sa vie et celle de ses enfants. Ses enfants innocents. L'ennemi, ce n'est pas eux.

Kaarina traduisit. Pietari quitta la pièce.

Les deux femmes se regardèrent en silence.

— Natalya va probablement se faire arrêter, reprit Louise, peut-être même exécuter dès que l'article sur le sacrifice de son noble et héroïque mari ne fera plus les gros titres. Elle en sait trop. Ses enfants deviendront des orphelins élevés par l'État. Elle m'a laissé un message codé. Elle compte amener les enfants à l'orphelinat.

— Comment ?

— Je ne sais pas. Tu veux bien nous aider ?

Elle patienta, dévisagea attentivement Kaarina, son visage inexpressif.

— L'ennemi, ce ne sont pas les enfants, lança alors la Finlandaise.

— Merci, dit Louise, qui respira de nouveau. Natalya va devoir agir ce soir, avant de se faire arrêter. Tu veux bien aller à l'orphelinat pour y être si jamais elle parvenait à y amener les enfants ? Je n'ai pas confiance en tes employés.

— Tu as raison. Ava est membre du Parti et Mila a les mêmes penchants. Je vais y aller, leur dire que je n'arrive pas à dormir, et qu'ils peuvent rentrer chez eux pour la nuit. Je m'occuperai aussi de la paperasse disant que les enfants ont été laissés sur le pas de notre porte sans rien pour les identifier.

Kaarina s'exprimait avec toute l'émotion de celle à qui on a demandé de mettre la table.

— Mais pourquoi un orphelinat finlandais ? reprit-elle. Les Russes ont tout ce qu'il faut.

— Ce n'est pas l'orphelinat, c'est le pays. Je crois que Natalya veut que ses enfants soient élevés dans un endroit où on ne vit pas constamment dans le mensonge. Où on n'a pas peur de dire ce qu'il ne faut pas. Où dire ce qu'il ne faut pas, ou même le penser, n'est pas systématiquement puni.

Elle respira un grand coup en prenant conscience du fait qu'elle énonçait des vérités qui, jusqu'à présent, lui avaient toujours fait l'effet de banalités.

— Elle veut que ses enfants soient élevés ici, libres.

Kaarina digéra ses propos, émit un « *Yoh* » traînant, comme pour dire « Je comprends. »

— J'imagine que tu vas essayer de l'aider, dit-elle alors.

— Oui.

— Comment ?

— Je ne sais pas.

Tard le mardi soir, 11 février 1947

Devant l'immeuble de Natalya

Louise se dépêchait de gagner l'immeuble collectif de Natalya quand la grosse Chevy Fleetmaster arriva lentement derrière elle. Et ralentit. Elle vit Pulkkinen incliner la tête de côté, le visage impassible comme toujours. Puis la voiture accéléra avant de virer dans une rue transversale. Que voulait-il ?

Elle regarda autour d'elle. Une fois n'était pas coutume, personne en vue. Elle tourna au coin de la ruelle et vit le pot d'échappement de la voiture refléter la faible lueur d'un des lampadaires de la rue qu'elle venait de quitter. La portière côté passager s'ouvrit, elle monta.

Pulkkinen fumait, et la lueur sur son visage rougeoya un peu lorsqu'il tira sur sa cigarette. Il écrasa le mégot dans le cendrier.

— Vous cachez quelque chose, dit-il doucement.

— Non.

— J'ai entendu le lieutenant-colonel Koski dans le bureau d'Hamilton.

— Et ?

— Qu'est-ce que vous mijotez ?

Une fois encore, la peur glaçante que dire la vérité peut vous faire tuer, vous ou un être aimé, s'immisça en elle. Si elle se confiait à Pulkkinen, à qui en parlerait-il ?

— Je peux vous aider, reprit-il. Ce soir, les Russes seront partout. Ils ne fouilleront pas une voiture de la légation américaine conduite par quelqu'un qu'ils connaissent bien.

Oui, songea-t-elle avec amertume, *ils vous connaissent parce que c'est pour eux que vous travaillez, pas pour nous.*

— C'est une proposition ? demanda-t-elle malgré tout.

— Si vous voulez emmener Mme Bobrova quelque part ce soir, elle ne pourra pas s'y rendre à pied avec deux jeunes enfants.

Louise savait qu'il avait entièrement raison. Toutefois, si elle lui avouait qu'elle souhaitait amener Natalya et les enfants à l'orphelinat, cela risquait de signer leur fin. Mais Pulkkinen savait déjà qu'elle manigançait quelque chose. Il en avait peut-être déjà informé ses chefs, qu'il s'agisse de la police secrète finlandaise ou du MGB.

Elle passa au crible chaque souvenir de chaque conversation qu'elle avait pu avoir avec lui. Chaque lueur qui avait traversé son regard. Le moindre geste de sa main. Elle puisa dans ses années d'expérience à décrypter les gens, compétence qui lui avait permis d'aller loin à la fac et en tant que femme de militaire mais qui, ici et maintenant, paraissait bien inadaptée. Cette faculté-là reposait sur des apparences, sur des nuances, pas sur des preuves tangibles. Seulement sur des pressentiments. Ce que sa mère appelait « l'intuition féminine ». Ce n'était pas de la magie. C'était un savoir-faire, affûté au fil des années. Mais pouvait-elle s'y fier à présent qu'il était question de vie ou de mort ? Même Arnie et Hamilton ignoraient pour qui Pulkkinen travaillait vraiment.

Elle déglutit. Regarda cet homme dans les yeux, avec plus d'intensité et d'attention qu'elle n'avait jamais regardé un homme auparavant.

Et lui dit ce qu'elle avait en tête.

Elle observa Pulkkinen s'éloigner en voiture, ne sachant toujours pas s'il s'était joint à elle ou s'il s'apprêtait à révéler son plan au MGB. Espérant trouver un répit après tout ce temps passé à se demander comment mettre Natalya à l'abri, elle marcha jusqu'à l'orphelinat pour voir si son amie était arrivée. Pas encore. Ils devaient toujours être à l'appartement.

Elle se dépêcha de regagner l'immeuble de Natalya et s'arrêta à l'angle d'un bâtiment voisin. Jeta rapidement un regard vers la porte d'entrée, et recula. Un homme se tenait devant l'édifice, vêtu du manteau et du chapeau habituels. Ne sachant toujours pas quoi faire, incapable de pénétrer dans l'immeuble pour atteindre Natalya, elle fit ce qu'elle put ; elle patienta en sautillant sur place et en battant des bras dans la ruelle froide. Il lui fallait un signal clair lui confirmant que Natalya était effectivement coincée dans son appartement. Elle pressentait que c'était le cas. Sinon, pourquoi y aurait-il eu un garde à la porte en plus de l'homme habituel posté dans l'entrée ? Mais il lui fallait aussi une sorte d'ouverture pour entrer dans l'immeuble. Aucune ne se présentait, et elle allait manquer de temps.

Juste avant minuit, une voiture de la légation soviétique s'approcha, et un jeune soldat en uniforme du MGB en descendit. Il portait en bandoulière un de ces fusils que Louise avait vus dans les films de gangsters. C'était manifestement la relève de la garde et, comme à l'armée, les minables postes de nuit revenaient aux moins gradés.

Elle reconnut le « réceptionniste » lorsqu'il sortit. C'était bon signe. Il n'y avait personne à l'accueil après minuit, on comptait sûrement sur le garde extérieur pour rendre compte des rares sorties. Le réceptionniste et l'homme au pardessus montèrent dans la voiture, qui s'éloigna. Le jeune soldat tapa du pied, battit des bras contre son lourd pardessus, et se mit à marcher d'un côté et de l'autre. Alors, elle eut une idée.

Elle regagna son appartement à la hâte. Ôta ses lourds vêtements et sortit le rouge à lèvres, les talons, les boucles d'oreilles qui se balançaient, sa robe la plus moulante et le parfum qu'Arnie humait dans les recoins qu'elle ne partageait qu'avec lui. Gageant qu'un jeune soldat russe ne déchiffrerait pas l'alphabet latin, elle sortit quelques vieilles pièces d'identité de l'Oklahoma : celle ornée de volutes qui l'identifiait comme membre de la branche Alpha Iota de la sororité Delta Gamma. Son permis de conduire de l'Oklahoma, assez sobre, mais d'allure très officielle. Aucun de ces deux documents ne comportait de photographie. Enfin elle glissa quelques barbituriques dans son sac à main. Et leva les yeux au plafond.

— Seigneur, faites que ça marche. Je vous en prie, faites que ça marche.

Elle enfila son lourd manteau et retourna à sa veille en face de l'immeuble de Natalya. Il allait falloir négocier le fait que le manteau dissimulait la robe moulante. Elle improviserait. Elle prit une grande inspiration et relâcha son souffle. Puis soudain, elle comprit ce qu'Arnie lui avait souvent dit au sujet de la guerre. C'est avant la bataille qu'on a le plus peur. Une fois que le combat commence, on est trop occupé à essayer de gagner pour craindre quoi que ce soit. Elle se sentait calme et forte. Et même, elle l'était.

Elle attendit délibérément une heure de plus, ses pieds devenant graduellement insensibles à cause de ses fines semelles de cuir. Si elle avait froid, il en allait forcément de même pour le jeune soldat. Elle le regarda tourner au coin de l'immeuble et revenir lentement vers la porte principale. Elle respira à pleins poumons pour combattre le froid et ouvrit son manteau afin de révéler la robe. Enfin elle se précipita de l'autre côté de la rue, ses pas entravés par sa robe serrée et ses hauts talons – si ce jeune soldat était comme les autres, il serait entièrement focalisé sur elle et pas sur son travail. Elle savait combien les jeunes soldats peuvent se sentir seuls et en manque d'affection.

Il l'arrêta alors qu'elle franchissait la porte.

— *Net*, dit-il, suivi d'autres mots en russe.

Louise se tourna vers lui et parla un français rapide. Le soldat ne devait pas avoir vingt ans. Il avait les joues rouges, tout à la fois sous l'effet du froid et de sa jeunesse. Ses yeux étaient de la couleur de myosotis pâles.

Elle s'arma de courage. Elle allait faire du mal à cet enfant.

Il prit un air préoccupé, mais hocha encore la tête et dit « *Net* », en y ajoutant d'autres paroles en russe. Louise lui adressa son sourire le plus séducteur, et apporta la touche finale en frôlant un des boutons de son manteau de soldat et en levant les yeux vers lui pour l'implorer de tout son être. Puis elle sortit ses pièces d'identité de son sac.

— *Frantsouskaïa*, dit-elle en les montrant. *Frantsouskaïa jenchina.*

Femme française.

Il fit « non » de la tête.

— *Net.*

Elle sourit encore, la bouche à peine entrouverte. Pencha la tête vers la porte, l'inclina d'un air interrogateur.

— *Ne dopouskaëitsa*, dit-il, presque navré.

Elle ne connaissait pas ce mot, qui était manifestement aussi une sorte de « non », mais un « non » qui perdait en force. Elle pressa un doigt sur les lèvres du garçon puis le posa sur ses propres lèvres, signe universel du silence. Et roula des yeux vers les fenêtres supérieures de l'immeuble. Après quoi, elle fit un autre signe universel, bien plus vulgaire, formant un cercle avec le pouce et l'index. Le jeune soldat savait que seuls des haut gradés de la légation habitaient cet immeuble. Il ne courrait pas le risque de gâcher la liaison sexuelle d'un homme puissant.

Le garçon rit. Eut un mouvement laissant entendre qu'il connaissait la chanson. Puis il prit un air interrogateur et désigna l'édifice du menton, en avançant les lèvres comme pour embrasser. Louise sourit et fit tristement « non » de la tête. Elle toucha sa montre et releva les yeux vers l'immeuble. Puis elle fit mine d'être en colère et se claqua le dos de la main, avant de reprendre sa mine triste. Et pointa son doigt sur le garçon et l'agita. Il regarda la fenêtre avec un air de doute – et d'angoisse. Pas question de s'attirer des ennuis en gâchant le grand soir d'un gros bonnet, certes, mais on lui avait manifestement donné l'ordre de ne laisser passer personne. Point barre. Elle se pencha près de lui et lui dit en français :

— Si tu me laisses monter, après…

Elle jeta un regard éloquent vers la ruelle et mima un baiser à son tour. Elle savait qu'il ne comprenait pas le français, mais aussi qu'il pouvait deviner qu'elle lui promettait une récompense. Louise montra de nouveau l'étage supérieur et fit un signe qui, elle l'espéra, lui donnerait de l'espoir pour la suite.

— OK, dit-il très fort, comme fier de connaître le « d'accord » universel.

— OK, renvoya-t-elle en lui décochant un sourire épanoui.

Elle se glissa dans l'immeuble.

Natalya entrebâilla la porte de son appartement et jeta un regard apeuré à l'extérieur. Voyant qu'il s'agissait de Louise, elle étouffa un cri, ouvrit en grand et l'attira dans l'appartement. Là, elle se mit à pleurer en la serrant contre elle.

— Les enfants ? demanda Louise.

— Ils dorment.

— Fanya ?

— Partie. Son travail est fini. (Elle hésita.) Comment as-tu fait pour entrer ?

Louise lui raconta. En temps normal, un tel récit aurait suscité un ou deux gloussements. Mais celui-ci fut relaté avec une froide objectivité. Et Louise révéla son plan. Natalya hocha gravement la tête, comprenant tout. Elles savaient l'une et l'autre que leur réussite dépendrait des hormones d'un adolescent.

Natalya souleva doucement la tête d'un enfant après l'autre et leur glissa dans la bouche la moitié d'un des cachets que Louise avait apportés. Ils marmonnèrent, avalèrent, et se rendormirent. Louise poussa un soupir de soulagement. Phase n° 1 réalisée avec succès.

Elle aida Natalya à les habiller et elles les couchèrent dans la vieille poussette de Grisha avec quelques couvertures. Natalya et Louise enfilèrent leurs manteaux.

— Prête ? demanda Louise.

Natalya acquiesça d'un signe de tête.

Louise ouvrit la porte de l'appartement et regarda d'un côté et de l'autre du couloir. Elle hocha simplement la tête, et Natalya s'avança avec la poussette. S'empara de Grisha qui dormait pour le blottir contre son flanc de la main gauche. Louise agit de même avec Alina, en grognant sous l'effort. Ensemble, elles s'emparèrent de l'avant et de l'arrière de la poussette et parvinrent à la descendre dans l'escalier. Une fois au rez-de-chaussée, elles remirent les deux enfants dans la poussette et les enfouirent sous les couvertures.

Natalya glissa le landau derrière le bureau de la réception et se baissa du côté de la porte, où elle pourrait épier la rue.

Louise la regarda s'accroupir avec la poussette et ses enfants. Elle se rendit compte que, si le plan échouait et que Natalya n'atteignait pas l'orphelinat, ce serait sans doute la dernière fois qu'elle la voyait. Elle eut envie de la serrer dans ses bras pour lui dire au revoir, mais ce n'était pas possible. Alors elle lui fit un clin d'œil. Le voyant, Natalya sourit et hocha la tête. Et lui envoya un baiser. Louise, qui s'apprêtait à commettre un acte susceptible de leur coûter la vie à toutes les deux, amorça la phase n° 2 du plan en se demandant pourquoi elle n'avait pas pensé à lui envoyer un baiser plutôt que de lui faire un clin d'œil idiot.

L'air nocturne lui cingla instantanément les jambes. Elle vit le jeune soldat qui arrivait à la fin de sa ronde reprendre du poil de la bête et venir vers elle presque au pas de course. Ça partait bien.

— OK ! dit-il, tout excité.

— OK, répondit-elle, en y mettant le plus de cœur possible.

Il leva les yeux vers le dernier étage et prit un air interrogateur. Louise fit le signe des rapports sexuels, suivi de celui du sommeil. Le soldat sourit jusqu'aux oreilles. Et porta un poing à son torse.

— *Ne boudou spat.*

Elle lui lança un regard perplexe.

— *Net…*, ajouta-t-il, et il mima quelqu'un qui dormait.

Louise rit, feignant de trouver sa plaisanterie hilarante. Elle répéta alors « *net* », puis refit le signe du sommeil. Elle prit sa main gantée dans la sienne et, doucement, l'entraîna vers la ruelle.

Il se mit à défaire la ceinture de son manteau. Elle lui posa une main sur la boucle et, un sourire chaleureux aux lèvres, fit « non » de la tête. Dans les yeux bleus du soldat brillait une lueur d'excitation et, peut-être, d'appréhension ? D'incertitude ? *Mon Dieu. C'est sa première fois.*

Une fois à l'écart de la rue, elle l'attira à elle, lui fit tourner le dos à la rue, et se mit à l'embrasser lentement. Il voulut l'agripper, et sa mitraillette glissa de son épaule pour pendre par la bretelle. Elle sourit, planta son regard dans le sien et posa doucement l'arme au sol de la main droite tout en lui touchant l'entrejambe avec la gauche. Il avait mauvaise haleine et dégageait une forte odeur corporelle mais, en dehors de ça, tout était parfaitement opérationnel. Elle vit Natalya se faufiler dans la ruelle avec la poussette. Et la Fleetmaster de la légation américaine passer sans un bruit.

Elle continua à frotter doucement sa main contre l'érection du soldat. Il eut un orgasme à peine vingt secondes plus tard. *Vive les jeunes gens de dix-neuf ans*, pensa-t-elle.

Le soldat parut affligé. Honteux. *Seigneur*. Elle lui toucha la joue.

— *C'est bon**, murmura-t-elle.

Elle prit ses deux joues dans ses paumes et l'embrassa à pleine bouche, en soufflant : « *C'est bon**. »

— OK, chuchota-t-elle encore en lui effleurant les lèvres avec ses cheveux. OK.

Il l'embrassa comme s'il n'avait jamais été aimé de sa vie. Sans doute était-ce le cas. Elle essaya de se détendre entre ses bras, de lui faire sentir qu'effectivement, tout allait bien. Elle se tint serrée contre lui un instant de plus avant de s'écarter en souriant, et refit le signe de la discrétion. Il s'adossa au mur d'un immeuble. Elle planta un baiser sur ses doigts et le transféra à ses lèvres, puis regagna la rue le plus vite possible. Elle était déserte.

Natalya et les enfants avaient disparu.

Mercredi matin tôt, 12 février 1947

À l'orphelinat

Louise se réveilla en sursaut à l'orphelinat, toujours en robe et hauts talons. Elle avait sombré vers quatre heures du matin après avoir installé Grisha et Alina dans leurs couvertures sur les petits lits pliants en toile et en bois de l'orphelinat. Elle vit Natalya, qui n'avait pas bougé depuis que Louise s'était assoupie, veiller sur ses deux enfants endormis.

C'était là que le plan de Louise avait pris fin, avec les enfants en sécurité à l'orphelinat, amenés en voiture par Pulkkinen.

Elle n'avait pas la moindre idée de ce qu'il fallait faire ensuite. C'était sans doute de circonstance, pensa-t-elle. Elle avait arraché Natalya à l'appartement, et emmené les petits à l'orphelinat. Et voilà que Natalya se retrouvait face au plus grand choix moral de sa vie. Elle seule devait être responsable de ce qui allait suivre. Louise sentit son cœur pleurer pour son amie qui, assise en silence, aimait ses enfants du regard – de son corps tout entier – et était manifestement accablée de chagrin. Le choix avait déjà été fait. De toute évidence, Natalya n'avait pas envie que cet ultime instant avec Alina et Grisha prenne fin.

Kaarina, les traits tirés par le manque de sommeil, entra dans la chambre remplie d'enfants endormis. Voyant Natalya assise sur une chaise, elle fit signe à Louise de la rejoindre à l'extérieur de la pièce.

— Il faut qu'elle parte, chuchota-t-elle. Les Russes vont se mettre à sa recherche dès qu'ils découvriront qu'elle et les petits ont disparu. Je dirais que la relève du jeune garde viendra à huit heures, et que quelqu'un ira jeter un coup d'œil à l'appartement dans ces eaux-là. Je souhaite bien de la chance à ce jeune homme lorsqu'ils se rendront compte de leur disparition.

Louise eut un spasme de remords. Le jeune garde serait très certainement envoyé au goulag, voire fusillé. Impossible d'y échapper. C'était soit le gosse – un inconnu pour elle –, soit Natalya et ses enfants. Si elle se réjouissait d'avoir pu faire sortir Natalya, elle s'en voulait d'avoir très certainement condamné le jeune soldat à la torture et à la mort. Un jour, Arnie lui avait dit qu'à la guerre, il y a très peu de choix moraux sans conséquence : quoi qu'on choisisse de faire, quelqu'un meurt à cause de ses actes. À cet instant, Louise comprit viscéralement ce qu'il avait voulu dire. Le vieil adage selon lequel on ne fait pas d'omelette sans casser des œufs lui vint à l'esprit. Elle le rejeta aussitôt. Employer des métaphores culinaires pour parler de vies humaines aurait dû rebuter n'importe qui. Curieux, la facilité avec laquelle celle-ci lui était venue en tête. Était-ce la guerre qui rendait les gens insensibles, ou étaient-ce les gens qui provoquaient la guerre par manque de sensibilité ?

— Il faut lui trouver un endroit où se cacher.

— Je prends déjà assez de risques comme ça en gardant ses enfants, lui renvoya Kaarina.

— D'accord. C'est moi qui dois lui trouver un endroit où se cacher.

— Et Arnie ?

— Il tambourine aux portes, essaie de causer un esclandre, dans l'espoir de faire éclater les actes du MGB au grand jour. Il continue aussi à espérer que Mikhail est encore en vie.

Kaarina laissa échapper un grognement.

— C'est de Lavrenti Beria et de Joseph Staline qu'on parle, lui rappela-t-elle en la regardant droit dans les yeux. Il est mort.

— Je vais emmener Natalya à la légation. Elle pourra y demander l'asile.

— Les Russes surveilleront tous les accès à la légation. Elle n'aura aucune chance.

— Alors, la Suède.

— Les ferries eux aussi seront surveillés. La police finlandaise va sûrement devoir prêter main-forte. Il y a sept cent cinquante kilomètres jusqu'à la frontière. On est en février. Il n'y a aucune ville là-haut. Peu de routes. Aucune de vous n'y survivra. Et qui sait si les Suédois la laisseront entrer. Ils ne veulent pas plus irriter les Russes que les Finlandais.

Louise garda le silence.

— Pourquoi crois-tu que Natalya est en train de dire au revoir à ses enfants ? lui demanda Kaarina avec douceur.

Cela fit à Louise l'effet d'une gifle.

— Elle ne peut pas faire ça, chuchota-t-elle avant de se ruer de nouveau à l'intérieur.

Elle s'agenouilla devant la jeune femme, qui semblait à présent très loin.

— Natalya, il faut qu'on te sorte d'ici, dit-elle à voix basse.

Son amie reporta son attention sur la pièce. Et sourit à Louise.

— Il faut essayer, au moins.

Natalya la regarda avec lassitude.

— Ma chère petite innocente de l'Oklahoma. J'ai trouvé notre amitié… (Les larmes lui montèrent aux yeux, mais elle se ressaisit.) Près d'un quart de ce pays est constitué de communistes. Ça finira par se savoir. Une espionne en fuite. Ils sont très forts pour raconter des histoires, comme tu le sais. Où que j'aille, quelque direction que je prenne, le MGB sera au courant. (Elle se leva.) La seule chose que je peux faire, c'est être capturée le plus loin possible de cet orphelinat.

Louise ravala sa douleur.

— Natalya, tu ne peux pas…

Celle-ci lui sourit avec douceur.

— Ce n'est pas sans espoir, mon amie. Peut-être qu'ils ont seulement jeté Mikhail en prison. Peut-être qu'ils vont faire de même avec moi. Qui sait, dans un an, peut-être cinq, ce sera oublié. Kaarina peut maintenir le lien avec les enfants. Il est presque sûr qu'ils se feront adopter. (Elle sourit et les montra d'un geste.) Enfin, regarde-les.

Elle empoigna Louise, l'embrassa sur chaque joue, puis se dirigea rapidement vers la porte. Louise la suivit, mais Natalya avait déjà disparu dans l'obscurité de février.

Mercredi 12 février 1947

À l'orphelinat

Cet après-midi-là, Louise et Kaarina passèrent soigneusement en revue toutes les traces écrites et les talons des billets. À dix-huit heures, elles avaient convenu qu'une femme qui habitait une banlieue au nord-est d'Helsinki avait gagné la loterie. Son estimation présentait le plus long écart temporel de toutes.

Louise rédigea le communiqué de presse.

Puis, avant de le transmettre aux journaux, elle et Kaarina se rendirent à l'adresse inscrite sur le talon du billet pour annoncer à cette femme qu'elle avait gagné.

Jeudi matin, 13 février 1947

Helsinki

Le jeudi matin venu, Louise se rendit à l'appartement de Natalya, espérant envers et contre tout. L'homme à l'accueil, le même qu'elle avait vu d'innombrables fois, lui lança un regard figé. Elle répéta le nom de Natalya, puis celui de Mikhail. Impassible, l'homme s'empara d'un gros registre et le feuilleta méthodiquement. Non, dit-il. Personne de ce nom-là ici. Désolé.

Elle se précipita à la légation russe. Elle ne savait pas trop ce qu'elle voulait découvrir, rien qu'un petit quelque chose, n'importe quoi sur son amie. Elle irait voir Sokolov directement. Voilà ce qu'elle ferait. Elle entrerait tout droit dans son bureau et le questionnerait.

Une fois qu'elle lui eut montré sa pièce d'identité diplomatique, le garde à la porte passa un coup de fil. Il y eut une brève conversation.

Il fit « non » de la tête.

Louise perdit son sang-froid.

— Comment ça, non ? Je suis l'épouse de l'attaché militaire des États-Unis. Je veux parler à M. Sokolov.

Le garde la regarda.

Elle lui fourra sa pièce d'identité sous le nez.

— Sokolov. Sokolov. Vous comprenez ce que je dis ?

Le garde décrocha une nouvelle fois le téléphone. Il raccrocha et la contempla sans rien dire.

Quelqu'un ouvrit la porte de la légation. Un homme qu'elle n'avait jamais vu.

— Je crois que vous voulez voir le camarade Sokolov ? demanda-t-il dans un anglais parfait. Je suis vraiment navré, mais il a été rappelé à Moscou pour une conférence. Je peux faire quelque chose ?

— J'aimerais savoir où est Natalya Bobrova.

— Pardon ?

— Natalya Bobrova. La femme du colonel Mikhail Bobrov.

L'homme la regarda froidement.

— Je suis navré. Le colonel était-il marié ? Si c'est le cas, sa femme n'a pas dû l'accompagner à Helsinki.

— Foutaises !

L'homme ne dit rien, se contenta de la fixer d'un regard sans âme.

— Elle était ici, insista-t-elle. Je la connais. Vous ne pouvez pas croire que je vais gober ça. Je vais… Je vais…

— Si vous souhaitez déposer une requête officielle, je vous conseille de le faire par écrit. Nous y prêterons la plus grande attention.

Il jeta un coup d'œil au garde et parla rapidement en russe. Puis il adressa un sourire cordial à Louise.

— À présent, veuillez m'excuser. J'ai du travail.

Il tourna les talons. Le garde lui tint la porte. L'homme disparut et le garde referma derrière lui. Après quoi, il se planta fermement devant en tenant sa mitraillette des deux mains en travers du torse.

Vendredi 9 décembre 1949

Terminal du ferry de Stockholm

Louise ne pouvait s'arrêter de hocher la tête. On aurait dit que les trois années qu'elle avait vécues depuis qu'elle et Arnie s'étaient approchés de Turku pour la première fois en se frayant lentement un passage à travers une fine couche de glace, étaient passées en un éclair, comme dans un rêve. À présent, elle se tenait seule sur le pont d'un ferry similaire, à regarder les maisons et les bâtiments de Stockholm comme sortis d'un livre d'images défiler si près qu'on aurait cru que le ferry évoluait sur un lac et non sur la mer. Elle regarda le sillage laper doucement la rive de part et d'autre du bateau. Se faufiler par l'un des nombreux passages entre les îles qui formaient la ville procurait un sentiment de sécurité.

Dans trois ans, Arnie aurait accompli ses vingt années de service et il prendrait sa retraite. On lui avait fait comprendre qu'il n'aurait aucune chance de décrocher une étoile. Il commençait à s'y faire. Son père qui, lui aussi, voulait prendre sa retraite, lui avait demandé de gérer la compagnie forestière. Arnie lui avait donné son accord. Ils seraient de retour dans le Nord-Ouest Pacifique.

L'énorme coup de sirène du ferry l'arracha à sa rêverie. Elle se dépêcha de descendre dans le couloir de sortie par lequel ils allaient débarquer.

Dans le bâtiment des douanes, Arnie tendit leurs passeports à un homme à l'air enjoué et patienta. L'homme les dévisagea, puis regarda autour d'eux en essayant de voir au-dessus de son bureau.

— Et vous êtes combien en tout, monsieur ?

— Quatre, répondit Arnie en souriant fièrement à sa famille.

Louise effleura les cheveux d'Alina, dont le blond quasi blanc laissait déjà entrevoir des mèches jaunes. C'était une grande fille, qui refusait de porter un chapeau. De l'autre main, elle palpa la laine du bonnet de Grisha qu'elle avait tricoté. Puis Louise attira les enfants contre elle et regarda en arrière, vers la Finlande. Elle sentit monter un sanglot et les serra de plus belle, se rappelant leur mère et clignant des yeux pour réprimer ses larmes.

Alors, elle se retourna et suivit Arnie Koski en Suède. Dans quinze jours, ils seraient dans l'Oklahoma pour Noël.

Remerciements

À ma merveilleuse épouse et éditrice à domicile, Anniki, pour ses commentaires et ses idées pour tous mes livres ; à Marcus Prest, pour avoir tracé l'itinéraire de la course de ski, dans l'hiver finlandais, et pour l'histoire et la culture finlandaises ; à Julia Karpeisky, pour ses explications et ses éclairages sur la culture russe et la vie en Union soviétique ; à ma fille, Laurel, pour ses commentaires perspicaces ; à Risto Penttilä, auteur de *Finland's Search for Security through Defence, 1944-89*, pour le contexte historique et culturel ; à mon agent, Sloan Harris, pour son soutien et ses commentaires ; à Matt Cook, pour ses premières lectures et excellentes idées d'intrigue ; à Karl VanDevender, Treacy Coates, Mike Harreschou, Vicki Huff, Mary Fellows et John Russell pour leurs commentaires ; à Anne-Mari Paster, Tiffany H. Cabrera, PhD, l'Office of the Historian du département d'État des États-Unis, et Jyrki Runola, pour l'Helsinki historique ; au personnel de chez Grove Atlantic, mes éditeurs Morgan Entrekin, Sara Vitale et Zoe Harris ; à Eldes Tran pour sa relecture méticuleuse ; et, surtout, à ma secrétaire d'édition, Paula Cooper Hughes, qui me donne bien meilleure allure que si j'avais dû me débrouiller sans elle.

Photocomposition PCA à Rezé

Achevé d'imprimer en décembre 2024
par CPI BRODARD & TAUPIN (72200 La Flèche)
pour le compte des Éditions Calmann-Lévy
21, rue du Montparnasse, 75006 Paris
commercial@calmann-levy.fr

PAPIER CERTIFIÉ

CALMANN LÉVY s'engage
pour l'environnement en réduisant
l'empreinte carbone de ses livres.
Celle de cet exemplaire est de :
650 g éq. CO_2
Rendez-vous sur
www.calmann-levy-durable.fr

N° d'éditeur : 2198908/01
N° d'imprimeur : 3059331
Dépôt légal : janvier 2025
Imprimé en France.